中國學術思想 研究輯刊

初 編

林 慶 彰 主編

第 7 冊

王莽之《尚書》學與行政

傅 佩 琍 著

《詩經》中有關戰爭與戌役詩篇之研究

鄭 建 忠 著

花木蘭文化出版社

國家圖書館出版品預行編目資料

王莽之《尚書》學與行政　傅佩琍 著／《詩經》中有關戰爭與
戌役詩篇之研究　鄭建忠 著 ── 初版 ── 台北縣永和市：花木蘭
文化出版社，2008〔民97〕
序2+ 目 2+104 面／目 2+94 面：19×26 公分
（中國學術思想研究輯刊 初編：第 7 冊）
ISBN：978-986-6657-79-5（精裝）
1. 尚書　2. 詩經　3. 研究考訂
621.117　　　　　　　　　　　　　　　　97016036

ISBN - 978-986-6657-79-5

9 789866 657795

中國學術思想研究輯刊
初　編　第七冊　　　　　　　ISBN：978-986-6657-79-5

王莽之《尚書》學與行政
《詩經》中有關戰爭與戌役詩篇之研究

作　　者　傅佩琍／鄭建忠
主　　編　林慶彰
總 編 輯　杜潔祥
出　　版　花木蘭文化出版社
發 行 所　花木蘭文化出版社
發 行 人　高小娟
聯絡地址　台北縣永和市中正路五九五號七樓之三
　　　　　電話：02-2923-1455／傳眞：02-2923-1452
網　　址　http://www.huamulan.tw 信箱 sut81518@ms59.hinet.net
印　　刷　普羅文化出版廣告事業
封面設計　劉開工作室
初　　版　2008 年 9 月
定　　價　初編 28 冊（精裝）新台幣 46,000 元

王莽之《尚書》學與行政

傅佩琍　著

作者簡介

傅佩琍

民國五十一年出生於桃園縣觀音鄉白沙岬燈塔

現任　明新科技大學 人文社會與科學學院 人文藝術教學中心 講師

學歷與資格：

國立臺灣大學中國文學研究所碩士〔1988〕

天主教新竹社會服務中心同理心訓練合格講師〔1998〕

智邦藝術基金會／希望園區讀書會主辦 讀書會導引人培訓班結業〔2002〕

教育部第二梯次提昇大學基礎教育計畫分項計畫三中文讀書會規劃小組負責人〔2002/9-2003/8〕、規劃小組成員〔2003/9-2005/8〕

中華花藝文教基金會授證中華花藝 教授〔2004〕

專長與興趣：中國文學、同理心、自我探索、讀書會帶領、中華花藝

提　要

　　王莽早年勤身力學，謙恭下士，唯晚節委蛇，竟至篡漢，而為後代史家所鄙，故古今論莽者，罕見虛心平意研究新朝政教，予以公正評價者。然莽執政二十三年期間，於學術貢獻甚為可觀，以媲兩漢賢君所為，並無遜色。而前人或有論新莽改制與經學今古文關係者，亦僅泛論；而莽在經學史上之地位，則始終未獲肯定。

　　莽行政治學，動輒引據經書，而漢人又最重師法，所謂「師之所傳，弟之所受，一字毋敢出入。」在此時代風尚之下，因其引述而保存了漢代流傳的經書版本及師說，值得深入研究。又據史傳，莽章奏所引、行政所據，徧及十一經，其中直接援用《尚書》者尤多，而此見存於莽文中豐富之資料，在漢代之今文《尚書》三家本、孔壁古文《尚書》本皆已亡佚於西晉末之今日，益顯得彌足珍貴。故余檢史傳所載莽之章奏詔冊，或行事法教，凡其涉及《尚書》本經或《書》說者，皆深為稽考，一一溯其家法，校其異文，因論莽《尚書》學與今古文之關係，既而檢討其在行政上應用《尚書》情形，末則總陳莽對漢代《尚書》學之貢獻，而基於學術，予彼以新評價。

　　莽執政時期，曾立《左氏春秋》、《毛詩》、《逸禮》、古文《尚書》及《周禮》於學官，在此之前，古文經學一直處於受壓抑的地位，僅在民間傳授，因其對古文經大加獎擢的結果，使人每以古文家視之、而不復深考。事實上，莽立古文博士只是為了扶微學、廣道藝，詳考其引用《尚書》可知其為一徹頭徹尾之今文家。而莽《尚書》師承，史籍雖闕載，然考其引經、說經，多前承於伏生及歐陽、大小夏侯三家，足見其與今文《尚書》學之淵源深厚。又莽《尚書》說保存不少漢代《尚書》傳本之原貌，足證今本之不古及可勘校今本之誤，於經學文獻貢獻之大，於此知矣！此外莽理政治事好取法《尚書》，甚至為倣〈無逸篇〉所述殷三宗之次序，寧願因承景帝尊孝文廟為太宗廟之漢制，奏尊孝宣廟為中宗、孝元廟為高宗，凡此皆為循古行事，由於莽如此好古、倣古，使得古代幾近重現，故其於古史之保存誠功不可沒。凡此皆本論文研究所得之舉要，而為前賢所未言者也。

目
次

自　序

　　王莽早年勤身力學、謙恭下士，唯晚節委蛇，竟至篡漢，故爲後代史家所鄙。古今論莽者，若非強調其政治、經濟、社會改革失敗，即謂其立古文經於學官事，乃爲遂己之篡漢陰謀而作僞；虛心平意研究新朝政教，予以公正評價者，幾無一人。其實，莽執政二十三年期間，於學術貢獻甚爲可觀，以媲兩漢賢君所爲，並無遜色。如其建大學及地方學校，爲學者築舍萬區，廣立博士及弟子員，並獎崇古文經學，及倡導經說簡化等，承先啓後，功在經學。而前人或有論新莽改制與經學今古文關係者，亦僅泛論，及其在經學史上地位，始終未予顯著肯定。

　　莽行政治學，動輒引據經書，而直接援用《尚書》者尤多，故以「莽之《尚書》學與行政」爲題予以研究。檢史傳所載，或章奏詔冊，或行事法教，凡其涉及《尚書》本經或《書》說者，皆深爲稽考，一一溯其家法、校其異文，因論其《尚書》學與今古文之關係，既而檢討莽在行政上應用《尚書》情形，末則總陳莽對漢代《尚書》學之貢獻，而基於學術，予彼以新評價。

　　余不敏，所治又前賢未及之課題，故雖竭吾力，難免疏略謬誤，倘蒙方家不吝指正，實所銘感。

　　本論文蒙程師元敏悉心指導數年如一日，謹致衷心之謝忱與敬意。

傅佩琍序於國立臺灣大學中國文學研究所

中華民國七十七年五月

第一章 緒 論

第一節 王莽簡傳

　　王莽字巨君，魏郡元城人。生於漢元帝初元四年，卒於新朝地皇四年（48B.C.～23A.D.），享年七十二。〔註1〕

　　莽姑王政君，乃孝元（奭）皇后、孝成帝（驁）母。元后父禁有四女八男，長男鳳，次曼、譚、崇、商、立、根、逢時；唯鳳、崇與政君同母。元帝崩，太子立，是爲成帝，尊皇后爲皇太后，以鳳爲大司馬大將軍領尚書事，又封崇爲安成侯。至河平二年（27B.C.），悉封譚、商、立、根、逢時爲侯，五人同日封，故世謂之「五侯」。從弟音並代鳳爲大司馬車騎將軍，王氏子弟皆卿大夫侍中諸曹，分據勢官滿朝廷。

　　元后父及兄弟皆以元、成世封侯，居位輔政，唯莽父曼早死，不侯。莽羣兄弟皆將軍五侯子，乘時侈靡，以輿馬聲色佚游相高，莽獨孤貧，因折節爲恭儉，勤身博學，被服如儒生。且外交英俊，內事諸父，行甚敕備。終於綏和元年（8B.C.），拔出同列，繼四父（鳳、音、商、根）而輔政。

　　輔政歲餘，成帝崩，孝哀帝（欣）即位，〔註2〕尊皇太后爲太皇太后。太皇太后詔莽就第，避帝外家，然哀帝初立優莽，不聽。後因朱博劾奏莽曾反

〔註1〕《漢書・五行志・中之下》：「後莽篡位，自說之曰：『初元四年，莽生之歲也。』」
〔註2〕哀帝，元帝庶孫，定陶恭王子。祖母傅太后見成帝無子，私賂遺上所幸趙昭儀及帝舅票騎將軍曲陽侯王根，二人亦欲自爲長久計，皆更稱定陶王，勸帝以爲嗣。成帝亦自美其材，故於綏和元年遣使持節徵定陶王爲皇太子。事見《漢書・哀帝紀》。

對帝母丁姬稱尊號，〔註3〕哀帝乃遣莽就國。元壽元年（2B.C.），日蝕，賢良對策多訟莽功德，上於是徵莽。

莽還京師翌年，哀帝崩，無子，而傅太后、丁太后皆先薨，於是太皇太后（政君）以莽為大司馬，與共徵立中山王（衎）奉哀帝後，是為平帝。帝年九歲，常年被疾，王太后臨朝，委政於莽，莽遂專威福。明年（平帝元始元年，1A.D.）正月，羣臣希旨，盛陳莽功德，謂有定國安漢之大功，太后乃詔莽號曰：「安漢公」，以媲美周公之於周。元始三年（3A.D.），羣臣奏立莽女為皇后，四年尊莽為宰衡；五年，泉陵侯劉慶上書，言宜令安漢公居攝，行天子事，如周公攝成王政故事。十二月，平帝崩，年才十四，無子；莽徵宣帝玄孫廣戚侯之子劉嬰，年僅二歲，託以卜相最吉，立為孺子。同月，前煇光謝囂奏武功長孟通浚井得白石，有丹書著石，文曰：「告安漢公莽為皇帝」；王舜等並脅太后下詔：「令安漢公居攝踐祚，如周公故事」。次年，改元居攝。

居攝三年，宗室廣饒侯劉京上書言：「七月中，齊郡臨淄縣昌興亭長辛當一暮數夢，曰：『吾，天公使也。天公使我告亭長曰：「攝皇帝當為真。」即不信我，此亭中當有新井。』亭長晨起視亭中，誠有新井，入地且百尺。」十一月壬子，車騎將軍千人扈雲奏巴郡石牛；戊午，大保屬臧鴻奏扶風雍石，石文皆欲莽稱帝。同月甲子，莽上奏太后欲承天命自稱「假皇帝」，奏可。

梓潼人哀章見莽居攝，即作銅匱，為兩檢，署其一曰：「天帝行璽金匱圖」，其一署曰：「赤帝行璽某傳予黃帝金策書」。某者，高皇帝名也。書言王莽為真天子，皇太后如天命。圖書皆書莽大臣八人，又取令名王興、王盛，章亦自竄姓名，凡為十一人，皆署官爵，為輔佐。章聞齊井、石牛事下，即日昏時，衣黃衣，持匱至高廟，以付僕射。莽因而至高廟拜受金匱，御王冠，即真天子位。定天下之號曰新。新末，漢兵四起，莽於地皇四年死於商人杜吳之手。新莽一朝十五年（9A.D.～23A.D.），有始建國、天鳳、地皇三年號。〔註4〕

王莽自平帝元始元年開始執掌政權，至地皇四年，二十三年間大權獨攬，

〔註3〕 漢人的觀念是「為人後者為之子」，故成帝以太子（欣）奉大宗後，不得顧私親，乃立楚思王子景為定陶王，奉恭王後。然哀帝即位後，高昌侯董宏上書請立定陶恭王后（丁姬）為皇太后，師丹、王莽以哀帝既奉成帝後，不可自貴外家，以明一統之義，因而反對上尊號。事見《漢書》卷八○〈宣元六王傳〉、卷八六〈師丹傳〉。

〔註4〕 王莽生平參見《漢書》卷九八〈元后傳〉、卷九九〈王莽傳〉。案：《漢書・王莽傳》有上、中、下三卷，下文皆簡稱為〈莽傳上〉、〈莽傳中〉、〈莽傳下〉。

期間他所下之詔書、推行之政策，凡與《尚書》有關者，皆爲本論文研究範圍。

第二節　王莽行政多依準《尚書》及其對漢代《尚書》學的貢獻

先秦典籍歷經始皇焚禁、項羽燒夷，毀傷殆盡。漢興，惠帝除挾書令，文帝立經學博士，武帝罷黜百家，獨尊儒術；宣帝召開石渠閣會議，廣立博士，開啓經學專門之家的研究風氣。〔註5〕自此邁入元、成至後漢的經學極盛時代。〔註6〕

雖然武、昭、宣三帝皆是儒法雜用，元帝才是漢代第一位眞正喜歡儒學，並重用儒者的帝王，〔註7〕但經書被漢朝初期及後來的君臣在政治上廣爲運用，卻是不爭的事實。〔註8〕例如：武帝拜嚴助爲會稽太守，助數年不通信問，武帝賜書曰：

> 制詔會稽太守：君厭承明之廬，勞侍從之事，懷故土，出爲郡吏。會稽東接於海，南近諸越，北枕大江。間者，闊焉久不聞問，具以《春秋》對，毋以蘇秦縱橫。〔註9〕

武帝明白指定，要嚴助用《春秋》之義說明他「數年，不聞問」的原因。又如《漢書・卷七五・夏侯勝傳》：

> 昭帝崩，昌邑王嗣立，數出。勝當乘輿前諫曰：「天久陰而不雨，臣下有謀上者，陛下出，欲何之？」王怒，謂勝爲袄言，縛以屬吏。吏白大將軍霍光，光不舉法。是時，光與車騎將軍張安世謀欲廢昌邑王。光讓安世以爲泄語，安世實不言。乃召問勝，勝對言：「在〈洪範傳〉曰：『皇之不極，厥罰常陰，時則下人有伐上者』，惡察察言，

〔註5〕 參見程師元敏《中國經學史講義》第一、二冊。

〔註6〕 參見清皮錫瑞《經學歷史》～四〈經學極盛時代〉，頁91。

〔註7〕 《漢書・元帝紀》：「孝元皇帝（奭），宣帝太子也。……壯大，柔仁好儒。見宣帝所用多文法吏，以刑名繩下，大臣楊惲、蓋寬饒等坐刺譏辭語爲罪而誅，嘗侍燕從容曰：『陛下持刑太深，宜用儒生。』宣帝作色曰：『漢家自有制度，本以霸王道雜之，奈何純任德教，用周政乎！且俗儒不達時宜，好是古非今，使人眩於名實，不知所守，何足委任！』」

〔註8〕 經書對兩漢的影響，參見李偉泰先生《兩漢尚書學及其對當時政治的影響》下編；夏長樸先生《兩漢儒學研究》下編。

〔註9〕 《漢書・卷六四上・嚴助傳》。

故云臣下有謀。」光、安世大驚，以此益重經術士。

這種通經致用的例子不勝枚舉，因爲漢朝經學昌明，「以〈禹貢〉治河，以〈洪範〉察變，以《春秋》決獄，以三百五篇當諫書」，所謂「治一經得一經之益也」爲當時風氣。〔註10〕

王氏一門因元后而興，唯莽父曼早死未受封，莽因孤貧，故折節爲恭儉，且勤身博學。考諸史傳，他師事沛郡陳參受《禮經》，並從陳欽受《左氏學》、徐宣受《易》，〔註11〕至少通三經。篡漢之後，一方面自身喜好儒學，又博習經典；一方面整個時代的風氣是通經致用——引經書作爲國君施政、臣子行事之依據，故其所下詔書動輒引用經義。〔註12〕茲考《漢書》，莽引經書之情況如下表：〔註13〕

類別 \ 次數 \ 經名	周易	尚書	詩經	周禮	禮記	春秋	左傳	公羊傳	穀梁傳	論語	孝經
甲	9	7	5	5	5	2		1	2	3	1
乙	2	7	6	1			1	1		4	2
丙		1					2				
合計	11	15	11	6	5	2	3	2	2	7	3

註解：① 類別：甲，莽言直舉經名者；乙，根據《漢書》唐、顏師古注；丙，根據清、王先謙《漢書補注》。

② 統計方式：同一詔書中，每提一次皆予計算，例如《漢書・郊祀志・下》載莽奏言：「《易》有八卦，……又日月霱風山澤，《易》卦六之尊氣，……《易》曰：『方以類聚，物以羣分。』……」引《易》共計甲類三次。

③ 〈莽傳中〉記載莽派遣五威將王奇等十二人班符命四十二篇於天下時，總說符命之文，文末明引《詩經》之語。此雖無「莽曰」，而《全漢文》收爲莽

────────────

〔註10〕參見《經學歷史》，頁79。

〔註11〕參見〈莽傳上〉、《後漢書》卷三六〈陳元傳〉、卷四四〈徐防傳〉。

〔註12〕〈莽傳下〉，班固贊曰：「莽誦六藝以文姦言」；《漢書・卷一○○・敘傳・下》，述〈王莽傳〉云：「（莽）僞稽黃、虞，繆稱典文。」清、趙翼《廿二史箚記》卷三有「王莽引經義以文其奸」一條，可以稽詳。

〔註13〕所謂「茲考《漢書》」，是因《後漢書》、《三國志》僅記莽末故實，無可討論之資料，而清、嚴可均《全漢文》（卷五八～六○）所輯王莽文引經書者皆出於《漢書》。又「莽引經書」，是指史書明載「莽曰」或「莽下書」、「莽奏」……等言之。

文（卷五九，頁7～8），茲從之，故計《詩》甲類一次。

由上表可知，莽引經徧及十一經，且今古文兼採，總次高達六十七，真誦六藝以文其言者也。

王莽的時代，在經學史上甚早，而漢人又「最重師法，師之所傳，弟之所受，一字毋敢出入；背師說即不用。師法之嚴如此。」〔註14〕在此時代風氣之下，莽引用經書，有時雖非基於學術立場，但因其引述而保存下來之漢代流傳的經書版本及師說，是值得深入研究的。

據上表，莽言所引經書次數最多的是《尚書》。又據史傳，莽更經常倣效《尚書》行事，如取法〈金縢〉篇周公在先祖前禱告，願代武王死；莽亦於平帝病篤之時，請命於泰時，願以身代。〔註15〕由此可知，莽對《尚書》重視的程度甚於其他經書，因而莽文中有關《尚書》資料的保存亦特別豐富。

秦燔書禁學，伏生壁藏《尚書》，其後兵大起，流亡。漢定，伏生求其書，亡數十篇，獨得二十九篇，即以教於齊、魯之間。後傳蔚爲今文《尚書》學歐陽、大小夏侯三家。魯共王欲廣其宮，得古文《尚書》於孔壁中，孔安國以今文字讀之，因以起其家。〔註16〕「漢始立歐陽《尚書》，宣帝復立大小夏侯博士，平帝立古文。（晉懷帝）永嘉喪亂，眾家之書竝滅亡。」〔註17〕此漢代《尚書》今、古文學流傳之大要也。

漢之今文、古文《尚書》學至西晉末俱滅亡，今只存後人的輯本。〔註18〕因此保留在莽言行所依託的豐富的《尚書》資料，更顯得彌足珍貴。但是莽引經書是爲其施政求根據，以便託古行事，殊少基於學術，故難免招來「引經義以文其奸」之譏。本論文即欲秉持客觀的態度以考王莽行政所據之《尚書》，冀以存菁去蕪，竝於漢代《尚書》傳本、師說，追溯其部分原貌。

雖然王莽勤身博學，但未必能詔必躬親，故〈莽傳上〉云：「劉歆典文章」。如居攝二年（7A.D.），東郡太守翟義起兵，莽倣《尚書·大誥》所作之〈大誥〉，〔註19〕趙翼即謂「此蓋劉歆等爲之弄筆也」。〔註20〕但是在缺乏更

〔註14〕《經學歷史》，頁64。案：清、王鳴盛《十七史商榷》卷二七「師法」條，蒐集甚多漢人言師法的記載，可參閱。

〔註15〕參見〈莽傳上〉。

〔註16〕參見《漢書》〈儒林傳〉、〈藝文志〉。

〔註17〕唐陸德明《經典釋文·序錄》，頁14。

〔註18〕如清、陳壽祺《尚書大傳輯校》、清、陳喬樅《尚書歐陽夏侯遺說攷》、章炳麟《古文尚書拾遺》。

〔註19〕參見《漢書·卷八四·翟方進傳·附子義傳》。

具體的證明之前，本論文仍以史傳爲主，凡史傳繫之王莽名下者，皆視爲莽作。另外，莽之羣臣常承旨言事，冀獲莽歡心，若羣臣議奏有與莽說得以相合者，亦視爲莽文而一併論列之。

〔註20〕《廿二史箚記》卷一五「後周詔誥用尚書體」條。

第二章　王莽《尚書》學與今古文關係

第一節　取今文《尚書》說

一、分　州

　　漢興，因秦制度，崇恩德，行簡易，以撫海內。至武帝攘卻胡、越，開地斥境，「南置交阯，北置朔方之州，……改雍曰梁，改梁曰益，凡十三郡。」〔註1〕十三部之名，據《晉書‧地理志》是涼、益、荊、揚、青、豫、兗、徐、幽、幷、冀、交阯、朔方。然《漢書‧卷七一‧平當傳》：「坐法，左遷朔方刺史」，師古曰：「武帝初置朔方郡，別令刺史監之，不在十三州之限。」且考《漢書‧地理志》，在敘述郡縣時，常有類似「太原郡，……屬幷州」之文，標出各郡所屬之州，計其所及州名有幷、兗、豫、荊、揚、冀、幽、青、徐、益、交及司隸，涼州則見於後文「自武威以西，……武帝時攘之，初置四郡，……習俗頗殊，地廣民稀，水少宜畜牧，古涼州之畜爲天下饒。」〔註2〕〈地理志〉序雖有「南置交阯，北置朔方之州」，然志中只見「朔方郡，……屬幷州」、「交阯郡，……屬交州」，朔、交二者應非州名。唐、杜佑《通典》（卷一七一「州郡」）於西漢十三部即不數朔方而數司隸。故武帝所置十三州應爲司隸、幷、荊、兗、揚、豫、冀、幽、青、徐、益、交、涼。〔註3〕此十三州至平帝元始

〔註1〕《漢書‧地理志‧上》；考〈武帝紀〉：「（元封五年）初置刺史部十三州。」故〈地理志〉之「郡」應爲「部」字之誤。

〔註2〕《漢書補注》：「朱一新曰：『汪本「古」作「故」』，是。先謙曰：『官本作「故」。』」（卷二八下，頁52）

〔註3〕漢十三州之名，清儒仍有不同意見，如王鳴盛《十七史商榷》卷一四「十三

年間仍沿襲之。〔註4〕

　　元始四年，莽奏曰：

　　　　臣又聞聖王序天文，定地理，因山川民俗以制州界。漢家地廣二帝
　　　　三王，凡十三州，〔註5〕州名及界多不應經。〈堯典〉十有二州，後
　　　　定爲九州。漢家廓地遼遠，州牧行部，遠者三萬餘里，不可爲九。
　　　　謹以經義正十二州名分界，以應正始。(〈莽傳上〉)

於是平帝下詔，更定十二州名。〔註6〕

　　《尚書·堯典》云：「肇十有二州」、〈禹貢〉分九州，而漢武帝分州十三，
又「改雍曰梁，改梁曰益」，故莽批評漢家「凡十三州，州名及界多不應（書）
經」。莽又以「廓地遼遠，州牧行部，遠者三萬餘里，不可爲九。」故欲更爲
十二州。然十二州名，〈堯典〉無明文，《史記·五帝本紀·集解》引馬融曰：

　　　　舜以冀州之北廣大，分置幷州。燕、齊遼遠，分燕置幽州，分齊爲
　　　　營州。於是爲十二州也。

馬融之意，〈堯典〉十二州是〈禹貢〉九州（冀、兗、青、徐、揚、荊、豫、
梁、雍），再加上新置的幷、幽、營三州。此說鄭玄、《僞孔傳》、《經典釋文》
從之。〔註7〕莽所正之十二州名，據譚其驤的考證是雍、豫、冀、兗、青、徐、
揚、荊、益、幽、幷、交，且云：「此新莽十二州，既謂係以經義更置者，則
原莽之意，蓋以爲舜之十二州即此也。」但是莽既批評漢家十三州不應經，
其所正之十二州又是否合乎經義呢？譚氏又云：「今按〈禹貢〉海岱之間惟青
州，《爾雅·釋地》：『齊曰營州』，營州即青州也。既有青州，不應復有營州，
馬說不可通。莽以交州充數，較馬實勝一籌也。」〔註8〕

　　始建國四年，莽復以「思安黎元，在于建侯，分州正域，以美風俗」及

　　　　部」條贊成《通典》之說，而周壽昌《漢書注校補》卷二五「朔方郡」下則
　　　　支持《晉書·地理志》。
〔註4〕　《漢書·平帝紀》：「（元始元年）大司農部丞十三人，人部一州，勸農桑。」
　　　　部丞有十三人，人部一州，便有十三州，可見平帝時仍沿襲武帝之州制。
〔註5〕　《新校本漢書》據殿本改「十三州」爲「十二州」，據上註可知平帝時仍是十
　　　　三州，故仍取《漢書補注》作「十三州」（卷九九上，頁24）。
〔註6〕　更十二州名事，〈莽傳〉記在元始四年，而〈平帝紀〉置於元始五年。茲據東
　　　　漢荀悅《漢紀》卷三〇、錢穆先生〈劉向歆父子年譜〉（《兩漢經學今古文平議》，
　　　　頁90～91），定在元始四年。
〔註7〕　參見《釋文·爾雅音義·上中》引鄭玄說、《堯典正義》及《釋文·尚書音義·
　　　　上》。
〔註8〕　參見《新莽職方考》。

「帝王相改，各有云爲」的理由，下詔「州從〈禹貢〉爲九」（〈莽傳中〉）。十二州、九州皆爲莽所議定。故夏長樸先生《兩漢儒學研究》云：

> 王莽在平帝時建議改十三州爲十二州，而不從〈禹貢〉九州之說，主要即在「廓地遼遠，州牧行部，遠者三萬餘里，不可爲九。」現在又改變初衷，與前說自相矛盾，實在令人費解。（頁 107～108）

莽前後說詞確實自相矛盾，然其數更州制的理由，即在元始四年奏「〈堯典〉十有二州，後定爲九州。」所取「後定」之義。

〈堯典〉記載舜攝帝位後的政績之一，即「肇十有二州」；〈禹貢〉敘述禹平治水土之後，分天下爲九州。對於舜、禹分州先後之次序，今古文家有不同的說法。

古文家訓「肇十有二州」之「肇」爲「始」，[註9] 因而主張堯時九州，禹平水土之後，舜始分爲十二州，如馬融云：「禹平水土，置九州。舜以……於是爲十二州也。」鄭玄同之。[註10] 又〈堯典〉《僞孔傳》云：

> 肇，始也；禹治水之後，舜分冀州爲幽州、幷州，分青州爲營州，始置十二州。

其後陸德明、孔穎達皆承此說。[註11]

伏生《尚書大傳》云：「封十有二山，兆十有二州。」鄭玄注：「兆，域也，爲營域，以祭十二州之分星也。」（《輯校》卷一，頁9）不訓「肇」爲「始」。伏生者，今文大宗師也，故今文家主張舜沿襲堯之十二州，禹平水土之後始定爲九州。如《漢書·卷八五·谷永傳》言永待詔公車，對曰：「……堯遭洪水之災，天下分絕爲十二州。……」《補注》曰：「堯時分十二州，詳〈地理志〉。」（卷八五，頁4）《漢書·地理志·上》云：

> 堯遭洪水，懷山襄陵，天下分絕，爲十二州，使禹治之。水土既平，更制九州，列五服，任土作貢。[註12]

[註9] 《釋文·尚書音義·上》：「肇，音兆。」《爾雅·釋詁·上》：「肇，始也。」清段玉裁《古文尚書撰異》云：「肇，從戈，肁聲。《釋文》及唐石經不誤，俗本作肇，非也。」（《皇清經解》卷五六八，頁16）

[註10] 馬說見《史記集解·五帝本紀》引，鄭說同註7。

[註11] 《爾雅·釋地》「九州」，《釋文音義》云：「案：禹平水土，畫爲九州，〈禹貢〉所言是也。其後舜分置十二州。」〈堯典〉正義云：「史言舜既攝位，出行巡守，復分置州域，重愼刑罰，於禹治水後，始分置十有二州。」「〈禹貢〉治水之時，猶爲九州，今（舜）始爲十二州，知禹治水之後也。」

[註12] 《古文尚書撰異·序》頁二列谷永、班固皆治歐陽、夏侯《尚書》者。

茲考〈堯典〉，帝堯接受四岳的推薦，用鯀整治洪水九年無成，事在堯欲讓位，四岳推舉舜之前。其後經過二十年（歷試舜三年、舜相堯十七年），舜攝政之後才「肇十有二州」，其時不可能在禹分九州之前。且〈皋陶謨〉記錄禹對帝舜之言曰：

> 洪水滔天，浩浩懷山襄陵；下民昏墊。予乘四載，隨山刊木。暨益奏庶鮮食。予決九川，距四海；濬畎澮，距川。暨稷播奏庶艱食、鮮食，懋遷有無化居。烝民乃粒，萬邦作乂。

此禹敘述昔日治洪水事。其言「予決九川」，《偽孔傳》云：「決九州名川，通之至海。」〔註13〕又〈禹貢〉云：「九州攸同，四隩既宅；九山刊旅，九川滌源，九澤既陂。」案其意，「九州攸同」與「九山刊旅」等，同為禹治洪水時事，而〈禹貢〉之「九川滌源」，即此禹言之「決九川」，故禹對帝舜之言雖只述及「決九川」，實亦包含平定九州事，因此禹別九州不可能在舜分十二州之後。如此說來，馬融言舜十二州中有〈禹貢〉九州，應較莽之十二州更合乎經義。然莽既在奏章中言「謹以經義正十二州名分界」，其所分之州必有根據，且其所言「〈堯典〉十有二州，後定為九州」，雖非事實，卻是今文家的說法，則其所分十二州與馬融異，又未囊括〈禹貢〉九州州名，應是取今文《尚書》說。

王莽自述本系，謂己是虞舜之後，〔註14〕故其言行好以唐虞禪讓之模式套在漢新上，欲予人古有堯、舜，今有漢、莽的錯覺。平素行為不僅盡量上傚虞舜，若有機會，亦欲使漢堯同制：〔註15〕如其承今文《尚書》說，以為禹定九州在〈堯典〉肇十二州之後，故於元始四年，奏改十三州為十二州（使漢堯同制）；而在始建國四年，為表示自己是受禪讓的新朝代，下詔「州從〈禹貢〉為九」，此其所以不惜前後說詞自相矛盾，定要兩度更改州制的理由。

其實莽若採取古文家所說的，舜「肇十有二州」在禹別九州之後，就可以先用「州名及界多不應經」的理由更漢十三州從〈禹貢〉九州；即真之後再以「廓地遼遠」的藉口，法舜分為十二州，如此不但不會使兩度更改州制的說詞自相矛盾，又可與舜古今呼應。而今徒遺後世之譏，實為崇信今文《尚書》說的結果。不過由此亦證莽與今文《尚書》學之關係密切。

〔註13〕屈先生翼鵬〈尚書皋陶謨篇著成的時代〉以為「九川」非九州之川，而是把天下的水分為九系（《書傭論學集》，頁71～72）。
〔註14〕王莽「自本」見《漢書・卷九八・元后傳》。
〔註15〕王莽的心態於後文所論可見。

二、立文祖廟

〈堯典〉：「正月上日，受終于文祖。」《尚書大傳》曰：「受謂舜也」（《輯校》卷一，頁4），則伏生之意，是舜受終於文祖。《史記・五帝本紀》云：「文祖者，堯大祖也。」《集解》引鄭玄曰：「文祖者，五府之大名，猶周之明堂。」二者解釋相去絕遠，或爲今古文說法之異。

始建國元年（9A.D.），「以漢高廟爲文祖廟。莽曰：『予之皇始祖考虞帝受嬗于唐，漢氏初祖唐帝，世有傳國之象，予復親受金策於漢高皇帝之靈。』」（〈莽傳中〉）由此可知莽對〈堯典〉「文祖」的解說同於《史記》（今文說）。他以爲文祖是堯的祖廟，舜攝政的典禮在此舉行。莽既承祖德，以舜自比，便稱漢高祖爲文祖，表示其色色符合唐虞。

屈先生翼鵬《尚書釋義》云：

> 按：文祖、文考、文母、前文人等，乃周人之習用語也。以《詩》、《書》及金文證之，知指亡祖、亡父；……言。本篇（〈堯典〉）成於戰國初葉，故用周人語。此謂堯太祖之廟也。（頁31）

則莽「以漢高廟爲文祖廟」，雖是爲了法舜受終於文祖，所據之今文《尚書》說確實合乎經義。

第二節　源自伏生《尚書大傳》

一、南僞與蓋藏

天鳳元年（14A.D.），莽曰：

> 予之東巡，必躬載耒，每縣則耕，以勸東作。
> 予之南巡，必躬載耨，每縣則薅，以勸南僞。
> 予之西巡，必躬載銍，每縣則穫，以勸西成。
> 予之北巡，必躬載拂，每縣則粟，以勸蓋藏。（〈莽傳中〉）

此莽巡狩四方勸導農事，立意襲自〈堯典〉所載堯命羲和主持觀象授時之事。其引書有異者，即今本〈堯典〉之「南訛」、「朔易」，莽作「南僞」、「蓋藏」二事。

《周禮・馮相氏》鄭玄注云：「仲春辯秩東作，仲夏辯秩南譌，仲秋辯秩西成，仲冬辯在朔易。」賈公彥疏云：「據書傳而言。」（書傳謂《尚書大傳》）

故陳壽祺輯入《尚書大傳》中，〔註16〕意《尚書》之「平秩南訛」，伏生作「辯秩南譌」。

《史記‧五帝本紀》引《書》作「便程南爲」，《索隱》云：

> 「爲」，依字讀。春言東作，夏言南爲，皆是耕作營爲勸農之事。孔安國強讀爲「訛」字，雖則訓「化」，解釋亦甚紆回也。

《尚書》僞孔安國傳云：「訛，化也。」由司馬貞之說－孔安國用非同音之字「訛」標音，〔註17〕過於勉強，「爲」不如「依字讀」。可知孔本經原作「南爲」，必是僞孔傳讀作「訛」，後人因而改經文作「訛」字。小司馬是開元時人，其所據尚是未改本作「南爲」。〔註18〕

清‧阮元《揅經室集》云：

> 今《尚書》作「南訛」，乃東晉人所改，漢《尚書》作「南爲」或作「南僞」，「僞」與「爲」同。故《漢書‧王莽傳》作「南僞」，《史記索隱》本作「南爲」。今本《史記》作「南譌」者，後人因晉本作「訛」而遷就改之也。……《周禮‧馮相氏》鄭注：「平秩南譌」，宋本作「南僞」，此尤漢時作「僞」之據也。〔註19〕

阮云宋本《周禮‧馮相氏》鄭注作「南僞」，而賈公彥又云鄭注「據書傳而言」，那麼伏生的《尚書大傳》亦應作「南僞」，〔註20〕則莽作「南僞」果承自《大傳》也。

《揅經室集》又云：

> 《漢書‧王莽傳》以「東作」、「南僞」、「西成」等事爲「農事」，趙岐注《孟子》齊東野人引《書》，「東作」爲「農事」，是「農事」之文始于王莽，非始晉孔傳。〔註21〕

〔註16〕參見《輯校》卷一，頁2。

〔註17〕爲：*ɣiwa、譌（訛）：*ngwâ，董同龢先生《上古音韵表稿》，頁188、186。

〔註18〕參見《古文尚書撰異》，《皇清經解》卷五六七，頁22。

〔註19〕《皇清經解》卷一〇六八，頁4。又《釋文‧周禮音義‧上》引〈馮相氏〉鄭注亦作「南僞」。

〔註20〕段玉裁、陳壽祺皆以爲《尚書大傳》作「南僞」。參見《古文尚書撰異》，《皇清經解》卷五六七，頁16；《左海經辨》，《皇清經解》卷一二五一，頁18。

〔註21〕同註19。《孟子‧萬章‧上》：「咸丘蒙問曰：『語云：「盛德之士，君不得而臣，父不得而子；舜南面而立，堯帥諸侯北面而朝之，瞽瞍亦北面而朝之。舜見瞽瞍，其容有蹙。孔子曰：『於斯時也，天下殆哉，岌岌乎？』」不識此語誠然乎哉？』孟子曰：『否，此非君子之言，齊東野人之語也。……』」趙岐注云：「東野，東作田野之人所言耳。咸丘蒙，齊人也，故聞齊野人之言。《書》

《尚書大傳》云：「主春者張，〔註22〕昏中可以種穀；主夏者火，昏中可以種黍；主秋者虛，昏中可以種麥；主冬者昴，昏中可以收斂。」「故天子南面而視四星之中，知民之緩急，……故曰：『敬授人時』，此之謂也。」（《輯校》卷一，頁1）此是伏生闡述何以〈堯典〉言：「日中、星鳥，以殷仲春。日永，星火，以正仲夏。宵中，星虛，以殷仲秋。日短、星昴，以正仲冬」者，故農事之文始于伏生，非始王莽，莽所據爲《尚書大傳》。

　　《尚書》「便在朔易」，《史記・五帝本紀》引作「便在伏物」，《索隱》云：

　　　使和叔察北方藏伏之物，謂人畜積聚等冬皆藏伏。《尸子》亦曰：「北方者，伏方也。」《尚書》作「平在朔易」。今案：《大傳》云：「便在伏物」，太史公據之而書。

又《周禮・馮相氏》鄭玄注云：「仲冬辯在朔易」，《古文尚書撰異》：「按書大傳本云『伏物』，不云『朔易』，鄭自用古文《尚書》耳。」〔註23〕然言鄭注「據書傳而言」者是賈公彥，賈氏必有其根據。且《太平御覽》卷二六引《尚書大傳》正作「辯在朔易」（頁5下），段說失考！皮錫瑞以爲「三家今文《尚書》，傳本各異，則《大傳》或亦有『朔易』、『伏物』兩本，賈公彥、小司馬各據其一，不必是此而非彼也。」〔註24〕其說甚是。

　　《太平御覽》卷二六云：「《尚書大傳》曰：『冬者昴，昏中，可以收斂、蓋藏、田獵、斷伐，當告乎天子而天子賦之民。……』」（頁5上）此當爲莽曰「予之北巡，……以勸蓋藏」之由來。故段氏云：「〈王莽傳〉曰：『……蓋藏。』蓋藏，即伏物也。此今文《尚書》說也。」〔註25〕

　　〈堯典〉記載舜之巡狩，以四季與四方相配，〔註26〕豈有天下共主偏在炎熱的夏天至南方巡狩，在寒冷的冬天反到北方巡狩之理？故知此乃〈堯典〉作者受到五行說的影響，所述並非實情。同理，其述四宅觀日事，已隱然以

曰：『平秩東作』，謂治農事也。」

〔註22〕皮錫瑞《尚書大傳疏證》云：「《尚書》作『鳥』，而此云『張』者，（《史記》）〈天官書〉曰：『張素』，即鳥之嗉也。」（卷一，頁1）《爾雅・釋鳥》郭璞注云：「嗉者，受食之處。」

〔註23〕《皇清經解》卷五六七，頁28。

〔註24〕《尚書大傳疏證》卷一，頁5。

〔註25〕同註23。

〔註26〕〈堯典〉：「歲二月，東巡守，……五月，南巡守，……八月，西巡守，……十有一月，朔巡守，……」其北方云「朔」，猶如前文「平在朔易」不作「北易」。

東南西北四方配春夏秋冬四時，所言「東作」、「南訛」、「西成」、「朔易」，應指在四時治田之事，並非春天只在東方治田，而夏秋冬，只在南西北三方。四宅觀日與巡狩四方兩段文字，正是五行思想下的產物。〔註27〕至於「春作」、「夏長」、「秋斂」、「冬藏」，是漢人對一年農事的註腳，〔註28〕未必是〈堯典〉作者的本意。

　　因疑今文《尚書》本作「便在朔易」，伏生以「北方乃萬物伏藏之方」的觀點訓解之，〔註29〕故云「便在伏物」，而《史記》引用之。王莽則是襲取伏生解說之詞，配合漢人「冬藏」的觀念，而造出「以勸蓋藏」。由此可知王莽確實師承今文家，只是引《書》偶有秉其訓詁自製新詞的情形而已。

二、言之不從，是謂不艾

　　地皇三年（22A.D.），天下大亂，饑饉薦臻，莽下詔開天下山澤之防云：「《書》云：『言之不從，是謂不艾。』」（〈莽傳下〉）師古曰：「〈洪範〉之言。」其實莽非直據〈洪範〉為說，因〈洪範〉之言五事，全部用的是肯定句，例如：「貌曰恭，言曰從」；「恭作肅，從作乂」。而將五事用否定句形式表達的，最早見於伏生〈洪範五行傳〉，例如：「一、曰貌，貌之不恭，是謂不肅。」「次二事、曰言，言之不從，是謂不艾。」〔註30〕故莽所引正是〈洪範五行傳〉的體例，非〈洪範〉經文，師古誤。然莽既引「傳」，何以稱之為「書」？段玉裁指出「古人偁引，或以傳系之經，或以緯系之經」。〔註31〕此正「以傳繫之經」也。

　　〈洪範〉經「從作乂」之「乂」字，《春秋繁露·五行五事》、《詩·小雅·小旻》鄭玄箋引《書》皆同今本作「乂」。然《漢書·五行志·中之上》所載〈洪範〉經文、伏生〈洪範五行傳〉文皆作「艾」，而班氏解說的文字為「『是謂不乂』，乂，治也。」可知班固已見「艾」、「乂」之異文。又〈洪範〉「次六、曰乂用三德」，漢石經作「次六、艾用三德」，〔註32〕近代學者已考證出

────────

〔註27〕〈堯典〉作者受五行說的影響，參見《尚書釋義》，頁22。

〔註28〕《禮記·樂記》云：「春作、夏長，仁也；秋斂、冬藏，義也。」

〔註29〕《尚書大傳》云：「北方者何也？伏方也。伏方也者，萬物伏藏之方。伏藏之方，則何以謂之冬？冬者，中也。中也者，萬物方藏於中也。」（《輯校》卷一，頁2）

〔註30〕參見《尚書大傳輯校》卷二，頁6～8。

〔註31〕參見《古文尚書撰異》，《皇清經解》卷五八○，頁12。

〔註32〕參見宋·洪适《隸釋》卷一四，頁2上。

漢石經《尚書》的底本是歐陽《尚書》，〔註33〕由此可知伏生所傳的《尚書》，
〈洪範〉經之「乂」字皆作「艾」。劉節〈洪範疏證〉指出〈洪範〉之「肅、
乂、哲、謀、聖五義亦有所本，蓋出於《詩・小雅・小旻》。」〔註34〕〈小旻〉
云：「國雖靡止，或聖或否；民雖靡膴，或哲或謀，或肅或艾。」其字正作「艾」，
是則伏生作艾，亦前有所本也。

　　王莽《尚書》學與〈洪範五行傳〉的關係不僅於上述，它如始建國元年
莽策羣司曰：

　　　歲星司肅，東嶽太師典致時雨；……熒惑司悊，南嶽太傅典致時
　　　奧；……太白司艾，西嶽國師典致時陽；……辰星司謀，北嶽國將
　　　典致時寒；……（〈莽傳中〉）

析其策文，「歲星……東」、「熒惑……南」、「太白……西」、「辰星……北」是
依據五行說立言。〔註35〕「司肅……時雨」、「司悊……時奧」、「司艾……時
陽」、「司謀……時寒」則取自〈洪範〉之「庶徵」。今本〈洪範〉云：

　　　庶徵：……曰休徵：曰肅，時雨若；曰乂，時暘若；曰哲，時燠若；
　　　曰謀，時寒若；……〔註36〕

經文之「乂」、「暘」；「哲」、「燠」，莽作「艾」、「陽」；「悊」、「奧」。餘無殊。
而〈洪範五行傳〉正作「言之不從，是謂不艾，……厥罰常陽」，「視之不明，
是謂不悊，……厥罰常奧」，〔註37〕可見伏生之《尚書》傳本作「曰艾，時陽
若」、「曰悊，時奧若」。故此又得爲莽習伏生書學之塙證，且知伏生所傳之《尚
書》版本確實多與今本有異。

三、越裳氏獻白雉

　　元始元年，王莽示意益州（今雲南晉寧縣）塞外的夷族，自稱越裳氏，
到漢廷獻白雉一、黑雉二，並白王太后下詔，以白雉薦宗廟。〔註38〕所以然
者，乃因《尚書大傳》有如下的記載：

〔註33〕參見許景元《新出熹平石經尚書殘石考略》；程師元敏《中國經學史講稿》。
〔註34〕參見《古史辨》第五冊，頁393。屈先生贊同之，參見《尚書釋義》，頁93。
〔註35〕參見《淮南子・天文訓》。
〔註36〕「曰肅，時雨若」，《尚書》注疏本作「曰肅，時寒若」，《僞孔傳》云：「君行
　　　敬則時雨順之」；下文「曰謀，時寒若」，傳云：「君能謀則時寒順之」，則注
　　　疏本「曰肅，時寒若」，「寒」當作「雨」。唐石經本正作「雨」。
〔註37〕同註30。
〔註38〕參見《漢書》〈平帝紀〉、〈莽傳上〉。

交阯之南，有越裳國。周公居攝六年，制禮作樂，天下和平，越裳以三象重譯而獻白雉，……成王以歸周公，公曰：「……吾何以獲此賜也？」其使請曰：「吾受命吾國之黃耉曰：『久矣！天之無烈風澍雨，意者中國有聖人乎？有則盍往朝之。』」周公乃歸之於王，稱先王之神，致以薦於宗廟。（《輯校》卷二，頁20）

莽為了要自比於周公，故複演這越裳氏重譯而獻白雉的佳話。獻雉事，《尚書》無明文，而最早見載於《大傳》，由此可知莽必援據《尚書大傳》。

第三節　引《書》據歐陽夏侯本

一、橫被四表

元始五年（5A.D.），西羌獻地內屬，莽欲置為西海郡，上奏王太后曰：「……昔唐堯橫被四表，亦亡以加之。……」（〈莽傳上〉）今本〈堯典〉云：「曰若稽古帝堯，曰放勳。欽、明、文、思、安安，允恭克讓；光被四表，格于上下。」莽奏所言即〈堯典〉所述之事，而與今本有「橫」、「光」之異。

漢人引《書》本有「光被四表」、「橫被四表」之別，如《漢書‧卷七八‧蕭望之傳》：

初，匈奴呼韓邪單于來朝，詔公卿議其儀，丞相（黃）霸、御史大夫（于）定國議曰：「……陛下聖德，充塞天地，光被四表。……」

〔註39〕

又《詩經‧噫嘻》，鄭玄箋云：

噫嘻乎！能成周王之功，其德已著至矣。謂光被四表，格于上下也。

「橫被」之例，如《漢書‧卷六四下‧王褒傳》：

上（宣帝）乃徵褒。既至，詔褒為聖主得賢臣頌其意，褒對曰：「……化溢四表，橫被無窮。……」〔註40〕

又《後漢書‧卷一七‧馮異傳》：

永初六年，安帝下詔曰：「……昔我光武受命中興，恢弘聖緒，橫被四表，昭假上下。……」

對此異文加以蒐集、詮釋者，始自清儒，其見解如下：

〔註39〕事在宣帝甘露二年（52B.C.），參見《漢書‧宣帝紀》。
〔註40〕《漢書補注》曰：「此用《尚書》『光被四表』語」（卷六四下，頁13）。

甲、以今古文別之：

戴震〈與王內翰鳳喈書〉云：

> 〈堯典〉古本必有作「橫被四表」者，「橫被」，廣被也。正如《記》
> 所云：「橫於天下」、「橫乎四海」是也。〔註41〕

段玉裁雖然批評戴氏「此書但云古本必有作『橫被』者，而未知漢人言『橫被』者甚多。」亦受其影響，且以今古文言「光」、「橫」之異，而主張「古文《尚書》作『光』，今文《尚書》作『橫』。」〔註42〕

乙、皆視爲今文：

陳喬樅云：

> 案《後漢書・桓焉傳》云：焉傳歐陽《尚書》，永初元年入授安帝。
> 又〈鄧宏傳〉云：「宏少治歐陽《尚書》，授（安）帝禁中。」是安
> 帝於《尚書》習歐陽氏之學也。作「橫被」者，當爲歐陽今文本。
> 其作「光被」者，乃大小夏侯之異文。黃霸從夏侯勝學《尚書》，故
> 引〈堯典〉文作「光被」也。〔註43〕

丙、光、橫乃同聲通用：

戴氏根據《爾雅・釋言》：「桄、熲，充也。」與《禮記》所言「橫於天下」、「橫乎四海」，主張〈堯典〉古本必作「橫被四表」，只是「橫」轉寫爲「桄」，脫誤爲「光」。〔註44〕王引之認爲鄭玄傳古文《尚書》，其箋〈噫嘻〉，既云「光被四表」，則「光」非譌字。光、桄、橫，乃古同聲通用，非轉寫譌脫而爲「光」也。此外，引之又舉出許多漢人引作「廣被四表」的例子，因而主張『光被』之『光』，作『橫』，又作『廣』，字異而聲義同，無煩是此而非彼也。」〔註45〕

丁、調合乙、丙之說：

〔註41〕《東原集》，《皇清經解》卷五六五，頁33～34。案：「橫於天下」見《禮記・孔子閒居篇》；「橫乎四海」見《禮記・祭義篇》。

〔註42〕《古文尚書撰異》，《皇清經解》卷五六七，頁4。

〔註43〕《今文尚書經說攷》卷一上，頁15。案：桓焉是郁子、榮孫，家傳歐陽《尚書》學，永初元年入授安帝；參見《後漢書・卷三七・桓榮傳・附焉傳》。鄧弘事見《後漢書・卷一六・鄧寇傳》。黃霸在獄中從夏侯勝受經，至宣帝本始四年（70B.C.），因大赦始出，早於甘露二年（52B.C.）議單于來朝儀事；參見《漢書》卷七五〈夏侯勝傳〉、卷八〈宣帝紀〉。

〔註44〕同註41。

〔註45〕《經義述聞》，《皇清經解》卷一一八二，頁1～3。

皮錫瑞《今文尚書攷證》：

> 蓋光、廣古通用，光、橫古同聲，亦通用。漢人引用或作「橫」、或作「廣」、或作「光」，皆歐陽夏侯三家今文異字，然字異而義同，「光被」即「廣被」，亦即「橫被」，皆是充塞之義。（卷一，頁 5～6）

茲評上述四說如下：

1. 段氏主張「古文《尚書》作『光』，今文《尚書》作『橫』，是依據鄭箋〈噫嘻〉引作「光被四表」立言。〔註46〕事實上今文亦有作「光」者，〔註47〕例如：黃霸從夏侯勝習今文《尚書》，引《書》正作「光被四表」。

2. 《經學歷史》云：「漢人最重師法，師之所傳，弟之所受，一字毋敢出入；背師說即不用，師法之嚴如此。」（頁 64）故陳氏追溯安帝、黃霸之師承，論斷「橫被四表」、「光被四表」，乃歐陽與大小夏侯之異文。陳氏所考雖不夠精覈，然〈皋陶謨〉「俞哉，帝！光天之下」，新出熹平石經六八七四號殘石正作「俞哉，帝！橫天之下」。〔註48〕而漢石經的底本是歐陽《尚書》，此正可為陳說之佐證。

3. 光、橫、廣三字上古音的韻母同屬壯部，〔註49〕聲母相互諧聲，〔註50〕王氏云其同聲通用，得之。且漢承秦滅學，年老的伏生口傳《尚書》於張生、歐陽生，〔註51〕產生同音異文，是非常可能的事。

4. 皮氏以為漢人所引之「廣」與「光」、「橫」，皆歐陽、夏侯三家今文異

〔註46〕段氏云：「鄭君周頌箋引『光被四表，格于上下。』此用古文《尚書》也」。同註42。

〔註47〕《今文尚書攷證》云：「段玉裁以為古文《尚書》作『光』、今文《尚書》作『橫』，蓋未知今文亦有作『光』者。」（卷一，頁 6）正效段氏批評戴氏之語氣。

〔註48〕參見許景元《新出熹平石經尚書殘石考略》，《考古學報》，一九八一年，二期，頁 187。

〔註49〕參見清·朱駿聲《說文通訓定聲》壯部第十八目錄。

〔註50〕據《廣韻》的反切，「光」、「廣」是見母，「橫」是匣母。中古音的見母、匣母，上古音相互諧聲，參見董同龢先生《漢語音韻學》，頁 296。

〔註51〕參見《漢書·儒林傳》，師古注引後漢·衛宏〈定古文尚書序〉云：「伏生老，不能正言，言不可曉也，使其女傳言教（鼂）錯。齊人語多與穎川異，鼂錯所不知者凡十二三，略以其意屬讀而已。」《補注》引劉台拱曰：「伏女傳言，所謂受讀也。漢初音讀訓詁，學者以口相傳，……東京猶然，馬鄭後就經為注，口說絕矣。」（卷八八，頁 11）口授以傳最易產生同音異文。

字，然「廣被」是否亦爲今文《尙書》異字，實有待商榷。茲考皮氏所舉「廣被」之例：〔註52〕

① 《禮緯‧含文嘉》：「堯廣被四表」。〔註53〕

② 《漢書‧禮樂志》，平當正雅樂議曰：「況於聖主廣被之資」。

③ 漢碑：成陽靈台碑曰：「爰生聖堯名蓋世兮，廣被之恩流荒外兮」、樊毅復華下民租田口算碑曰：「廣被四表」、沈子琚縣竹江堰碑曰：「廣被四表」、唐扶頌曰：「追惟堯德廣被之恩」。〔註54〕

④ 《五經通義》曰：「舞四夷之樂，明德澤廣被四表也」。〔註55〕

⑤ 晉‧常璩《華陽國志‧卷一‧巴志》，但望請分郡疏曰：「聖德廣被」。

⑥ 《三國志‧魏志‧文帝紀》注引〈獻帝傳〉曰：「廣被四表」、又曰：「至德廣被」。

⑦ 晉‧郭璞《山海經圖讚》，「狄山帝堯葬于陽」條云：「聖德廣被」。

其中，⑤、⑦皆晉人著作，而⑥，據清姚振宗的考證當成書於魏明帝青龍二年（234A.D.）之後，〔註56〕三者不該屬於漢人著書範疇，皮氏未及詳考。又東漢張衡云：「若夏侯勝、眭孟之徒，以道術立名，其所述著，無讖一言。劉向父子領校祕書，閱定九流，亦無讖錄。成、哀之後，乃始聞之。……則知圖讖成於哀平之際也。」〔註57〕據此，讖緯之學起於哀、平之後，則①之著成時代當更晚於此。餘例時代確定爲西漢者，僅②，〔註58〕時在成帝。《漢書‧禮樂志》云：

> （平）當以爲「……河間區區，小國藩臣，以好學修古，能有所存，民到于今稱之，況於聖主廣被之資，修起舊文，……於以風示海內，揚名後世，誠非小功小美也。」

當意：以河間國之「區區」彰顯聖主之「廣被」，以「小」、「大」相對，乃行

〔註52〕例見《今文尚書攷證》卷一，頁5，皮氏所輯僅較王引之（見註45）多⑤、⑦二例。

〔註53〕清黃奭《黃氏逸書考輯本》，頁21上。

〔註54〕參見《隸釋》卷一、卷二、卷一五、卷五。

〔註55〕《黃氏逸書考輯本》，頁8上。

〔註56〕參見《三國藝文志》，頁34。

〔註57〕《後漢書‧卷五九‧張衡傳》。

〔註58〕④之《五經通義》，《舊唐書‧經籍志》著錄爲「劉向撰」，然《隋書‧經籍志》著錄此書卻不著撰人。故此書是否眞爲西漢劉向所撰，尚待考證。又有關《五經通義》的問題，參見姚振宗《漢書藝文志拾補》，頁26。

文之法，末必與〈堯典〉之「光被四表」有關。且據《漢書・儒林傳》，平當乃歐陽《尚書》學者，若其真要引經據典，豈敢違背師法不作「橫被」。此外，漢碑四例，雖有「廣被四表」或頌堯「廣被之恩」，其時代則在東漢靈帝熹平元年至光和六年之間（172A.D.～183A.D.），〔註59〕亦屬晚出之作。綜上所述，皮氏所舉「廣被四表」例，①不僅時代較晚，又出自緯書；⑤之作者不明，時代自不能確定；③之租田口算碑與縣竹江堰碑乃東漢末葉之作，時代相當晚。「廣被」之例雖有時代較早的（②），又似與〈堯典〉無關。

班固〈西都賦〉云：「橫被六合」、〈典引〉云：「光被六幽」，「六合」、「六幽」之注皆為上下四方，〔註60〕足見二語實為一語，而一作「橫被」、一作「光被」。黃瓊師事桓焉，〔註61〕其言宦官縱恣疏云：「光被八極」，〔註62〕並未作「橫被」。張衡〈東京賦〉亦有「惠風廣被」、「惠風橫被」之異文。〔註63〕疑「光被」、「橫被」、「廣被」乃同聲通用之詞彙，意思是：廣大地覆蓋。〔註64〕

由上述四評可知，〈堯典〉「光被四表」，歐陽本作「橫被四表」、大夏侯本作「光被四表」，漢人引《書》謹守家法，不相雜用。後因經常見引，使「橫被」、「光被」成為行文上的辭彙，意指「廣大地覆蓋」，音、義相同之故，又產生「廣被」一詞。三者因同聲而通用，與〈堯典〉、師法無涉，只是漢人習用的辭彙。後因「廣被」一詞之流傳，而使得緯書、碑傳在引《書》時作「廣被四表」。故皮氏視「廣被」亦為「歐陽夏矦三家今文異字」，不符事實。如上所述，又可推論下列三事：

（1）王襃奉宣帝詔所作〈為聖主得賢臣頌〉中引「化溢四表，橫被無窮。」應是歐陽《尚書》。雖然史傳未載其經學師承，然襃作頌在宣帝神爵年間之前，〔註65〕當時只有歐陽《尚書》立於學官，〔註66〕故其引《書》取立於學官者，

〔註59〕同註54。

〔註60〕《後漢書・卷四〇上・班彪傳・附子固傳》載・西都賦，李賢注云：「《呂氏春秋》曰：『神明通于六合』，高誘注云：『四方上下為六合。』」《文選》卷四八蔡邕注〈典引〉云：「六幽謂上下四方也。」

〔註61〕參見《後漢書・桓焉傳》。

〔註62〕《後漢書・卷六一・黃瓊傳》。

〔註63〕《文選》卷三〈東京賦〉作「惠風廣被」，卷六〈左思魏都賦〉，李善注云：「〈東京賦〉曰：『惠風橫被』」。

〔註64〕參見《尚書釋義》，頁24。

〔註65〕王襃卒於為宣帝求益州金馬碧雞的道上，時在神爵年間（61B.C.～58 B.C.），故襃〈對聖主得賢臣頌〉必早於此。襃事見《漢書・郊祀志・下》。

〔註66〕《漢書・儒林傳》：「初，《書》唯有歐陽，⋯⋯至孝宣世，復立大小夏侯《尚

是合理之事。〔註67〕

（２）王莽《尚書》師承，今雖不明，然度其以歐陽政爲講學大夫，〔註68〕又引《書》作「橫被四表」，似亦習歐陽《尚書》者。

（３）鄭玄雖是古文家，然亦今古兼採，混淆家法，其引《書》作「光被四表」，若非古文《尚書》亦作此，便是取夏侯本。

二、共行天罰

始建國二年（10A.D.），匈奴單于知求漢故璽不得，遂寇邊郡，殺略吏民。莽於是下令攻伐之，云：「降奴服于知威侮五行，背畔四條，……命遣立國將軍孫建等凡十二將，十道並出，共行皇天之威，罰于知之身。……」（〈莽傳中〉）是模倣〈甘誓〉：「（夏）王（啓）曰：『……有扈氏威侮五行，怠棄三正，天用勦絕其命，今予惟恭行天之罰。……』」立言，經文「恭行天之罰」之「恭」，莽作「共」。又始建國四年，嚴尤誘斬高句麗侯騶，傳首長安，莽大悅，下詔更名高句驪爲下句驪，並敘述前事云：「乃者，命遣猛將，共行天罰，誅滅虜知，……」（〈莽傳中〉）字亦作「共」。

茲考今本《尚書》二十九篇，「共」字計出現十次，含義僅人名（如〈堯典〉：「流共工于幽洲」）或共同（如〈盤庚〉：「汝共作我畜民」）。餘義如：恭敬、奉行等，字皆作「恭」。然今本作「恭」者，《史記》引《書》及漢石經《尚書》殘碑有「恭」、「共」異文，如下表：

篇　名	經　　文	《史記》	漢石經
〈堯典〉	象恭滔天	似恭漫天（〈五帝本紀〉）	
〈皋陶謨〉	愿而恭	愿而共（〈夏本紀〉）	
〈甘誓〉	今予惟恭行天之罰，……汝不恭命	今予維共行天之罰，……女不共命（〈夏本紀〉）	
〈盤庚〉	各恭爾事		各共爾事
〈牧誓〉	今予發，惟恭行天之罰	今予發，維共行天之罰（〈周本紀〉）	

書》。」據〈宣帝紀〉，大小夏侯《尚書》立於甘露三年（51 B.C.），晚於王襃作頌之時。

〔註67〕《古文尚書撰異・序》云：「至若兩漢博士，治歐陽夏侯《尚書》，藏在令甲，漢人詔冊章奏皆用博士所習者。」（頁2）

〔註68〕歐陽政是歐陽高之曾孫，家傳歐陽《尚書》學，事見《漢書・儒林傳》。

〈無逸〉	嚴恭寅畏	嚴恭敬畏（〈魯周公世家〉）	嚴恭寅畏
〈無逸〉	徽柔懿恭		徽柔懿共
〈君奭〉	嗣前人恭明德		恭明德〔註69〕

　　對於「恭」、「共」之異，段玉裁考證的結論是：《尚書》「恭敬」字不作「共」、「共奉」之字不作「恭」，「共」作「恭」者，後人所改。〔註70〕然〈無逸〉「徽柔懿恭」是在形容周文王具有和柔、善良、而又恭敬的品德，應屬段氏所歸「恭敬」字者，而漢石經作「共」，足見這種二分法並不合理。

　　《詩‧大雅‧韓奕》：「虔共爾位」，鄭箋云：「古之恭字」，意即恭本作共。又考上表，《史記》引原文者（如〈皋陶謨〉、〈甘誓〉、〈牧誓〉），字皆作「共」；句中有以訓詁字代經字者（如〈堯典〉、〈無逸〉），字則作「恭」。史遷似乎有意區別二字。《墨子‧明鬼‧下》幾乎引〈甘誓〉全文，字皆作「共」，而元始五年羣臣欲莽居攝踐阼時奏言：「《書》曰：『我嗣事子孫，大不克共上下，……』」（〈莽傳上〉）所引〈君奭〉之文，意指我周家繼位的後王，過度地不能恭敬天神地祇。意為「恭敬」，其字作「共」，則「恭敬」字本作「共」矣。

　　〈無逸〉：「惟正之供」，《漢書‧卷八五‧谷永傳》引作「共」，且漢石經亦作「惟正之共」，〔註71〕意即辦理、執行政事。此「共」字，意同《史記》引《書》作「共」者，〔註72〕及漢石經〈盤庚〉篇「各共爾事」之「共」。

　　綜上所述，《尚書》在先秦、漢代的傳本，不論意指恭敬（恭）或執行（供），字皆作「共」。而共、恭二字亦因同音而通用，〔註73〕故司馬遷欲分別《尚書》「共」之二義，凡「恭敬」義者，便以「恭」代「共」。此與漢石經相較，似乎是歐陽師法，而〈無逸〉「徽柔懿恭」，石經作「共」者，或許正是「恭」原本作「共」之遺文。則莽引《書》作「共」，可謂是前有所承。

〔註69〕漢石經之文參見屈先生翼鵬《漢石經尚書殘字集證》卷二，頁 7 下、19。

〔註70〕參見《古文尚書撰異》，《皇清經解》卷五七一，頁 2～5。

〔註71〕同註69。卷二，頁 19。

〔註72〕例如：皋陶謨：「愿而恭」，《史記》引作「愿而共」。楊筠如《尚書覈詁》云：「按共與供通，言能供職有才能，與謹愿之意正相反，其義視古文為長。」（總頁 25）「古文」指偽孔傳：「愿愨而恭恪」。

〔註73〕二字上古音皆為*ki̯ung（《上古音韵表稿》，頁 154）。通用之例，如〈無逸〉「惟正之供（共）」，《國語‧楚語‧上》引作「唯政之恭」。

三、舜齊七政、祭羣神及巡狩事

　　始建國四年（12A.D.），莽志方盛，以爲四夷不足吞滅，專念稽古之事，下書曰：

　　　　伏念予之皇始祖考虞帝，受終文祖，在璇璣玉衡以齊七政，遂類于上帝，禋于六宗，望秩于山川，徧于羣神，巡狩五嶽，羣后四朝，敷奏以言，明試以功。……（〈莽傳中〉）

今本〈堯典〉云：

　　　　正月上日，（舜）受終于文祖，在璿璣玉衡，以齊七政。肆類于上帝，禋于六宗，望于山川，徧于羣神。……（舜巡守四方，至于四岳。）……羣后四朝，敷奏以言，明試以功，車服以庸。

二者相較，可知莽言銘鑄自〈堯典〉。但頗有異文，茲討論如下：

甲、璿璣、璇璣

　　《古文尚書撰異》云：

　　　　「機」，唐石經已下皆作「璣」，此因上文「璿」從玉旁而誤也。《釋文》（〈尚書音義·上〉）於璿曰音旋，竝無璣音機之文，而〈禹貢〉璣字則詳釋之，可知陸德明本作「機」，人所共識，故不爲音也。〔註74〕

據段氏所言，則陸氏所見之《尚書》版本作「璿機」。案：《釋文·序錄》所列之「次第」，《尚書》是古文《尚書》；且《史記·天官書·索隱》引馬融云：「以璿爲機，以玉爲衡，蓋貴天象也。」可知「璿璣」一詞，古文《尚書》實作「璿機」。〔註75〕

　　《史記》數引「璿璣玉衡，以齊七政」，而「璿」字異文有：

　　　璿（〈五帝本紀〉）

　　　旋（〈天官書〉、〈律書〉）

　　　璇（〈封禪書〉）

　　《今文尚書經說攷》云：

　　　　喬樅謂伏生今文祇作「旋機」，歐陽《尚書》同，大夏侯《尚書》亦同，今本《史記》、《漢書》之作「璿璣」，乃後人轉寫者改之。（卷一上，頁70）

〔註74〕《皇清經解》卷五六八，頁1。
〔註75〕《古文尚書拾遺》（卷一，頁2）正作「璿機」。

伏生今文作「旋機」，見於《尚書大傳》（《輯校》卷一，頁4）。而歐陽、大夏侯《尚書》亦作「旋機」者，陳氏並未提出具體證據。其言「今本《史記》、《漢書》之作『璿璣』，乃後人轉寫者改之」，則有幾許疑點。因爲除了「『璿』璣」，《史記》尚有「『旋』璣」、「『璇』璣」，何以轉寫者不一併改之，以啓後人疑竇？且劉向《說苑・辨物》引作「璿璣」，是否亦轉寫者所改？又《漢書・郊祀志・上》引《書》雖爲「璿璣」，而莽傳及〈律曆志〉載劉歆之詞作「『璇』璣」、「『旋』機」，〔註76〕何以轉寫者不改？《爾雅・釋詁・下》：「在，察也。」郭璞注云：「《書》曰：『在璿璣玉衡』」，《釋文・音義・上中》云：「璿音旋，又作璇。」由此可知陸氏所見郭注引《書》有作「璇璣」者。「璿璣」、「璇璣」並見。

　　段玉裁考證劉向是治歐陽夏侯《尚書》者，且馬、班之書皆用歐陽夏侯字句。〔註77〕陳壽祺父子亦主張史遷所錄之《尚書》以今文爲主。〔註78〕則《尚書大傳》「旋機」之「機」，史、漢作「璣」者，應爲今文三家作「璣」，而非段氏所云：「此因上文『璿』從玉旁而誤也。」而「機」、「璣」之異，或因同音之故。〔註79〕「旋」字《史記》、《漢書》皆有異文，可能是《尚書》今文三家之同音異文。〔註80〕

　　綜合上述論證，可得如下結語：今本「璿璣」，伏生本作「旋機」，古文《尚書》作「璿機」；「旋璣」、「璇璣」、「璿璣」應爲歐陽、夏侯本之異文。莽從今文三家。

乙、肆、遂類于上帝

　　〈堯典〉「肆」字，莽書作「遂」者，《漢書・郊祀志・上》引同。又〈堯典〉「肆類于上帝」、「肆覲東后」，《史記》〈五帝本紀〉、〈封禪書〉皆引作「遂」；〈無逸〉「肆中宗之享國」、「肆高宗之享國」、「肆祖甲之享國」，《史記・魯周

〔註76〕《漢書・律曆志・上・補注》引齊召南曰：「『一曰備數』以下，皆劉歆之詞，而班氏稍加刪節，所謂『刪僞辭，取正義』也。」（卷二一上，頁1）

〔註77〕參見《古文尚書撰異・序》，頁2。

〔註78〕參見壽祺《左海經辨》，《皇清經解》卷一二五一，頁20；喬樅《今文尚書經說攷》卷一上，頁9～10。

〔註79〕機、璣：*kiəd，《上古音韵表稿》，頁210。

〔註80〕旋、璿、璇的上古音，聲母皆是邪母；韻母，朱駿聲將旋與璿、璇分置於乾部與泰部，而董先生古音二十二部則將三字皆歸在元部，故三字若非同音，至少音近。參見《廣韻》，《說文通訓定聲》泰部、乾部目錄，《漢語音韻學》，頁254。

公世家》引皆作「故」。《爾雅‧釋詁‧下》云：「肆，故也。」《大戴禮記‧夏小正（第四七）》云：「肆，遂也。」似乎「故」、「遂」皆爲史遷用來代經字的訓詁字。

新出熹平石經六二七八號殘石，〈堯典〉「肆類于上帝」之「肆」正作「遂」，〔註81〕則《史記‧五帝本紀》及〈封禪書〉、王莽詔書、《漢書‧郊祀志》引作「遂」者，應是根據歐陽本《尚書》。而〈魯周公世家〉引〈無逸〉作「故」者，才是訓詁字。

《論衡‧祭意》引「《尚書》曰：『肆類于上帝』」，鄭玄〈駁許愼五經異義六宗之說〉引「《書》曰：『肆類于上帝』」，〔註82〕足見在漢代亦有《尚書》傳本（非歐陽家）作「肆」。

丙、望、望秩于山川

〈堯典〉云：「肆類于上帝，禋于六宗，望于山川，徧于羣神。」這是舜攝帝位，在中央政府所在地舉行的祭祀。又云：「歲二月，東巡守，至于岱宗，柴；望秩于山川。」則是舜巡守四方，在諸侯國境內所舉行的祭祀。二者雖皆望祭山川，然一無「秩」、一有「秩」。而莽書引前者，卻亦有「秩」字。

《尚書大傳》云：「五嶽視三公，四瀆視諸侯，其餘山川視伯，小者視子男。」（《輯校》卷一，頁22）《說苑‧辨物》在訓釋「五嶽視三公」、「四瀆視諸侯」、「山川視子男」之後，引《書》曰：「禋于六宗，望秩于山川，徧于羣神。」作爲結語，則劉向以爲《大傳》「五嶽視三公，……」之文，是在解釋於中央所舉行的望祭山川，而向引《書》有「秩」字。又鄭玄注《大傳》引經曰：「肆類于上帝，禋于六宗，望秩于山川，徧于羣神。」（《輯校》卷一，頁4）亦有「秩」字，或許伏生所傳之《尚書》，兩處祭祀皆作「望秩于山川」，〔註83〕則莽詔書云「望秩于山川，徧于羣神」是前有所本。

《史記‧五帝本紀》、《論衡‧祭意》引《尚書》皆同於今本作「禋于六宗，望于山川」，無「秩」字；而《說苑》、《漢書》〈郊祀志‧上〉及〈敍傳‧下〉、鄭注《大傳》引《書》，則同於莽詔有「秩」字，此或爲今文三家傳本之異。

〔註81〕參見《新出熹平石經尚書殘石考略》，頁186。

〔註82〕參見陳壽祺《五經異義疏證》，《皇清經解》卷一二四八，頁20。

〔註83〕陳喬樅引《大傳》「五嶽視三公，……」之文置「肆類于上帝，禋于六宗，望秩于山川，徧于羣神」條下，並加案語：「此即釋『秩』字之義也」，則陳氏以爲伏生經本於中央所舉行的祭祀，亦作「望秩于山川」。參見《今文尚書經說攷》卷一上，頁73。

丁、巡守四方至于四岳、巡狩五嶽

　　《禮記・王制》：「天子五年一巡守」、《尚書大傳》：「五載一巡守」（《輯校》卷一，頁 11），字皆作「守」。《史記》〈五帝本紀〉、〈封禪書〉、〈孝武本紀〉所載武帝詔書，《論衡・書虛》、《漢書・郊祀志・上》等引《書》，皆同莽書作「狩」。如前所論，今文《尚書》傳本之異文，如〈洪範〉五事之「乂」、「艾」；〈堯典〉之「光被」、「橫被」，皆具有音同或音近的特色。「守」、「狩」上古音同，或許亦是今文三家的同音異文。〔註84〕

　　岳，《禮記・王制》、《尚書大傳》（《輯校》卷一，頁 22）、《史記》〈五帝本紀〉及〈封禪書〉、《漢書・郊祀志・上》等，皆同王莽引作「嶽」。《說文》云：「嶽，……王者之所以巡狩所至。……𡶓，古文象高形。」段注云：「今字作岳，古文之變。」則今本《尚書》之「岳」乃古文之變，今文《尚書》本作「嶽」。至於舜巡守四方，至于四岳，莽改作巡狩五嶽事，將於第三章第四節論之。

四、蠻夷猾夏，寇賊姦宄

　　天鳳六年（19A.D.），莽欲攻打匈奴，大司馬嚴尤固言匈奴可且為後，先憂山東盜賊，莽大怒，策免尤曰：「……視事四年，蠻夷猾夏不能遏絕，寇賊姦宄不能殄滅。……」地皇元年（20A.D.），大風毀王路堂，莽下書曰：「……惟即位以來，……蠻夷猾夏，寇賊姦宄。……」（〈莽傳下〉）三年，盜賊羣起，流民入關死者十之七八，莽下詔曰：「蠻夷猾夏，寇賊姦軌」。〔註85〕「蠻夷猾夏，寇賊姦宄」語出〈堯典〉，而莽引《書》自有「宄」、「軌」之異。

　　今本《尚書》「姦宄」一詞，皆如字，〔註86〕而《史記》引《書》則「宄」、「軌」並見。〔註87〕又成公十七年《左傳》與《國語・晉語》六皆載長魚矯

〔註84〕守、狩：*xiŏg，《上古音韵表稿》，頁 137。案：《經典釋文・尚書音義・上》云：「守，或作狩。」可知陸氏所見有另一《尚書》版本作「狩」。

〔註85〕《漢書・食貨志》。案：推斷下詔時間在地皇三年，是因〈食貨志〉載莽詔書之前，敘述的事件如「盜賊羣起，（莽）發軍擊之，將吏放縱於外。……流民入關者數十萬人，置養澹官以稟之，吏盜其稟，飢死者什七八。」等，參核〈莽傳〉，皆為地皇二、三年間之事。

〔註86〕〈堯典〉：「寇賊姦宄」，〈盤庚〉：「乃敗禍姦宄」、「暫遇姦宄」，〈微子〉：「好草竊姦宄」，〈牧誓〉：「以姦宄于商邑」，〈康誥〉：「寇攘姦宄」，〈梓材〉：「姦宄、殺人、歷人、宥。」〈呂刑〉：「鴟義姦宄」。

〔註87〕〈五帝本紀〉：「寇賊姦軌」，〈宋微子世家〉：「好草竊姦宄」，〈周本紀〉：「以

脅巒、中行之事，記長魚矯之言時，《左傳》作「亂在外爲姦，在內爲宄」；〈晉語〉作「亂在內爲宄，在外爲姦」。亦是「軌」、「宄」互見。故清江聲云：「古軌、宄字通。」〔註88〕

茲考《說文》：「宄，姦也。外爲盜，內爲宄，从宀，九聲，讀若軌。」「軌，車轍也，从車，九聲。」二字皆從「九」得聲，「宄」並用「軌」標音，〔註89〕足見其爲同音字，〔註90〕然其字義則無所關連。王鳴盛雖根據隱公五年《左傳》臧僖伯曰：「君將納民于軌物。」而謂「軌，法也。以軌爲宄，猶以治爲亂也。」〔註91〕找出二字意義上的關係，仍嫌過於牽強。學者所知司馬遷多以訓詁字代經字，〔註92〕然「宄」、「軌」只是同音，字義卻不相近，《史記》二字並見，應非訓詁。

《尚書大傳》同今本作「姦宄」，〔註93〕然〈康誥〉「寇攘姦『宄』」，漢石經作「寇攘姦『軌』」，〔註94〕則「姦『軌』」應爲歐陽本，而「姦宄」可能是承自伏生的夏侯本。又陳喬樅云：

> 《周禮·秋官·司刑·疏》及《史記·五帝紀·集解》引鄭（玄）
> 注《尚書》云：「由外爲姦，起內爲軌。」是古文亦作軌字。〔註95〕

然鄭玄今古文兼採，其作「軌」字，亦可能取自歐陽本，不過由《左傳》作「軌」看來，或許古文《尚書》亦作「軌」字。

段玉裁云：「漢人詔冊章奏皆用博士所習者」，陳壽祺云：「司馬子長時，《書》惟有歐陽，大小夏侯未立學官，然則《史記》所據《尚書》乃歐陽本

姦軌于商國」。

〔註88〕《尚書集注音疏》，《皇清經解》卷三九〇，頁 47。

〔註89〕「讀若」在漢人注經術語中，只具標音的作用。參見張以仁先生《中國語文學論集》，頁 166。

〔註90〕「宄」、「軌」的上古音皆是 *kiwəg，參見《上古音韵表稿》，頁 127。

〔註91〕《尚書後案》，《皇清經解》卷四〇四，頁 64。

〔註92〕《左海經辨》云：「《史記》多以訓詁改經文，學者所知也。」參見《皇清經解》卷一二五一，頁 19。

〔註93〕《太平御覽》卷二〇九引。

〔註94〕參見《漢石經尚書殘字集證》卷二，頁 16 上。又〈微子〉「好草竊姦宄」，舊雨樓本作「軌」（同上，卷二，頁 10 上）。舊雨樓本的漢石經雖是贗品，然方藥雨「精研石刻，故工於作僞，幾至亂眞也。」（屈先生〈自序〉，頁 4 上）則其作「軌」或有所根據。

〔註95〕《今文尚書經說攷》卷一下，頁 50，案：《史記·五帝本紀·集解》引鄭玄曰：「由內爲姦，起外爲軌。」《周禮·司刑》賈公彥疏引同，與陳氏所引正好相反，陳氏恐誤。

也。」〔註96〕今據漢石經知歐陽本作「軌」，則《史記・宋微子世家》之「宄」乃傳抄之誤。〔註97〕而莽作「宄」、「軌」，疑其兼習今文《尚書》三家之學，故於詔書中恣意援引。

五、弗、不之辨

元始三年（3A.D.），大司徒司直陳崇請張竦為其草奏，稱莽功德，奏中引〈堯典〉「舜讓于德弗嗣」、「納于大麓，烈風雷雨弗迷」，「弗」字皆作「不」。〔註98〕又始建國元年（9A.D.）莽曰：「……《書・甘誓》曰：『予則奴戮女』，唯不用命者，然後被此辜矣。」（〈莽傳中〉）經文「弗用命」，莽亦引作「不用命」。茲考漢人引《尚書》「弗」絕多作「不」者如下：

〈堯典〉：「納于大麓，烈風雷雨弗迷。」《淮南子・泰族訓》、《史記・五帝本紀》、《論衡・正說》皆引作「不」。〔註99〕

〈甘誓〉：「用命，賞于祖；弗用命，戮于社。」《史記・夏本紀》、《周禮・大司寇》鄭注引鄭眾語、蔡邕《獨斷》（卷上，頁 10 下）、《周禮・小宗伯》鄭注皆引作「不」。

〈金縢〉：「（武）王有疾，弗豫。」《史記・魯周公世家》作「不」；天鳳元年羣公奏言：「皇帝（莽）至孝，往年文母（王政君）聖體不豫，……」（〈莽傳中〉）羣公之奏取〈金縢〉之辭彙而作「不豫」。

〈大誥〉：「弗弔，天降割于我家。」「敢弗于從」，〈莽誥〉皆擬為「不」。

〈君奭〉：「在我後嗣子孫，大弗克恭上下。」元始五年羣臣奏言：「《書》曰：『我嗣事子孫，大不克共上下。』」〔註100〕引作「不」。

〔註96〕《古文尚書撰異・序》頁 2；《左海經辨》，《皇清經解》卷一二五一，頁 20。
〔註97〕《史記・五帝本紀》：「寇賊姦軌」，《正義》云：「亦作宄」，可見《史記》有抄本之異。
〔註98〕參見〈莽傳上〉。清・王念孫以為〈莽傳〉「不嗣」本作「不台」，顏師古依古文改「台」為「嗣」；參見《讀書雜志》四之十五，頁 16～17。
〔註99〕地皇元年，大風毀王路堂，莽下書曰：「……有列風霮雨發屋折木之變，……伏念一旬，迷乃解矣。」（〈莽傳下〉）師古注曰：「先言列風雷雨，後言迷乃解矣，蓋取舜『納于大麓，列風雷雨不迷』以為言也。」則顏氏所見之〈堯典〉尚作「不」
〔註100〕〈莽傳上〉。案：〈君奭〉：「罔尤違惟人在我後嗣子孫」，《尚書集注音疏》云：「偽孔以『惟人在』屬下讀，《漢書・王莽傳》引此下文『我嗣事子孫』云云，不聯引此『惟人在』，則漢人於『在』字讀絕也。」（《皇清經解》卷三九七，頁 11）

　　觀諸家引《尚書》多篇，而「弗」字一致作「不」者，「不」字應非僅是訓詁字。且〈康誥〉「罔弗憝」，漢石經作「罔不憝」〔註101〕足證漢代所傳之《尚書》有歐陽本「弗」字作「不」，故莽等引《書》作「不」者，當據歐陽《尚書》。而二鄭引《書》作「不」，或因〈甘誓〉「弗用命」，古文《尚書》同於歐陽本作「不用命」。然《史記・魯周公世家》引〈金縢〉：「周公乃告二公曰：『我之弗辟，我無以告我先王。』」「（成王曰）惟予沖人弗及知」，作「弗」不改字；考《史記》引《書》有「弗」者十七次，僅此兩處作「弗」，餘皆作「不」，且〈魯世家〉引〈金縢〉「弗豫」作「不豫」，若是史遷所據版本如此，何以他篇「弗」字皆作「不」，獨〈金縢〉作「弗」，又〈金縢〉的作者何以在一篇之中「弗」、「不」並用？由此推斷魯世家之二「弗」字，當為史遷以訓詁字（弗）詁代經字（不），其用意在於加強語氣。〔註102〕又〈莽誥〉擬〈大誥〉「民養其勸弗救」作「民長其勸弗救」，觀其擬〈大誥〉「弗弔」、「敢弗于從」，字皆作「不」，則此之「弗救」當例同《史記・魯世家》，乃是為了加強語氣，故以「弗」字代「不」。綜上所述可知，莽引《書》作「不」者，當所據版本（歐陽《尚書》）如此。

六、〈無逸〉篇名及述殷三王之次序

　　哀帝初即位，羣臣雜議宗廟迭毀事，太僕王舜、中壘校尉劉歆議孝武廟不可毀云：

> 宗，變也，苟有功德則宗之，不可預為設數。故於殷，太甲為太宗，大戊曰中宗，武丁曰高宗。周公為〈毋逸〉之戒，舉殷三宗以勸成王。……〔註103〕

先論篇名，「毋逸」，今本《尚書》作「無逸」，漢人所引異文頗多：

> 毋逸（《困學紀聞》卷二引《尚書大傳》、《史記・魯周公世家》、《漢書・谷永傳》）
>
> 毋佚（《論衡・儒增》）
>
> 毋劮（《隸釋》所載之漢石經）
>
> 無佚（《史記・周本紀》）

〔註101〕參見《漢石經尚書殘字集證》卷二，頁17。

〔註102〕桓公十年《公羊傳》何休解詁云：「弗者，不之深也。」

〔註103〕參見《漢書・韋玄成傳》。

亡逸（《漢書・卷六七・梅福傳》）〔註104〕

毋與無、亡；逸與佚，或是通用，或是今文三家異文，未定。「劮」之字形特殊，以歐陽《尚書》在漢代的影響力，不可能未見引用，且《說文》亦未著錄此字，故江聲以為是漢石經取自俗字，〔註105〕而段玉裁則謂「蔡中郎（邕）斟酌古今而為『劮』字」，〔註106〕皆不主張漢石經的底本歐陽《尚書》原作「劮」字。

其次論劉歆所述殷三宗之次序：太宗（太甲）、中宗（大戊）、高宗（武丁），亦與今本有異。〈無逸〉云：

> 周公曰：「……厥子乃不知稼穡之艱難，乃逸、乃諺，既誕。否則侮厥父母曰：『昔之人，無聞知。』」周公曰：「嗚呼！我聞曰，昔在殷王中宗，……肆中宗之享國，七十有五年。其在高宗，……肆高宗之享國，五十有九年。其在祖甲，……肆祖甲之享國，三十有三年。自時厥後，立王生則逸。……」

《隸釋》（卷一四）所載漢石經殘字云：「嗇之艱難，乃劮、乃憲，既延。不則侮厥下缺，中宗嚴恭寅畏，天命自亮，叭民祗懼，下缺或怨，肆高宗之饗國百年。自時厥後，下缺」，「饗國百年」與「自時厥後」緊接不隔一字，故洪适云：「孔氏（《偽孔傳》）敘商三宗以年多少為先後，此碑獨闕祖甲，計其字蓋在中宗之上，以傳序為次也。」（頁4上）據《史記・殷本紀》，帝武丁崩，子祖庚立；祖庚崩，弟祖甲立。不論就在位年限或傳位之次，祖甲皆不得在中宗、高宗之上，故石經（歐陽《尚書》）之三王必無祖甲。《古文尚書撰異》云：

> 考〈殷本紀〉，太甲稱太宗，太戊稱中宗，武丁廟為高宗。《漢書》王舜、劉歆曰：「……」，儻非《尚書》有太宗二字，司馬、王、劉不能肊造。……則今文《尚書》「祖甲」二字，作「太宗」二字。其文之次，當云：昔在殷王太宗；其在中宗；其在高宗。〔註107〕

則劉歆所述殷三宗之序，當據歐陽《尚書》，而所引「毋逸」篇名理亦同之，由此可知漢石經作「毋劮」非歐陽原本，歐陽《尚書》當承《尚書大傳》作「毋逸」。

〔註104〕據本傳，梅福少學長安，明《尚書》、《穀梁春秋》。其引作「亡逸」應有根據。
〔註105〕參見《尚書集注音疏》，《皇清經解》卷三九七，頁1。
〔註106〕參見《古文尚書撰異》，《皇清經解》卷五八九，頁1。
〔註107〕《皇清經解》卷五八九，頁7。

〈魯周公世家〉《集解》引馬融曰：

> 祖甲有兄祖庚，而祖甲賢，武丁欲立之，祖甲以王廢長立少不義，
>
> 逃亡民間，故（〈無逸〉）曰：「不義惟王，久爲小人」也。

孔疏引鄭玄之說同，則古文家以爲殷三王中有祖甲。〈殷本紀〉雖有三宗之解，〈魯世家〉引〈無逸〉文則同於今本，屈先生翼鵬以爲「太史公曾見古文《尚書》；則所依據者，乃古文本也。」〔註108〕太宗、祖甲既是今古文之異，則高宗享國百年與五十九年之別，亦是今古文異說，其計年的差別在於「古文以位言，今文以壽言。」〔註109〕

此外，王國維根據甲骨文及《竹書紀年》證明殷中宗是祖乙，而非太戊，〔註110〕然中宗太戊之說雖不符合史實，卻是漢人的觀念，〔註111〕亦不能咎諸王莽、劉歆。

漢人亦以殷三宗爲先帝立廟號，如景帝尊孝文廟爲太宗廟；平帝時，莽奏尊孝宣廟爲中宗，孝元廟爲高宗。〔註112〕又〈莽誥〉云：「尊中宗、高宗之號」，王先謙以爲「莽用今文《尚書》說，仿殷三宗。」〔註113〕則莽所據亦歐陽《尚書》。

第四節　採歐陽、夏侯訓解

一、今文〈泰誓〉

居攝三年破滅翟義反事，王太后下詔陳崇治校軍功，第其高下，於是莽上奏曰：「……周武王孟津之上，尚有八百諸侯。……」（〈莽傳上〉）始建國元年莽欲封五姓同族者云：「予前在攝時，……或光自上復于下，流爲烏，……」（〈莽傳中〉）莽所言今本《尚書》二十九篇雖無載，卻與今文〈泰誓〉的逸文相近。

〔註108〕《尚書集釋》，頁198。
〔註109〕參見清‧馮登府《漢石經攷異》，《皇清經解》卷一四○二，頁16。
〔註110〕參見〈殷卜辭中所見先公先王續考〉，《觀堂集林》卷九，《王觀堂先生全集》，
　　　　頁425～426。
〔註111〕〈殷本紀〉記載太戊使殷復興，諸侯歸之，故稱中宗。《詩‧烈祖‧序》鄭箋
　　　　云：「中宗，殷王大戊，湯之玄孫也。」
〔註112〕參見《漢書》〈景帝紀〉、〈平帝紀〉。
〔註113〕《漢書補注》卷七三，頁19。

百篇書序中之〈泰誓〉，〔註114〕先秦所固有，當時的典籍多引其文。然相對於經文，戰國初別有一種類似後世書序、傳注之書出現，專說〈泰誓〉本事作意者，如《國語・周語・下》所引「大誓故」。戰國中葉以後，〈泰誓〉本經既亡，而說〈泰誓〉之書則流行於民間。漢興，伏生、史遷皆見之，且各以己意，取以著之《大傳》、《史記》。漢武末，別有好事者取此等說〈泰誓〉之書，益以杜撰之辭，託諸河內女子發老屋所得，獻給朝廷。武帝充諸學官，於是歐陽、大小夏侯取以入《尚書》，此即所謂今文〈泰誓〉。然亦亡於晉永嘉之亂。〔註115〕觀今文〈泰誓〉逸文：「既渡，至于五日，有火自上復于下，至于王屋，流爲烏。」「遂至盟津，八百諸侯不召自來。」〔註116〕正是莽言所本。

許錟輝先生以爲王莽時代「在武帝末以後，今文〈泰誓〉既出，則所述本乎今文〈泰誓〉，……或櫽括其義。」〔註117〕莽既櫽括收於歐陽、夏侯《尚書》之今文〈泰誓〉，足見其習今文《尚書》學。

二、惇序九族

始建國元年，莽欲立祖宗之親廟與分封五姓時云：

> ……姚、嬀、陳、田、王氏凡五姓者，皆黃、虞苗裔，予之同族也。
> 《書》不云乎？「惇序九族」，其令天下上此五姓名籍于秩宗，皆以爲宗室。……（〈莽傳中〉）

莽所引《書》云：「惇序九族」，語出〈皐陶謨〉，然今本作「惇敘九族」，《今文尚書攷證》云：

> 《漢書・平帝紀》元始五年詔曰：「昔堯睦九族，舜惇敘之。」〈王莽傳〉曰：「《書》不云乎？『惇序九族』。」韋昭《國語》注曰：「謂若惇敘九族」，蓋夏矦《尚書》作「惇敘」。……《史記・夏本紀》曰：「愼其身修，思長，敦序九族。」《史記》「惇」皆作「敦」，「敘」皆作「序」，蓋歐陽《尚書》字也。（卷二，頁1）

皮氏以爲夏侯《尚書》作「惇敘」，然其所舉之例，〈莽傳〉卻作「惇序」，又《三國志・蜀書・先主傳》記載劉備上言漢獻帝云：「在昔〈虞書〉敦敘九族」，

〔註114〕書序：「惟十有一年，武王伐殷；一月戊午，師渡孟津。作〈泰誓〉三篇。」
〔註115〕〈泰誓〉相關問題可參閱許錟輝先生〈泰誓疏證之一～先秦泰誓〉、〈今文泰誓疏證〉、〈僞古文泰誓疏證〉三文。
〔註116〕逸文見《尚書今古文注疏》卷一○，頁5上、6上。
〔註117〕〈今文泰誓疏證〉。

則〈皋陶謨〉「惇敘九族」之「惇敘」二字，或作「敦序」（《史記》）、「惇敘」（平帝詔）、「惇序」（〈莽傳中〉）、「敦敘」（《蜀書》）。「惇」與「敦」、「敘」與「序」異文的產生，應為古書並通用之故，〔註118〕與今文三家異字無涉。

「九族」的定義，《五經異義》云：

> 今《禮戴》、《尚書》歐陽說云：九族乃異姓有屬者。父族四：五屬之內為一族，父女昆弟適人者與其子為一族，己女昆弟適人者與其子為一族，己之女子子適人者與其子為一族。母族三：母之父姓為一族，母之母姓為一族，母女昆弟適人者與其子為一族。妻族二：妻之父姓為一族，妻之母姓為一族。古《尚書》說：九族者，從高祖至玄孫凡九，皆同姓。〔註119〕

案：莽視五姓為「九族」，是因為他們都是「黃、虞苗裔」，這與莽「自本」所謂王氏是黃、虞之後的論調一致，而與《尚書》歐陽家或古文《尚書》所云有別。不過原則上，莽仍是傾向歐陽家所說的「異姓有屬者」，而未採古文《尚書》「九族皆同姓」之說。

三、朕復子明辟

居攝三年，齊郡、巴郡、扶風分別出現新井、石牛、雍石等物，表示天命欲「攝皇帝（莽）當為真」。莽於是上奏王太后曰：「……臣莽夙夜養育隆就孺子，令與周之成王比德，……孺子加元服，復子明辟，如周公故事。」（〈莽傳上〉）莽意要效法周公盛養成王，待王長而還政之故事。〔註120〕莽即真之後，策命孺子為定安公，讀策畢，親執孺子手，流淚歔欷，曰：「昔周公攝位，終得復子明辟，今予獨迫皇天威命，不得如意！」（〈莽傳中〉）莽感慨自己迫於皇天威命，不得如欲效法周公致政成王而還政孺子之意。其兩次述及周公「還政」之事皆用「復子明辟」一詞替代。此外，其倖臣劉歆《三統曆》云：「後二歲，得周公七年『復子明辟』之歲。」（《漢書·律曆志·下》）即指周公攝政七年致政成王事，亦以「復子明辟」表示還政，一若莽意。

「復子明辟」語出《尚書》，〈洛誥〉云：「周公拜手稽首曰：『朕復子明辟，……』」《書序》云：「召公既相宅，周公往營成周，使來告卜。作〈洛誥〉。」

〔註118〕參見《今文尚書經說攷》卷二，頁3。

〔註119〕《五經異義疏證》，《皇清經解》卷一二五○，頁10。

〔註120〕《尚書大傳》：「武王死，成王幼，周公盛養成王，……周公身居位，聽天下為政。」「周公攝政，……七年致政成王。」（《輯校》卷二，頁18、27）

〈洛誥〉本是記載告卜、卒營成周之事，並未明言周公致政成王。而最早將「復子明辟」作爲「還政」的替代詞，並運用在政治上的，是在王莽之時。

居攝二年翟義反，莽倣《尚書·大誥》所作之〈大誥〉云：

> ……予（莽）義彼國君泉陵侯（劉慶）上書曰：「成王幼弱，周公踐天子位以治天下，六年，朝諸侯於明堂，制禮樂，班度量，而天下大服。……皇太子（孺子嬰）爲孝平皇帝子，年在襁褓，宜且爲子，知爲人子道，令皇太后（平帝后）得加慈母恩。畜養成就加元服，然後復子明辟。」〔註121〕

劉慶書之主旨在說明王莽養育孺子，正如周公盛養成王，日後王莽必會還政孺子如周公故事；作爲杜塞翟義以莽必代漢家而起兵討伐的藉口。然劉慶上書之內容僅見於此，其文意又與次年莽上王太后之奏章（已見前）近似。若非莽假借慶名以抒己意，便是慶承莽意爲之。

王莽雖然沒有訓解「復子明辟」爲「還政」，但每當他要表達周公還政成王之意時，便用〈洛誥〉「復子明辟」一詞。影響所及，《僞孔傳》在訓解經文時，不得不添字解經謂是「周公盡禮致敬，言我復還明君之政於子。」甚者，僞古文《尚書》作者承此說，假造〈咸有一德〉篇，首句爲「伊尹既復政厥辟」。

至宋，王安石以爲〈洛誥〉「朕復子明辟」之「復，如『復逆』之『復』，成王命周公往營成周，周公得卜，復命於成王。謂成王爲『子』者，親之也。謂成王爲『明辟』者，尊之也。」〔註122〕自此，眾儒皆相信「朕復子明辟」之「復」是「白也」，〔註123〕〈洛誥〉之意是：周公向成王「報告」營雒之事。而不採「還政」之舊說。〔註124〕

〔註121〕《漢書·卷八四·翟義傳》。案：程師元敏〈莽誥大誥比辭證義〉（註二六）云：「復子明辟：予，重刊淳化本、景祐本、殿本皆作『子』，是。汲古本形誤，當正。」則「予」爲「子」之形譌。

〔註122〕王安石的意見，以及後人對王說的評論，參見程師元敏《三經新義輯考彙評（一）》～《尚書》，頁179～183。

〔註123〕參見王國維〈洛誥解〉，《觀堂集林》卷一，《王觀堂先生全集》，頁13；程師元敏〈洛誥義證〉，《國立編譯館館刊》四卷二期，頁65。

〔註124〕清·俞樾《羣經平議》：「《書序》稱『周公往營成周，使來告卜。』經文發端即云：『周公拜手稽首曰：朕復子明辟』，其爲復命成王，文義了然！……夫經文但言『復子明辟』，不言『復子明辟之政』，枚氏此解（指《僞孔傳》），自不可通。」（卷六，頁5）

「還政」之訓，既非經文本義，莽又是倡其說者，不得不令人懷疑莽爲遂己私心，曲解經義。然《尚書後案》云：

> 王莽託周公以行其姦，語多附會，但漢重經術，經重家法，博士所習，皆有師承案據，非能空造。莽之假託，正爲攝政復辟，古學如此，故得售其欺，倘本無此事，莽亦無由託之。〔註125〕

鳳喈以爲莽所託必有其根據，所論甚是。然謂是「古學（古文《尚書》）如此」，則未免憑空臆斷。茲考《後漢書》，桓帝（志）十五歲即位，梁太后（順帝后梁妠）猶臨朝政，三年之後歸政，帝大赦天下，改元和平，並下詔云：「……遠覽『復子明辟』之義，近慕先姑歸授之法，及今令辰，皇帝稱制。……」〔註126〕帝於詔書中以「復子明辟」作爲「還政」的同義詞，〔註127〕足見此解的權威性與普遍性。此外，東漢歐陽《尚書》學盛行，桓氏一門，三代爲五帝師，繼位君主幾乎皆習歐陽《尚書》。〔註128〕而靈帝熹平四年刊刻石經，《尚書》以其爲底本，更是歐陽《尚書》學盛行之證。桓帝於詔書中，公然以「還政」之意引用〈洛誥〉「復子明辟」，雖不符合經義，應是秉承歐陽說。清儒言莽有據，並非存心袒護，莽確實前承於歐陽《尚書》學說。

四、大　麓

始建國元年，莽欲更改幣制下詔曰：「予前在大麓，至于攝假，深惟漢氏三七之阨，赤德氣盡，思索廣求，所以輔劉延期之術，靡所不用。以故作金

〔註125〕《皇清經解》卷四二二，頁2。

〔註126〕參見《後漢書》〈桓帝紀〉、〈皇后紀‧下‧順烈梁皇后〉。

〔註127〕《後漢書‧桓帝紀》：「遠覽『復子明辟』之義」，李賢注云：「《尚書‧洛誥》曰：『周公曰：朕復子明辟』。復，還也；子謂成王也；辟，君也。謂周公攝政已久，故復還明君之政於成王；今太后亦還政於帝也。」

〔註128〕桓氏及東漢君王習歐陽《尚書》之傳承（參見《後漢書》〈桓榮傳〉、〈張酺傳〉、〈楊震傳〉）如下表：

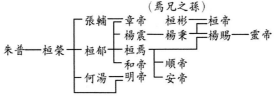

又〈皋陶謨〉：「罔水行舟，朋淫于家。」新出熹平石經六八七四號殘石作「罔水舟行，風淫于家。」（參見註48）而《後漢書‧卷五〇‧樂成靖王傳》所載安帝的詔語正作「風淫于家」，此爲東漢君主習歐陽《尚書》之鐵證。

刀之利，幾以濟之。……」師古曰：「大麓者，謂爲大司馬、宰衡時，……攝假，謂初爲攝皇帝、又爲假皇帝。」則莽謂其「在大麓」，意在「攝假」之前。同年，莽又曰：「……予前在大麓，始令天下公田口井，……」（〈莽傳中〉）《漢書·平帝紀》：「賜田公宅」，《補注》引蘇輿曰：「〈莽傳〉云：『予前在大麓，始令天下公田口井』，即此時事。」（卷一二，頁 6）蘇氏所云之「此時」，據〈平帝紀〉，在元始二年。則莽言「前在大麓」，意指其在元始年間爲宰衡執政之時。

「大麓」一詞，出自〈堯典〉：「納（舜）于大麓，烈風雷雨弗迷。」漢人解釋經文之「麓」字，有「山足」、「錄」二說。

《尚書大傳》云：「堯推尊舜，屬諸侯，致天下於大麓之野。」鄭注云：

> 山足曰麓，麓者，錄也。古者天子命大事、命諸侯，則爲壇國之
> 外，堯聚諸侯，命舜陟位居攝，致天下之事，使大錄之。（《輯校》
> 卷一，頁8）

《尚書大傳疏證》云：

> 此傳云：「大麓之野」，明有「之野」二字，則但可取義於「錄」，不
> 得竟以「麓」爲「錄」也。（卷二，頁3）

故伏生之意，「大麓」之「麓」爲山足。又《史記·五帝本紀》云：「堯使舜入山林川澤，暴風雷雨，舜行不迷。」《索隱》云：

> 《尚書》云：「納于大麓」，《穀梁傳》云：「林屬於山曰麓」，是山足
> 曰麓，故此以爲入山林不迷。

是史遷亦以「山足」說「麓」。

《漢書·卷七一·于定國傳》記載元帝答覆定國乞骸骨事云：「萬方之事，大錄于君。」《今文尚書經說攷》云：

> 攷（《漢書》）〈儒林傳〉：周堪與孔霸俱事大夏侯勝，……而孔霸以
> 大中大夫授太子（元帝），及元帝即位，……霸以帝師賜爵號褒成君。
> 據元帝報定國書有「萬方之事，大錄於君」語，是用大夏侯說可知。
> 時定國爲丞相，凡三公丞相皆可云大錄，不必居攝也。（卷一上，頁
> 63）

皮錫瑞承此家法考云：「伏生《大傳》以大麓爲大麓之野，明是山麓；《史記》以爲山林，用歐陽說；《漢書·于定國傳》以爲大錄，用大夏侯說；是大夏侯

背師說矣。」〔註129〕則訓「麓」爲「山足」或「錄」，是歐陽與大夏侯《尚書》
說之異。時定國爲丞相，元帝謂之「大錄」，與莽爲宰衡自稱「大麓」同義，
可知莽取義於大夏侯說。

大麓，莽取「大錄」之說，雖有其淵源，然非〈堯典〉本意。〈堯典〉記
載帝堯接受四岳的推薦，欲以舜爲禪讓的對象，然在傳位之前先歷試之，結
果舜的表現是「愼徽五典，五典克從；納于百揆，百揆時敘；賓于四門，四
門穆穆；納于大麓，烈風雷雨弗迷。」《孟子‧萬章‧上》記載萬章問：何謂
「堯薦舜於天而天受之，暴之於民而民受之?」孟子回答云：「使之主祭而百神
享之，是天受之；使之主事而事治，百姓安之，是民受之也。」舊題孫奭疏：
「《書》云：『納于大麓』，是堯薦舜於天也；『烈風雷雨弗迷』，是天受之也。
所謂百神享之，亦可知也。『愼徽五典』、『納于百揆』，是暴之於民也；『五典
克從』、『百揆時敘』，是民受之也。所謂百姓安之，亦可知也。」孟子以「烈
風雷雨弗迷」爲百神接受舜祭祀的徵兆，亦即《周易‧繫辭傳》所云：「天垂
象，見吉凶。」伏生訓作「大麓之野」，司馬遷據以落實爲「堯使舜入山林川
澤，暴風雷雨，舜行不迷。」的傳奇故事。〔註130〕

茲考「古代中國人對政權之興廢，常覺其中最多不可控制之因素，故認
爲政權興廢是人所最不能掌握之變化。由此，即以此種變化爲『天』或『帝』
之決定。」此即詩書中隱涵古人「人格天」之觀念。〔註131〕故孟子之說應合
乎〈堯典〉本意，而伏生、司馬遷之訓又較大夏侯說近似經義。何以大夏侯
會與前人說法歧異若此？因爲若取麓爲山足之說，則〈堯典〉所云只是「堯
使舜入山林川澤，暴風雷雨，舜行不迷。」此事知若樵子亦能不迷，舜又有
何神聖之處？大夏侯不相信經義會如此簡單，因而以「大錄」釋之。

「大錄」之解雖不合經義，莽取之乃因其合乎己意，由此可知莽引經本
非基於學術。而其詔書或引歐陽說、或引夏侯說，亦證其引用經說，不受限
於師法、家派。

〔註129〕《經學歷史》，頁64。
〔註130〕《五帝本紀》云：「(堯) 令舜攝行天子之政，薦之於天。」足見司馬遷亦採
　　　　孟子之說。
〔註131〕參見勞思光《中國哲學史》第一卷第一章附論「(1) 人格天觀念」，頁18～
　　　　21。此外，有關《書經》中的天帝觀，尚可參見傅佩榮《儒道天論發微》第
　　　　一部。

第五節　或同於古文說及莽自創六宗說

一、或同於古文說

始建國元年，莽批評秦之無道云：

> 又置奴婢之市，與牛馬同蘭，制於民臣，顓斷其命。姦虐之人因緣爲
> 利，至略賣人妻子，逆天心，誖人倫，繆於「天地之性人爲貴」之義。
> 《書》曰：「予則奴戮女」，唯不用命者，然後被此辜矣。(〈莽傳中〉)

考今本《尚書》，「予則奴戮女」兩見。〈甘誓〉：「用命，賞于祖；弗用命，
戮于社。予則孥戮汝。」〈湯誓〉：「爾不從誓言，予則孥戮汝，罔有攸赦。」
莽引「書曰」後言「唯不用命者，然後被此辜矣。」「唯不用命者」，緣〈甘
誓〉「弗用命」而言，則其所引當爲〈甘誓〉之文。莽取義〈甘誓〉，於始建
國二年、地皇元年，兩度下令：凡敢盜鑄錢者，皆沒入官爲奴婢。〔註132〕
「他以爲奴婢的來源，應該是罪人，而不是由於買賣，這又是王莽復古思想
的表現。」〔註133〕

偽孔安國注解〈甘誓〉云：「孥，子也。非但止汝身，辱及汝子，言恥累
也。」如何「辱及汝子」，《偽孔傳》未明言，而孔疏云：「若不用我命，則戮
之於社主之前，所戮者非但止汝身而已，我則幷殺汝子以戮辱汝。」既已訓
「戮」爲「殺」，又拘泥《偽孔傳》訓「戮」爲「辱」，解釋甚爲迂曲。不過
皆不以沒入官爲奴言之。那麼莽說是否有其根據？

《周禮·司厲》云：「司厲掌盜賊之任器貨賄，……其奴男子入于罪隸，
女子入于舂稾。」鄭玄注云：

> 鄭司農云：「謂坐爲盜賊而爲奴者，輸於罪隸、舂人、稾人之官也。
> 由是觀之，今之爲奴婢，古之罪人也。故《書》曰：『予則奴戮汝』，
> 《論語》(〈微子〉) 曰：『箕子爲之奴』，罪隸之奴也。故《春秋傳》
> 曰：斐豹，隸也，著於丹書，請焚丹書，我殺督戎。恥爲奴，欲焚
> 其籍也。」玄謂奴，從坐而沒入縣官者，男女同名。〔註134〕

鄭眾引「書曰」作爲「今之爲奴婢，古之罪人也。」的註腳，與莽說如出一

〔註132〕參見〈莽傳中〉、〈莽傳下〉。
〔註133〕李鼎芳《王莽》，頁41。
〔註134〕先鄭所引斐豹事見襄公二十三年《左傳》，杜預注云：「蓋犯罪沒爲官奴，以
　　　　丹書其罪。」意同二鄭。

轍。惜今文三家說已佚，不得肯定莽是依據古文家或是採取與古文家說法相同的今文家。不過至少可以確定莽非空言妄造。

今本《尚書》「孥戮」一詞，異文如下：

　　奴戮（莽曰、《周禮·司厲·鄭注》引鄭眾說）

　　帑僇（《史記》〈夏本紀〉、〈殷本紀〉）

　　奴僇（《漢書·卷三七·季布傳·贊》）

　　孥羿（《匡謬正俗》卷二）

　　帑戮（《詩·小雅·常棣·孔疏》）

鄭眾引作「奴」，應是所據古文《尚書》如此。《古文尚書撰異》云：

　　古奴婢、妻帑，字皆作奴，故鄭司農釋《尚書》之「奴」爲奴婢，

　　假令如今本《尚書》作「孥」，則司農何至釋爲奴婢？故知「孥」是

　　俗字，衛包所改，《尚書》原文只作「奴」也。〔註135〕

同理，王莽、班固所據之《尚書》本亦作「奴」，而二人訓解是取奴字之「奴婢」意。「帑」字本意是「金幣所藏也」（《說文》），因與奴同音，〔註136〕而借爲作「子」之奴，如小雅〈常棣〉「宜爾家室，樂爾妻帑。」〔註137〕文公十三年《左傳》「執其（魏壽餘）帑於晉，使夜逸。」〔註138〕漢人即以帑爲子，如文帝於前元元年（179B.C.）下詔「盡除收帑相坐律令」。〔註139〕史遷多以訓詁字代經字，其取「妻帑」意，故引〈甘誓〉、〈湯誓〉皆以「帑」詁代「奴」。又《說文》只有奴、帑，則孥應是爲了要有訓「子」意的專字而後造的形聲字，而《匡謬正俗》、今本《尚書》則取以代經文「奴」。孔疏引《書》是爲訓解《詩》「樂爾妻帑」之「帑」是「子」，故改《書》之「孥」爲「帑」。

　　《匡謬正俗》收「羿」字，顏師古自注：「古文戮字」，鄭眾引《書》亦作「戮」，則古文《尚書》作「戮」。〔註140〕《說文》云：「戮，殺也。」「僇，

〔註135〕《皇清經解》卷五七一，頁7。

〔註136〕奴：*nâg、帑：*n̬iag（《上古音韵表稿》，頁155、157），二字皆是泥母、魚部。

〔註137〕《毛傳》云：「帑，子也。」

〔註138〕杜預注：「帑，壽餘子。」

〔註139〕參見《漢書·文帝紀》。應劭曰：「帑，子也。」師古曰：「帑讀與奴同，假借字也。」

〔註140〕清·閔齊汲《六書通》入聲屋韻著錄「戮」字引古《尚書》作「羿」，清馬國翰《玉函山房輯佚書》所輯之《古文尚書》（卷上）收此字，馬氏並自注「戮」。

癡行僇僇也。……一曰且也。」二字義不相涉，然皆從翏得聲，〔註141〕故先秦之書常借僇為戮。例如：〈大學〉：「有國者不可以不慎，辟則為天下僇矣。」〔註142〕而《荀子・非相》有「身死國亡為天下大僇」，〔註143〕又有「束乎有司而戮乎大市」，足見《荀子》二字皆用。《墨子》一書亦二字互見，如：〈公孟〉篇「是以身為刑僇，國為戾虛者。」〈魯問〉篇類似之句則作「是以國為虛戾，身為刑戮。」僇因常借作戮，反而用作假借字的時候居多，〔註144〕如：《荀子》書中三「僇」字，意皆同「戮」。〔註145〕故《墨子・明鬼・下》引〈甘誓〉「用命賞于祖，弗用命戮于社。」作「賞於祖而僇於社」，應是假僇為戮。

　　《史記》〈夏本紀〉、〈殷本紀〉引〈甘誓〉、〈湯誓〉：「予則孥戮汝」之「戮」作「僇」，〈周本紀〉引〈牧誓〉「其于爾身有戮」則作「戮」，或因史遷以為〈甘誓〉、〈湯誓〉「戮」字之義是「辱」，〔註146〕而〈牧誓〉之「戮」是「殺」，為了區別字義，而假「僇」為「戮」。《漢書・季布傳》贊曰：「及至困戹奴僇，苟活而不變，何也？彼自負其材，受羞不辱，欲有所用其未足也。」班固亦取「辱」義，故用「僇」代「戮」。因史遷以「妻孥」訓「奴」，班氏以「奴婢」訓「奴」，故一作「帑僇」、一作「奴僇」。

　　綜上所述，似乎不論今古文，《尚書》傳本經本文皆作「予則奴戮汝」。考莽此條，不論引〈甘誓〉之文作「奴戮」，或以「沒入官為奴」訓解經義，皆同於古文《尚書》學說。然如前所論，莽不論引經文或經說，皆取自今文家，尤其「分州」一事，有關舜分十二州與禹分九州前後之次，莽捨棄對己有利之古文說，而為配合今文說不惜兩度更改州制的說詞，致互相矛盾，足見其與今文《尚書》關係之密切。〔註147〕〈甘誓〉「予則奴戮汝」，今文家的傳本及說法雖已佚失，無法進一步證明，然徧考莽引《書》之習慣，此條是

〔註141〕戮：*liok，僇：*liŏg（《上古音韵表稿》，頁140、137），二字皆是來母、幽部。

〔註142〕朱子章句：「僇與戮同，……若不能絜矩而好惡，徇於一己之偏，則身弒國亡，為天下之戮矣。」

〔註143〕楊倞注：「僇與戮同」。

〔註144〕董同龢先生〈假借字的問題〉云：「有些字經過假借，倒是作假借字用的時候多，作本字用反而比較少見。」「有些人以為沒有本字的語詞才用假借字，這是不合事實的。」

〔註145〕分見於〈非相〉、〈彊國〉、〈正論〉篇。

〔註146〕《廣雅・釋詁》。參見王念孫《廣雅疏證》卷三下，頁2上。

〔註147〕參見本章第一節。

採取與古文家說法相同之今文說的可能性很大。

二、莽自創六宗說

《漢書・郊祀志・下》：

> 莽又奏言：「《書》（〈堯典〉）曰：『類於上帝，禋于六宗。』歐陽、
> 大小夏侯三家說六宗，皆曰上不及天，下不及墬，旁不及四方，在
> 六者之間，助陰陽變化，實一而名六，名實不相應。《禮記》祀典，
> 功施於民則祀之。天文日月星辰，所昭仰也；地理山川海澤，所生
> 殖也。《易》有八卦，乾坤六子，水火不相逮，靁風不相誖，山澤通
> 氣，然後能變化，既成萬物也。……又日月靁風山澤，易卦六子之
> 尊氣，所謂六宗也。星辰水火溝瀆，皆六宗之屬也。……」

視莽奏言所云可推致下列三事：

（1）歐陽、大小夏侯的《尚書》學雖出於伏生，既立於學官，其解說
《尚書》的權威性便超過伏生，故莽論「六宗」，只引歐陽、大小夏
侯三家之說。〔註148〕

（2）莽既知歐陽、大小夏侯對六宗的解釋，於今文三家的《尚書》學必皆
研習之。此正可爲莽引經時或用歐陽說（如：橫被），或用夏侯說（如：
大錄）的佐證。

（3）莽以爲歐陽三家說「六宗」皆曰「上不及天，下不及墬，旁不及四
方，在六者之間，能助陰陽變化。」所說只是「一」在天、地、四方中
間，能助陰陽變化者。而〈堯典〉云「禋于六宗」，名既爲「六」，內
容亦應爲「六」，不該只有「一」，〔註149〕故莽批評今文三家犯了「實
一而名六，名實不相應」的錯誤。因此他不取舊說，而自創新解：以
「尊」釋「宗」，謂六宗即易卦六子這六種尊貴的氣。由此可知莽對
經說的態度是，若認爲經說不合理，則另闢新說，並不謹守師法。這
種掙脫師法桎梏的自由心態，造就他正面的影響是支持古文經，並立
諸學官；負面的影響則是妄改經義。〔註150〕

莽奏所謂「易有八卦，乾坤六子」，是因《周易・說卦傳》云：乾爲父，

〔註148〕參見註67。
〔註149〕〈堯典〉孔穎達正義云：「名曰六宗，明是所尊祭者有六。」意見同於王莽。
〔註150〕參見本論文第三章第四節。

坤爲母；震爲長男，巽爲長女；坎爲中男，離爲中女；艮爲少男，兌爲少女。而水火，坎離也；雷風，震巽也；山澤，艮兌也。故言水、火、雷、風、山、澤是乾坤六子。然莽奏又言：「日月霝風山澤，易卦六子之尊氣，所謂六宗也。星辰水火溝瀆，皆六宗之屬也。」故其所謂之六宗，並不包括「水」、「火」，此因莽見乾坤六子中，既有「澤」，又有「水」，二者性質近似，因而根據〈說卦傳〉：「坎爲月」、「離爲日」，以「月」、「日」取代乾坤六子之「水」、「火」，而將「水」、「火」列入六宗之屬，故其所謂之「六宗」是「日」、「月」、「霝」、「風」、「山」、「澤」。

《周禮・大宗伯・疏》引《五經異義》云：

> 古《尚書》說，六宗，天地神之尊者。謂天宗三、地宗三。天宗，日、月、星辰；地宗，岱山、河、海。日月屬陰陽宗，北辰爲星宗，岱爲山宗，河爲水宗，海爲澤宗。祀天則天文從祀，祀地則地理從祀。

古《尚書》說「天宗，日、月、星辰；地宗，岱山、河、海。」與莽奏言「天文日月星辰，所昭仰也；地理山川海澤，所生殖也」的觀念如出一轍。又古文家賈逵訓六宗爲天宗三：日、月、星也；地宗三：河、海、岱也。〔註151〕與古《尚書》說同，六宗皆有「日」、「月」。伏生對六宗的解釋是：

> 萬物非天不生、非地不載、非春不動、非夏不長、非秋不收、非冬不藏，故《書》曰：「禋于六宗」，此之謂也。（《輯校》卷一，頁4）

以天地四時訓六宗，雖較歐陽、大小夏侯之說平實，且名實相應，然莽並未取其說。而莽自創六宗說以「月」、「日」代乾坤六子之「水」、「火」，或許是受了古文《尚書》說的影響。

漢世以來，說六宗者多矣，然皆言人人殊。此因〈堯典〉所云之「禋于六宗」，六宗之義，有其數，無其名，先儒只是各以意說，〔註152〕在缺乏堅強的證據中，甚難遽定高下。故周壽昌云：

> 世代綿邈，禮典無徵，各獻所疑，各存其說，姑備參考，一經詰難，無一足據矣。〔註153〕

莽以乾坤六子（六種尊貴的氣）訓六宗，亦算是聊備一說。

〔註151〕參見〈堯典・正義〉。
〔註152〕從漢至晉，各家對六宗的訓解，參見晉・司馬彪《續漢書・祭祀志・中》梁・劉昭注、〈堯典〉正義、《周禮・大宗伯・疏》。
〔註153〕《漢書注校補》卷一八「禋于六宗注」條。

第三章 王莽行政應用《尚書》

第一節 章奏用語力求與《尚書》一致

王莽行政對於《尚書》的應用,首先即發揮它在辭令方面的功用。因《尚書》的著成時代較早,尤其周誥十二篇更是當時的文獻檔案,其文字雖詰屈聱牙,卻正好可以借來潤飾,使一篇平易的文字讀起來古奧典雅。這對於好古的王莽而言,不但可以滿足他近古逼真的心理需求,還可以耀示自己的學識涵養。故王莽及其羣臣,常鎔鑄《尚書》的文句、辭彙於詔書、議奏中,用語力求與《尚書》一致。

一、王莽章奏詔書用語考

受到陰陽五行思想的影響,漢人特別喜歡以祥瑞之出現表示天下太平。如:元光五年(130B.C.),武帝策詔諸儒曰:「蓋聞上古至治,……陰陽和,五穀登,六畜蕃,甘露降,風雨時,嘉禾興,朱草生,……麟鳳在郊藪,龜龍游於沼,河洛出圖書,……」[註1] 而莽奏特多言祥瑞,沿漢家風尚,多自《尚書》而來。

元始元年,莽率羣臣奏言:

> ……今幸賴陛下(王太后)德澤,間者風雨時,甘露降,神芝生,
> 蓂莢、朱草、嘉禾,休徵同時並至。……(〈莽傳上〉)

〈洪範〉九疇第八庶徵云:「曰休徵:曰肅,時雨若;……曰聖,時風若;……」

〔註 1〕《漢書·卷五八·公孫弘傳》。

此即莽言「風雨時」、「休徵同時並至」之源。又《尚書大傳》云:「帝命周公踐阼朱草暢生」、「周公輔幼主不矜功則蓂莢生」(《輯校》卷三,頁2),莽行事好依託周公,故欲周公相成王時出現的祥瑞(朱草、蓂莢),在己輔佐平帝時亦出現,因而做《大傳》所述空造。又元始五年西羌獻地內屬,平憲等奏言:「⋯⋯問(羌豪)良願降意,對曰:『太皇太后聖明,安漢公至仁,天下太平,五穀成熟,或禾長丈餘,或一粟三米,或不種自生,⋯⋯』」(〈莽傳上〉)平憲奏言之對話形式是探《大傳》所載越裳氏獻白雉事,而所謂「禾長丈餘,或一粟三米」,同元始元年莽言之「嘉禾」,此做自《大傳》「成王之時,有三苗貫桑葉而生,同為一穗,其大盈車,長幾充箱」,〔註2〕皆未必實有其事。

天鳳元年(14A.D.)莽下詔欲至四方巡狩以勸農作,羲公奏言:「⋯⋯今一歲四巡,道路萬里,春秋尊,非糒乾肉之所能堪。且無巡狩,⋯⋯臣等盡力養牧兆民,奉稱明詔。」於是莽曰:「羲公、羲牧、羲司、諸侯、庶尹願盡力相帥養牧兆民,欲以稱予,緟此敬聽,其勖之哉!毋食言焉。⋯⋯即土之中雒陽之都。」(〈莽傳中〉)

「莽曰」造語雖未明言《尚書》云云,第詳考其詞皆自《書經》來。如:

羲公,〈康王之誥〉:「羲公既皆聽命。」

羲牧,〈堯典〉:「覲四岳羲牧。」

羲司,《尚書》無「羲司」一詞,但〈立政〉有「左右攜僕,百司庶府。」江聲云:「言『百』、言『庶』,皆凡括諸官之詞也。」〔註3〕則彼實以「羲司」代「百司」何疑。

庶尹,〈皋陶謨〉:「庶尹允諧。」

兆民,〈呂刑〉:「一人有慶,兆民賴之。」

敬聽,官本「聽」作「德」,〔註4〕是。「敬德」一詞竝見於〈召誥〉、〈無逸〉、〈君奭〉。

其勖之哉,〈牧誓〉:「夫子勖哉」、「勖哉夫子」。

毋食言焉,〈湯誓〉:「朕不食言。」

即土之中雒陽之都,〈召誥〉:「王來紹上帝,自服于土中。」「土中」即

〔註2〕越裳獻白雉及嘉禾事,參見《輯校》卷二,頁19及本章第四節。

〔註3〕《尚書集注音疏》,《皇清經解》卷三九七,頁40。

〔註4〕參見《漢書補注》卷九九中,頁23。

中土，「古謂洛邑居天下之中，故云。」〔註5〕莽承此意而言。

「莽曰」不僅採擷《尚書》諸篇之文句，而且王莽呼「羣公、羣牧、羣司、諸侯、庶尹」，這種一迭呼喚羣官的形式，亦習見於《尚書》。如〈牧誓〉：

> （武）王曰：「嗟！我友邦冢君，御事、司徒、司馬、司空、亞、旅、師氏、千夫長、百夫長，及庸、蜀、羌、髳、微、盧、彭、濮人。……」

「莽曰」可謂通篇取自《尚書》。

地皇元年七月，大風毀王路堂，莽下書曰：「乃壬午餔時，有列風雷雨發屋折木之變，……伏念一旬，迷乃解矣。」（〈莽傳下〉）師古曰：「先言列風雷雨，後言迷乃解矣，蓋取〈堯典〉舜『納于大麓，列風雷雨不迷』以為言也。」「列風」之「列」，《尚書大》（《輯校》卷一，頁9）、《史記·五帝本紀》、《淮南子·泰族訓》、《論衡·正說》同於今本作「烈」，而張竦為陳崇起草以稱莽功德之奏章則同〈莽傳〉作「列」。茲考莽引〈堯典〉「大麓」，取大夏侯「大錄」之說，而不取歐陽家「山林」之說，〔註6〕則其經文「列風雷雨」應亦取自大夏侯本，〔註7〕故「烈」、「列」為今文《尚書》家之同音異文。〔註8〕又〈康誥〉云：「要囚，服念五六日，至于旬時，丕蔽要囚。」意謂要監禁罪犯，必須考慮五六天，甚至十天的時間，然後才判定應否監禁。此即莽書「伏念一旬」所本，「服」、「伏」之異，可能因同音之故。〔註9〕

此外，莽文取《尚書》辭彙者，如：元始五年莽上書曰：「四海奔走」（〈莽傳上〉），「奔走」一詞，並見於〈酒誥〉、〈多士〉、〈君奭〉、〈多方〉。始建國元年莽策孺子曰：「敬天之休，往踐乃位，毋廢予命。」（〈莽傳中〉）是取〈洛誥〉：「公不敢不敬天之休」、「不敢廢乃命，汝往，敬哉！」〈莽誥〉雖倣〈大誥〉而作，其中述所謂漢家史實者，於經誥無所比擬，莽為使誥文近古逼真，便採擷《尚書》他篇之辭令，如：「隊極厥命」，今本〈酒誥〉、〈召誥〉、〈君

〔註5〕 參見《尚書集釋》，頁176。

〔註6〕 參見本論文第二章第四節。

〔註7〕 《今文尚書經說攷》（卷一上，頁64）云：「〈王莽傳〉張竦稱莽功德，引《書》：『納于大麓，列風雷雨不迷』，又莽自言：『予前在大麓，至于攝假』，……皆當為大小夏侯《尚書》說。」

〔註8〕 二字上古音聲母是來母，韻部屬泰部。參見《廣韻》、《說文通訓定聲》泰部目錄。

〔註9〕 服、伏：*bʻįwək（《上古音韵表稿》，頁130）。

奭〉皆有「墜厥命」一詞，而字作「墜」，《古文尚書撰異》云：「墜，俗字也，當是本作隊，衛包改之。」〔註10〕茲考元始五年羣臣奏請莽居攝踐阼時，引〈君奭〉之文「乃其墜命」亦作「隊命」（〈莽傳上〉），則段說並非無據。又如：「同律度量」、「咸秩亡文」，是據〈堯典〉「同律度量衡」、〈洛誥〉「咸秩無文」而言。

二、羣臣議奏用語考

元始四年，羣臣奏言：

> ……公以八月載生魄庚子奉使，朝用書，臨賦營築，越若翊辛丑，諸生、庶民大和會，十萬眾並集平作，二旬大功畢成。……（〈莽傳上〉）

羣臣此奏取〈康誥〉篇首四十八字〔註11〕及〈召誥〉鎔鑄而成。〈康誥〉云：「惟三月，哉生魄，周公初基作新大邑于東國洛；四方民大和會。」〈召誥〉云：「惟太保先周公相宅；越若來三月，……越五日甲寅，位成。若翼日乙卯，……周公乃朝用書命庶殷，……庶殷丕作。」茲論其異文如下：

「載生魄」，揚雄《法言·五百》云：「月未望則載魄于西，既望則終魄于東。」劉歆《三統曆》：「〈顧命〉曰：『惟四月，哉生霸』」（《漢書·律曆志·下》）、《說文》「霸」字下引「〈周書〉曰：『哉生霸』」。《今文尚書經說攷》云：「案《說文》偁〈周書〉『哉生霸』，又別出古文𩄇，則作『霸』者，今文《尚書》也。正義本《尚書》『霸』皆作『魄』，非是。」（卷一七，頁1）案：《說文》「霸」字下引「周書曰」後云：「𩄇，古文或作此」，既言「古文或作此」，則「霸」字未必不是古文；即便「霸」不是古文，古文家未必不可用隸定之「霸」，例如：〈甘誓〉：「予則孥戮汝」之「戮」，古文作「翏」，而鄭眾引《書》作「予則奴戮汝」。〔註12〕且劉歆、許慎皆引作「霸」，則作「霸」者當為古文《尚書》。又《古文尚書撰異·序》（頁2）列揚雄為治歐陽、夏侯《尚書》者，而莽臣亦引作「魄」，則「魄」字當非誤字，而是今文《尚書》本。故今本「哉生魄」，漢代今文《尚書》作「載生魄」，古文《尚書》作「哉生霸」。載與哉同音，魄與霸音近。〔註13〕

〔註10〕《皇清經解》卷五八四，頁6。

〔註11〕此四十八字乃自他篇錯簡而來，參見《尚書集釋》，頁145。

〔註12〕參見本論文第二章第五節。

〔註13〕載、哉：*tsə̂g（《上古音韵表稿》，頁123）；魄：*p'wăk、霸：*pwăg（頁165、

「越若翊辛丑」，意指庚子的第二天是辛丑，正如乙卯是甲寅的第二天，故羣臣傚〈召誥〉「若翼日乙卯」作「越若翊辛丑」，《古文尚書撰異》云：「凡古書翌日字，斷無作翼者，其作翼者，皆天寶已後淺人妄改也。《說文》羽部有翊無翌，翌即翊字。」〔註14〕故羣臣所引是正字。

羣臣將〈康誥〉「四方民大和會」改作「庶民大和會」，「庶民」一詞竝見於〈洪範〉、〈梓材〉、〈無逸〉、〈呂刑〉。

「平作」，師古曰：「平字或作丕」。《讀書雜志》云：

> 隸書丕字或作㔻，與平字相近，因譌而爲平。《後漢書》（卷一一）〈劉玄傳〉：「右輔都尉嚴本」，（李賢注）「『本』或作『平』、或作『丕』」；（卷一九）〈耿秉傳〉「太醫令吉丕」，（李注）「丕或作平」，皆其證也。（志四之十五，頁18）

故羣臣之奏應同〈召誥〉作「丕作」。

元始五年，甄邯等白太后詔議加莽九錫之禮，於是公卿大夫、博士、議郎、列侯張純等九百二人皆曰：「……今九族親睦，百姓既章，萬國和協，黎民時雍，……」（〈莽傳上〉）乃根據〈堯典〉敘述帝堯之德立說。〈堯典〉云：「曰若稽古帝堯，……克明俊德，以親九族；九族既睦，平章百姓；百姓昭明，協和萬邦。黎民於變時雍。」

天鳳三年十月戊辰，王路朱鳥門鳴，晝夜不絕，崔發等曰：「虞帝闢四門，通四聰。……」（〈莽傳中〉）師古曰：「虞書（〈堯典〉）敘舜之德也，『闢四門，明四目，達四聰』，故引之。」《史記‧五帝本紀》引作「辟四門，明通四方耳目。」今本〈顧命〉「用克達殷集大命」，漢石經作「用克通殷就大命」，〔註15〕則《尚書》「達」字作「通」者，乃歐陽本，故崔發等言「通四聰」，非以「通」訓詁「達」，而是所據今文《尚書》版本如此。

居攝二年九月，東郡太守翟義因嫌惡莽居攝而起兵，眾十餘萬。十二月，王邑等破翟義於圉。司威陳崇使監軍上書言：「陛下奉天洪範，心合寶龜，膺受元命，豫知成敗，……」（〈莽傳上〉）〈洪範〉云：「箕子乃言曰：『我聞在昔，鯀陻洪水，汨陳其五行；帝乃震怒，不畀洪範九疇，彝倫攸斁。鯀則殛死，禹乃嗣興，天乃錫禹洪範九疇，彝倫攸敘。』」故陳崇上書之言「奉天洪

162）。

〔註14〕《皇清經解》卷五八一，頁6～7。
〔註15〕參見《漢石經尚書殘字集證》卷二，頁28下。

範」，指王莽居攝踐阼是奉上天所賜洪範九疇而爲，是上天認可的。而「心合寶龜」是取〈大誥〉「用寧王遺我大寶龜，紹天明」之意，表示王莽心裡所想的皆合乎天意，言莽「慮則移氣，言則動物，……聖思始發，而反虜仍破。」陳崇諂媚之言多取諸《尚書》，足見連臣子都知莽性好將《尚書》的文意、辭句運用在章奏中，故進而模倣之，冀獲莽歡心。

第二節　理政治事模倣《尚書》

　　王莽不僅在章奏詔令中常引用《尚書》之經文、辭彙，而且所推行的政事亦常模倣《尚書》，如：推行守三年之喪及營建雒邑。

一、三年之喪

　　《論語‧憲問》云：

　　　　子張曰：「《書》（〈無逸〉）云：『高宗諒陰，三年不言。』何謂也？」

　　　　子曰：「何必高宗？古之人皆然。君薨，百官總己以聽於冢宰三年。」

何晏《集解》引孔曰：「冢宰，天官，卿佐王治者，三年喪畢，然後王自聽政。」邢昺《疏》云：「君既薨，新君即位，使百官各總己職以聽使於冢宰，三年喪畢，然後王自聽政。」據何、邢之注，則孔子以三年之喪釋此〈無逸〉經文。又《孟子‧萬章‧上》云：「舜相堯二十有八載，……堯崩三年之喪畢，舜避堯之子於南河之南，……」則孟子亦以三年喪釋〈堯典〉：「二十有八載，帝（堯）乃殂落，百姓如喪考妣。三載，四海遏密八音。」之文。三年之喪，由孔子、孟子傳承而下，足見其爲儒家重要的學說之一。

　　至漢朝，武帝雖罷黜百家，獨尊儒術，然漢家制度，本以霸王道雜之，並不純任儒家學說，尤其文帝遺詔：「其令天下吏民，令到出臨三日，皆釋服。」〔註16〕旨欲百姓行短喪。受此影響，兩漢臣僚，罕有爲父母服喪三年者，蓋因習俗相沿，已成故事也。然雖成故事，朝廷本未有不許行喪之令，故行與不行，仍聽人自便。〔註17〕

　　成帝時，薛宣後母死，弟修去官持服，宣以爲三年服少能行之者，兄弟相駮不可，修遂竟服，繇是兄弟不和。〔註18〕又河間惠王良修獻王之行，母

〔註16〕參見《漢書‧文帝紀》。

〔註17〕參見《廿二史劄記》卷三「兩漢喪服無定制」條。

〔註18〕參見《漢書‧卷八三‧薛宣傳》。

太后薨，服喪如禮。哀帝初即位，下詔襃揚曰：「河間王良，喪太后三年，爲宗室儀表，益封萬戶。」這是西漢君主第一次公開表揚守三年喪者，故有司附和條奏：「博士弟子父母死，予寧三年。」〔註19〕自此開了風氣。其後，雖仍少行三年之喪者，然原涉爲父行喪塚廬三年時，卻因此顯名京師。〔註20〕這與成帝時，薛宣兄弟爲守喪而失和相較，社會風氣確實有了轉變。莽承此風氣繼續推行之。

元始五年十二月，平帝崩，莽徵明禮者宗伯鳳等，與定天下吏六百石以上皆服喪三年。此外，居攝三年九月，莽母功顯君死，莽以己奉漢大宗之後，不得顧私親，而令孫王宗爲主，服喪三年。莽既謂奉漢大宗之後，便是以姑母王政君爲母，故於即眞之後，奉政君爲新朝之文母太后，且在始建國五年（13A.D.）二月，政君崩後，莽視同母喪，親自爲之服喪三年。〔註21〕故莽可謂是貫徹實行儒家三年之喪。

考莽致力於推行儒家三年之喪者，應是爲了取法《尚書》，如：居攝三年，爲平帝守喪期滿時，莽下書云：「遏密之義，訖于季冬，正月郊祀，八音當奏。」（〈莽傳上〉）其文詞「遏密」、「八音」，正是取義〈堯典〉：「三載，四海遏密八音。」此外，〈無逸〉云：「其在（殷王）高宗，時舊勞于外，爰暨小人。作其即位，乃或亮陰，三年不言；其惟不言，言乃雍。」此即《論語·憲問》子張問孔子「《書》云：『高宗諒陰，三年不言。』」所本。然經文本意是：到了高宗，由於他在當太子之時，曾久在朝廷之外勞動，和小老百姓共同生活，等到他即位之後，於是乎他就非常沈默，在三年中很少說話，但他只是不說話而已，一說話則沒有不恰到好處的。意指殷高宗在即位之初非常慎言，並無高宗居喪之意。〔註22〕故以居喪三年釋〈無逸〉經文，應爲孔子託古改制之說。然孔子之說雖非經義，卻影響了伏生，《尚書大傳》云：

> 《書》曰：「高宗梁闇，三年不言。」何謂「梁闇」也？傳曰：高宗居凶廬，三年不言，百官總己以聽于冢宰而莫之違，此之謂「梁闇」。

〔註19〕參見《漢書》〈卷五三·景十三王傳〉、〈哀帝紀〉。

〔註20〕參見《漢書·卷九二·游俠傳》。

〔註21〕參見〈莽傳上〉、〈莽傳中〉。

〔註22〕《呂氏春秋·審應覽·重言》云：「人主之言，不可不慎；高宗，天子也，即位諒闇，三年不言，卿大夫恐懼患之，高宗乃言曰：『以余一人正四方，余唯恐言之不類也，茲故不言。』古之天子其重言如此，故言無遺者。」其引述高宗「即位諒闇，三年不言」之語，而說爲天子應慎言，不以爲居喪。屈先生贊同之，參見《尚書釋義》，頁154。

> 子張曰：「何謂也？」孔子曰：「古者君薨，王世子聽于冢宰，三年
> 不敢服先王之服，履先王之位而聽焉。……」〔註23〕

又云：

> 高宗有親喪，居廬三年，然未嘗言國事而天下無背叛之心者何也？
> 及其爲太子之時，盡以知天下人民之所好惡，是以雖不言國事也，
> 知天下無背叛之心。〔註24〕

「凶廬」即倚廬，是居喪者所住極簡陋的小屋子，故伏生言「高宗居凶廬，
三年不言。」及「高宗有親喪，居廬三年。」便是承孔子之說，以守喪三年
訓解〈無逸〉經文。莽習今文《尚書》學，當知伏生之訓，故其大力推行三
年之喪，必因其以爲〈堯典〉及〈無逸〉的經文有「守喪三年」之意。

二、營建雒邑

周武王在世時，便有意於東方營建一個大都市，所以在克商之後，遷九鼎
於雒邑。〔註25〕理由在其地理位置居天下之中，而周王室所在之鎬京太過偏西，
不易控制東方。然未及營建，武王即已崩逝。〔註26〕成王承其遺志，命召公先
行相宅，周公往營。周公以爲「此天下之中，四方入貢道里均」，〔註27〕卒營雒
邑。築城過程詳載《尚書》〈召誥〉、〈洛誥〉篇。

天鳳元年（14A.D.）莽下詔表示要在天鳳七年行巡狩之禮，八年遷都於
居天下之中的雒陽，於是「遣太傅平晏、大司空王邑之雒陽，營相宅兆，圖
起宗廟、社稷、郊兆。」（〈莽傳中〉）其模倣周事之意甚明，連派遣太傅平晏、
大司空王邑，亦刻意效法成王命周公與召公營建雒邑。

先言平晏比周公，〈金縢〉云：「既克商二年，（武）王有疾，弗豫。二
公曰：『我其爲王穆卜。』周公曰：『未可以戚我先王。』」《史記·魯周公世
家》以爲「二公」是太公、召公。又眞古文〈周官〉篇曰：「立太師、太傅、
太保，茲惟三公。」〔註28〕武王病篤之時，羣臣恐懼，唯太公、召公與周公

〔註23〕宋·黃幹《儀禮經傳通解續》卷一五喪禮義引。
〔註24〕《太平御覽》卷一四六引。
〔註25〕桓公二年《左傳》曰：「武王克商，遷九鼎于雒邑。」杜注：「時但營洛邑，
　　　　未有都城，至周公乃卒營雒邑。」武王欲以雒邑爲都，亦見於逸《周書·度
　　　　邑》，參見清·朱右曾《逸周書集訓校釋》。
〔註26〕營雒的理由參見逸《周書·作雒》篇。
〔註27〕《史記·周本紀》。
〔註28〕《周禮·司徒·序官》疏引鄭志所引眞古文〈周官〉之文。參見皮錫瑞《鄭

可以商量占卜之事，足見三人的地位爲羣臣之首。故賈誼〈陳政事疏〉云：
「召公爲太保，周公爲太傅，太公爲太師，……此三公之職也。」〔註29〕始
建國三年太師王舜死時，莽曰：「昔齊太公以淑德累世，爲周氏太師，蓋予
之所監也。」（〈莽傳中〉）莽既以太師王舜比周氏太師姜太公；必以太傅平
晏比周氏太傅姬旦。又始建國二年，甄尋作符命，言「新室當分陝，立二伯，
以（甄）豐爲右伯，太傅平晏爲左伯，如周召故事。莽即從之，拜豐爲右伯。」
（〈莽傳中〉）所謂「周召故事」，即隱公五年《公羊傳》：「天子三公者何？
天子之相也。天子之相則何以三？自陝而東者，周公主之；自陝而西者，召
公主之；一相處乎內。」周召分陝而治之事，《尚書》雖無明文，然〈康王
之誥〉云：「太保率西方諸侯，入應門左；畢公率東方諸侯，入應門右。」
儼然將諸侯分東、西二部，且各有統領；故公羊之說未必毫無根據。至少漢
人相信此事，如《史記‧燕召公世家》：「其在成王時，召公爲三公：自陝以
西，召公主之；自陝以東，周公主之。」甄尋託言周召故事假造符命，欲立
甄豐爲右伯、平晏爲左伯，據《禮記‧樂記》：「五成而分，周公左，召公右。」
鄭亦注云：「五奏象周公、召公分職而治也。」且《漢書‧卷九六下‧西域
傳》：「至莽篡位，建國二年，以廣新公甄豐爲右伯，當出西域。」右伯既出
西域，可知左伯平晏當如周公居左，治陝以東之地。故莽派平晏至雒邑營相
宅兆。

次言莽何以派大司空王邑？成王派遣先行相宅的召公是三公之一的太
保，然莽於始建國元年，按哀章所獻之金匱封拜輔臣中，並無太保一官，而
莽所命之三公是大司馬、大司徒、大司空，大司空於三公中之位次不僅與太
保對應，而且大司空之職是「典致物圖，考度以繩，主司地里，平治水土。」
（〈莽傳中〉）營建雒邑屬其職權，故莽遣之。

由莽選派營雒大臣之用心，足見其行事欲求近古逼眞之心態。然武王、
成王、周公欲營建雒邑，是有其政治、經濟上的必要性，而莽先要法舜行巡
狩之禮，又要模倣成王營建雒邑，而且如同成王派遣周公、召公，莽亦派遣
平晏、王邑之雒陽，營相宅兆，這些除了只是倣古心理的作祟外，實在沒有

志疏證‧四‧周禮志》。

〔註29〕《漢書‧卷四八‧賈誼傳》。又《五經異義》論天子立三公云：「周公爲傅，
召公爲保，太公爲師。」亦以周公爲三公之一的太傅。參見《五經異義疏證》，
《皇清經解》卷一二五〇，頁14。

更具體的理由解釋其可行性。

王莽不僅推行的政策模倣《尚書》，即便一般政事的處理，也盡量色色符合《尚書》。如：居攝二年翟義反，莽「以太保甄邯爲大將軍，受鉞高廟，領天下兵，左杖節，右把鉞，屯城外。」(〈莽傳上〉) 即模倣〈牧誓〉篇所載武王伐紂時，「左杖黃鉞，右秉白旄以麾」的裝扮，冀以裝束的雷同，達到如武王伐紂之勝戰以破滅翟義的目的。王莽甚至連殺長子宇，亦以《書經》所載爲藉口，足見其倣《書》行事之意甚殷。下文將分別述之。

三、周公誅管叔

鑑於哀帝即位後，自貴外家丁、傅，違背一統之義，莽白王太后令平帝之母、舅皆留中山，不得至京師。元始三年，「莽子宇，非莽隔絕衛氏，恐帝長大後見怨。……與師吳章及婦兄呂寬議其故，……即使寬夜持血灑莽第，門吏發覺之，莽執宇送獄，飲藥死。」莽並奏言：「宇爲呂寬等所詿惡，流言惑眾，與管蔡同罪，臣不敢隱，其誅。」(〈莽傳上〉) 莽奏之「流言惑眾，與管蔡同罪。」是取法〈金縢〉篇而言。〈金縢〉記載武王既喪，管叔及其羣弟乃流言於國曰「(周) 公將不利於孺子 (成王)」，進而慫惥紂子武庚一起作亂。後周公奉成王命東伐三年，誅武庚、管叔，放蔡叔。〔註30〕莽引用之以示己大義滅親是效法周公之舉。即使是殺子，莽仍以經書爲藉口。

四、〈金縢〉告禱

元始五年（5A.D.），「平帝疾，莽作策，請命於泰畤，戴璧秉圭，願以身代。藏策金縢，置于前殿，敕諸公勿敢言。」(〈莽傳上〉) 莽之行徑是模倣周公。

〈金縢〉篇敘述武王克殷後二年，得了重病，周公於是做了三個土臺子，置璧秉圭，位南面北，向大王、王季、文王禱告，願以身代，請求勿令武王死。並將祝禱的竹書置於以金屬緘封的櫃子，同時敕禁參與其事的諸史與百執事傳揚此事。結果禱告的第二天，武王就痊癒了。這是周公爲天下蒼生計，不惜犧牲的大公無私，亦是《尚書》所載最令人動容的史實。漢人非常相信經書的內容，故在王莽之前，便已有人效法周公的行爲替君主攘災。

漢元帝接受貢禹、韋玄成等的建議，於永光四年（40B.C.）罷祖宗廟在

〔註30〕事又見《尚書・大誥》及《史記・周本記》。

郡國者。建昭三年（36B.C.），元帝病篤，夢見祖宗譴責罷郡國廟事，故詔問宰相匡衡，欲商討復廟事宜，因衡堅持不可而罷。日後元帝之病未見起色，衡惶恐萬分，因而效法〈金縢〉所載，告禱於高祖、孝文、孝武廟，表明不願恢復郡國廟是他的意思，而罷郡國廟一事，「如誠非禮義之中，違祖宗之心，咎盡在臣衡，當受其殃，大被其疾，隊在溝瀆之中。皇帝至孝肅慎，宜蒙祐福。」〔註31〕匡衡懼怕帝疾不癒，真的是祖宗降罪，因而援引經義行事，希望元帝能像武王在告禱之後病瘳。這是漢人崇信經書的結果。〔註32〕

居攝二年，翟義起兵誅莽時，曾揚言莽鴆殺孝平皇帝。〔註33〕地皇四年（23A.D.），起義的漢兵又言此事，「莽乃會公卿以下於王路堂，開所爲平帝請命金縢之策，泣以視羣臣。」（〈莽傳下〉）此舉與〈金縢〉篇所載成王因災異而啓金縢，見周公欲自代武王之書，執書以泣的情形相較，一矯飾、一自然，意趣大殊。莽自示爲平帝請命之策，反而更令人生疑其將告禱之策藏於金縢，實爲掩飾鴆帝之行。故雖同倣效〈金縢〉告禱，莽之動機，顯然與匡衡誠欲替主禳災不同。

五、孺子與辟之稱

居攝元年三月己丑，莽「立宣帝玄孫嬰爲皇太子，號曰孺子。」（〈莽傳上〉）莽之所以號嬰爲「孺子」，「亦因周公輔成王，二叔流言曰，『公將不利於孺子』，而爲此號。」〔註34〕莽法〈金縢〉以周公自況，而以劉嬰比成王。此外，始建國元年，莽以子「臨爲皇太子，安爲新嘉辟。」（〈莽傳中〉）師古曰：「辟，君也。謂之辟者，取爲國君之義。」以「辟」爲君，見於《尚書》，如〈洪範〉：「惟辟作福，惟辟作威，惟辟玉食。」〈洛誥〉：「朕復子明辟」、「亂爲四方新辟」，〈君奭〉：「用乂厥辟」、〈多方〉：「今至于爾辟」、〈文侯之命〉：「克左右昭事厥辟」。莽立子爲「新嘉辟」，不作「新嘉君」，應是襲自《尚書》。即便是所封之稱號，莽皆欲比附《尚書》，足見其對《書經》的倚重。

〔註31〕《漢書·卷七三·韋賢傳·附子玄成傳》。案：〈韋玄成傳〉云：「玄成薨，匡衡爲丞相。上（元帝）寢疾，夢祖宗譴罷郡國廟，上少弟楚孝王亦夢焉。」則「匡衡爲丞相」與「上寢疾」爲前後之事，據《漢書·百官公卿表》，匡衡爲相在建昭三年，故定元帝病重亦在此年。

〔註32〕匡衡之禱文云：「故動作接神，必因古聖之經。」爲其行事的最佳註腳。

〔註33〕參見《漢書·翟義傳》。

〔註34〕《資治通鑑》卷三六「號曰孺子」下胡三省注。王先謙贊同之，參見《漢書補注》卷九九上，頁27。

六、象　刑

　　元始五年，「風俗使者八人還，言天下風俗齊同。……市無二價，官無獄訟，邑無盜賊，野無飢民，道不拾遺，男女異路之制，犯者象刑。」（〈莽傳上〉）八人並因功而封侯。〔註35〕可見「犯者象刑」與「市無二價」等，同爲太平盛世的表徵。

　　地皇元年，太傅唐尊「出見男女不異路者，尊自下車，以象刑赭幡汙染其衣。莽聞而說之，下詔申敕公卿思與厥齊。」（〈莽傳下〉）「莽聞而說之」，表示莽相信「象刑」的實現，是政治中的理想。

　　「象刑」一詞，出自《尚書》，〈皋陶謨〉云：「帝（舜）曰：『……（皋陶）方施象刑，惟明。』」意謂：「以他術表示其人犯刑法，而不施以眞刑也。」〔註36〕但又是用什麼方法（他術）來象徵百姓應受的懲罰？伏生有二說：

> 唐虞之象刑，上刑赭衣不純，中刑雜屨，下刑墨幪；以居州里，而民恥之。

> 唐虞象刑，犯墨者蒙皂巾，犯劓者赭其衣，犯臏者以墨幪其臏處而畫之，犯大辟者布衣無領。〔註37〕

內容稍異，然以赭衣墨幪替代刑罰的方式是一致的。不必傷殘人體，便使百姓知恥，達到與用刑相同的效果，確實是非常理想的境界。雖然荀卿對於「象刑」頗不以爲然，〔註38〕由於其說久傳，〔註39〕使漢人相信的確曾經有過這麼一個時代，故文帝、武帝、元帝都曾在詔書裏讚揚象刑之治；〔註40〕莽自然亦受到此思想的影響。何況在〈皋陶謨〉中，「方施象刑」是帝舜說的話，基於效法祖舜的心態，難怪莽要「聞而說之」了。

〔註35〕元始四年，遣太僕王惲等八人置副，假節，分行天下，覽觀風俗。元始五年，皆以使行風俗，齊同萬國之功封侯。參見《漢書》〈平帝紀〉、〈外戚恩澤侯表〉及〈莽傳上〉。

〔註36〕《尚書釋義》，頁50。〈堯典〉：「象以典刑」，屈先生以爲「儒者多據《大傳》以『象刑』說之，恐非是。」（《尚書集釋》，頁22）其意應如宋・蔡沈《書集傳》（卷一）訓爲「示人以常刑」。

〔註37〕《尚書大傳輯校》卷一，頁6、7。

〔註38〕參見〈荀子・正論〉。

〔註39〕〈荀子・正論〉：「世俗之爲說者曰：『治古無肉刑而有象刑。』」可見象刑之說在荀子之時已很流行。又《太平御覽》卷六四五引《慎子》，亦記載象刑之法，則唐虞之時的象刑說，在戰國時已盛傳。

〔註40〕文帝、武帝、元帝的詔書，分見於《漢書》〈刑法志〉、〈卷五八・公孫弘傳〉、〈元帝紀〉。

第三節　推行政策挾《尚書》以自重

　　王莽理政治事模倣《尚書》，立意欲循古，故所據皆是《書經》所載的史實。本節所欲討論的是莽取《尚書》的內容作爲自己政策推行的工具（託經自重），所引或非經義，卻符合莽之需要，但也不至於曲解經義，只是運用之巧妙，存乎莽心。

一、貢五色土

　　元始五年，莽奏言建立官稷，並令「徐州牧歲貢五色土各一斗」。〔註41〕此舉乃效法〈禹貢〉：「海岱及淮惟徐州，……厥貢惟土五色。」但是〈禹貢〉只說徐州貢五色土，並未言及五色土的用途。而逸《周書·作雒》篇云：

> 諸侯受命于周，乃建大社于國中。其壝：東青土、南赤土、西白土、
> 北驪土、中央釁以黃土。將建諸侯，鑿取其方一面之土，燾以黃土，
> 苴以白茅，以爲社之封，故曰受列土于周室。

鄭玄承此而注《書》云：「土五色者，所以爲大社之封。」〔註42〕〈禹貢〉《僞孔傳》亦曰：「王者封五色土爲社，建諸侯則各割其方色土與之，使立社。」但是據屈先生翼鵬的考證，〈禹貢〉的著成時代，最早不能前於春秋中葉，最晚也不會到戰國。而〈作雒〉篇既以五方配五色，其著成時間應晚於〈禹貢〉，因爲在春秋時代雖已有了五行的名目，但用五行來配四方、四時、五色……等而使它神秘化，乃是戰國以後的事情。〔註43〕故說〈禹貢〉五色土是供王者建社之用，乃是後人的解釋，並非經義。〔註44〕

　　徐州所貢的五色土，本不是爲了作大社之用，〔註45〕但是受到〈作雒〉篇的影響，漢人已接受這種觀念，並於分封諸侯時實行這種方式，如：武帝封子齊懷王閎、燕王旦、廣陵王胥時，策封之辭，即以青社東土、玄社北土、

〔註41〕參見《漢書·郊祀志·下》。《全漢文》（卷五八，頁7）收錄「莽又言」至「徐州牧歲貢五色土各一斗」，茲從之。

〔註42〕《史記·夏本紀·集解》引。案：《學津討原》本所輯之《尚書·鄭注》有此條。

〔註43〕參見李漢三《先秦兩漢之陰陽五行學說》第一、二編。

〔註44〕參見〈論禹貢著成的時代〉，《書傭論學集》，頁116～160。

〔註45〕屈先生根據殷墟發掘出來的牆壁殘塊，是用各種不同顏色的泥土，組合成爲花紋，因而以爲〈禹貢〉「五色土之貢，很可能是爲了圬牆之用。」（同上註，頁154～155）

赤社南土別之。〔註46〕又居攝三年，羣臣奏請封莽子孫時云：「成王廣封周公
庶子六人，皆有茅土。」始建國四年，莽至明堂授諸侯茅土。〔註47〕「茅土」
即〈作雒〉篇所云：「將建諸侯，鑿取其方一面之土，釁以黃土，苴以白茅。」
之方色土與白茅。

　　天鳳四年，莽更授諸侯茅土於明堂時曰：「……予親設文石之平，陳菁
茅四色之土，欽告于岱宗泰社后土、先祖先妣，以班授之。……」莽只陳
四色之土，是因方色土上皆冒黃土，〔註48〕故其所需仍為五色土；其陳菁
茅，是以菁茅陳藉方色土（苴以菁茅）。然漢人言天子封侯授土事，皆謂「苴
以白茅」，如：《韓詩外傳》、〔註49〕蔡邕《獨斷》（卷下，頁8），獨莽以「菁
茅」代「白茅」。菁茅在〈禹貢〉中是荊州的貢品，今既知〈禹貢〉之五色
土非供王者建社之用，菁茅自然不是用來陳藉方色土，其用當在宗廟祭祀
時縮酒，〔註50〕如：僖公四年《左傳》記載管仲數楚子之罪云：「爾貢包茅
不入，王祭不共，無以縮酒。」杜注：「茅，菁茅也。束茅而灌之以酒，為
縮酒，《尚書》（禹貢）：『包匭菁茅』。」同年，《穀梁傳》記載齊桓公回答屈
完問齊攻楚之由云：「菁茅之貢不至，故周室不祭。」范甯《集解》云：「菁
茅，香草，所以縮酒，楚之職責。」皆據〈禹貢〉所載荊州貢菁茅立言。故
白茅是用來陳藉方色土，菁茅是用來縮酒，二者之用殊異，但因《尚書》中
僅〈禹貢〉「菁茅」一「茅」字，莽不得已只好取以代白茅，由此可知莽對
《尚書》重視的程度。不過《管子・輕重丁》云：「江淮之閒，有一茅而三
脊，……名之曰菁茅。」而《史記・封禪書》引管仲曰：「江淮之閒，一茅
三脊，所以為藉也。」〈孝武本紀〉云：「江淮閒一茅三脊為神藉，五色土益
雜封。」正用菁茅（一茅三脊）陳藉方色土，故莽以菁茅代白茅亦是前有所
承。由此可知，元始五年，莽令徐州牧進貢的五色土，確實是用來順其方色
令建大社於國中，其目的在便於日後分封諸侯。故逸《周書・作雒》篇之解，
雖非〈禹貢〉五色土之用，卻符合莽之需要，而莽欲代漢而立以分封諸侯的

〔註46〕如：賜策齊懷王云：「烏呼！小子閎，受茲青社，……建爾國家，封于東土，
　　　　世為漢藩輔。……」參見《漢書・卷六三・武五子傳》。
〔註47〕莽雖授諸侯茅土，因圖簿未定，未授國邑，故在天鳳四年更授諸侯茅土。諸
　　　　事參見〈莽傳〉。
〔註48〕參見《漢書補注》卷九九下，頁1。
〔註49〕〈禹貢〉正義引。
〔註50〕《史記・夏本紀》「包匭菁茅」，《集解》引鄭玄曰：「……菁茅，茅有毛刺者，
　　　　給宗廟縮酒。」

野心，於此已顯其端倪。

又莽受五行思想的影響，很喜歡五色俱全，除了五色土，居攝二年，又種五粱禾於殿中，各順色置其方面，五粱禾即五色禾。〔註51〕天鳳四年，莽鑄作威斗，以五石銅爲之，五石銅就是五色藥石及銅。〔註52〕

二、八政以食爲首

莽於居攝二年新造貨幣：錯刀、契刀、大錢，與當時通行之五銖錢並行。始建國元年又廢刀貨，而更作小錢，與大錢爲二品並行，且以法令助之；然百姓皆私以五銖錢市買。始建國二年，莽以新幣仍不獲通行，下詔書曰：「民以食爲命，以貨爲資，是以八政以食爲首。寶貨皆重則小用不給，皆輕則儎載煩費，輕重大小各有差品，則用便而民樂。」於是又造了寶貨五品。〔註53〕

莽言「八政」，且及其目—「食、貨」，皆來自《尚書》，〈洪範〉云：

三、八政：一曰食，二曰貨，三曰祀，四曰司空，五曰司徒，六曰司寇，七曰賓，八曰師。

但莽之詔書主要是在論貨幣（寶貨），爲何要提出「民以食爲命」？因莽見新幣不通行，故欲借解釋〈洪範〉八政以食爲首的理由，來提振次序第二的「貨」，示其具有僅次於「食」的重要性，作爲己數更幣制的理由。莽雖冀託經自重，然其所論八政之次序並非毫無根據，因其先伏生《尚書大傳》云：「八政何以先食？傳曰：食者，萬物之始，人事之本也，故八政先食。」〔註54〕其後《論衡‧譏日》曰：「人道所重，莫如食急，故八政，一曰食，二曰貨，⋯⋯」元和元年（84A.D.），漢章帝下詔曰：「王者八政，以食爲本。」〔註55〕皆以爲「食」是民生之根本，人道之所重，故見列於「八政」之首。但莽言「民以食爲命」，雖屬事實，亦過於誇大，其目的在於強調「食」爲首要，以彰顯「貨」之重要性尚在它六政之上。

〔註51〕參見《漢書‧郊祀志‧下》。案：〈郊祀志〉只云「莽篡位二年」，據〈劉向歆父子年譜〉（頁1～2）的考證，漢人以莽代漢在居攝元年，漢祚至孝平而止；故定其時間在居攝二年。又師古注：「玉色禾也。谷永所謂耕耘五德也。」《漢書補注》曰：「官本『玉』作『五』，是。」（卷二五下，頁23）則據師古注，〈郊祀志〉之「五粱禾」即五色禾。

〔註52〕參見〈莽傳下〉。「五石銅」，師古注引李奇曰：「以五色藥石及銅爲之。」

〔註53〕參見〈莽傳上〉、〈莽傳中〉。

〔註54〕《文選‧卷七‧潘岳籍田賦》：「善其後者，愼其先」下，李善注引。

〔註55〕參見《後漢書‧章帝紀》。

漢人非常重視經書，並且學以致用，如「以〈禹貢〉治河，以〈洪範〉
察變，以《春秋》決獄，以三百五篇當諫書。」〔註56〕故莽引〈洪範〉之文，
旨在說明貨幣不得不更改到便民的地步，是因爲經書上已明言其重要性。此
即莽挾《尚書》以推行其不獲民心的貨幣政策。

三、卜　地

地皇元年，望氣爲數者多言有土功象，莽於是下書曰：「……深惟吉昌莫
良於今年，予乃卜波水之北，郎池之南，惟玉食。予又卜金水之南，明堂之
西，亦惟玉食。……」於是遂營長安城南。（〈莽傳下〉）

莽之詔書，《漢書補注》引蘇輿曰：「語仿〈洛誥〉。……案〈洪範〉云：
『惟辟玉食』，此語所本，言惟此地宜於玉食也。」（卷九九下，頁9）〈洛誥〉
云：「周公拜手稽首曰：『……我乃卜澗水東、瀍水西，惟洛食。我又卜瀍水
東，亦惟洛食。』二者相較，莽傚效之迹甚明。除了所卜之地不同，因而地
名不同，便是根據〈洪範〉改〈洛誥〉之「洛食」爲「玉食」。蘇輿曰：「言
惟此地宜於玉食也」，意思並不是很清楚。欲知莽何以改經文，必先就經文本
身求二詞之含義。

〈洛誥〉《僞孔傳》云：「我使人卜河北黎水上，不吉；又卜澗、瀍之間南
近洛，吉。……卜必先墨畫龜，然後灼之，兆順食墨。」又孫吳・薛綜治經主
古文，《尚書》主僞孔，〔註57〕其注張衡〈東京賦〉「召伯相宅，卜惟洛食。」
云：「食，謂吉兆。」〔註58〕即承僞孔「兆順食墨」而言。近代學者以爲甲骨文
吉字與食字形近，食字或吉之訛；此字雖難定，其爲吉兆可知。〔註59〕故「洛
食」之意是：於洛邑得吉兆。而兩言「惟洛食」，其意在洛也。〔註60〕

〈洪範〉云：「惟辟作福，惟辟作威，惟辟玉食。臣無有作福作威玉食，
臣之有作福作威玉食，其害于而家，凶于而國。」馬融曰：「玉食，美食。」
鄭玄曰：「玉食，備珍美也。」〔註61〕然漢人視〈洪範〉之文，重點不在於「玉
食」之含義，而在於惟君得專威福爲美食。例如：哀帝時，王嘉上封事，以

〔註56〕《經學歷史》，頁79。
〔註57〕參見程師元敏〈薛綜藝文微經〉，《鄭因百先生八十壽慶論文集》，頁37～56。
〔註58〕《文選》卷三，頁7。
〔註59〕參見《尚書集釋》，頁180。
〔註60〕參見《羣經平議》卷六，頁6。
〔註61〕馬、鄭語見《史記・宋微子世家・集解》引。

為臣不可作威作福玉食，否則「逆尊卑之序，亂陰陽之統，而害及王者，其國極危。」〔註62〕桓帝延熹九年（166A.D.），荀爽對策舉〈洪範〉「惟辟作威，惟辟作福，惟辟玉食。」云：「凡此三者，君所獨行而臣不得同也。今臣僭君服，下食上珍，所謂害于而家，凶于而國者也。」〔註63〕鄭玄注〈洪範〉云：「此凡君抑臣之言也。」〔註64〕

綜上所述可知，莽改經文「洛食」為「玉食」，首因占卜之地點有別，如：〈洛誥〉云：「惟洛食」，是因成王欲宅洛邑，〔註65〕所卜亦僅洛邑得吉兆。然莽所營非洛邑，而是在長安城南建宗廟，自然不得同〈洛誥〉云「洛食」，故取〈洪範〉「惟辟玉食」義，表示惟此地（長安城南）宜為帝王所居（玉食）之地。此外，據〈莽傳〉（下），莽欲修宗廟，除了所謂「望氣為數者多言有土功象」，亦因「四方盜賊多，（莽）欲視為自安能建萬世之基者。」故其取〈洪範〉之「玉食」代「洛食」，或亦為了伸張君權之獨尊，顯揚臣民不可「逆尊卑之序」的大義。

視莽改經文的理由，足見其引用經書並非食古不化，而是匠心獨運，使古樸的《書經》成為他活用的工具。

第四節　曲解經義以逐己私

王莽對於《尚書》的應用，或引經句作為論述事理的依據，或模倣其所載之史實行事，但今文《尚書》二十九篇之內容，畢竟是固定的、有限的，即便他可以找到適合己用的經說（如：大錄、貢五色土），或是巧妙地運用經文（如：以「玉食」代「洛食」），然而莽要處理的政事繁蕪，不可能皆能引經據典，於是當他需要為自己的行事在《書經》中找根據而又無可取資時，莽及羣臣便開始自行曲解經義以逐己私，進而作偽。此自羣臣欲莽居攝踐阼時，便揭開序幕。

一、周公稱王

元始五年十二月平帝崩，莽徵立宣帝玄孫年二歲之劉嬰為孺子。同月，

〔註62〕《漢書·卷八六·王嘉傳》。
〔註63〕《後漢書·卷六二·荀淑傳·附子爽傳》。
〔註64〕參見成公元年《公羊傳》徐彥《疏》引。
〔註65〕《書序》：「成王在豐，欲宅洛邑，使召公先相宅。作〈召誥〉。召公既相宅，周公往營成周，使來告卜。作〈洛誥〉。」

因謝囂、孟通所獻之白石丹書文，曰「告安漢公莽爲皇帝」，（王）太后只得下詔「令安漢公居攝踐阼」，於是羣臣奏言：

> ……臣聞周成王幼少，周道未成，成王不能共事天地，修文武之烈。周公權而居攝，則周道成，王室安；不居攝，則恐周隊失天命。《書》（〈君奭〉）曰：「我嗣事子孫，大不克共上下，遏失前人光在家，不知命不易，天應棐諶，乃亡隊命。」說曰：「周公服天子之冕，南面而朝羣臣，發號施令，常稱王命。召公賢人，不知聖人之意，故不說也。」

> 〈禮明堂記〉曰：「周公朝諸侯於明堂，天子負斧依南面而立。」謂「周公踐天子位，六年朝諸侯，制禮作樂，而天下大服」也。召公不說。時武王崩，緣麤未除。由是言之，周公始攝則居天子之位，非乃六年而踐阼也。

> 《書》逸〈嘉禾〉篇曰：「周公奉鬯立于阼階，延登，贊曰：『假王莅政，勤和天下。』」此周公攝政，贊者所稱。

> 成王加元服，周公則致政。《書》（洛誥）曰：「朕復子明辟」，周公常稱王命，專行不報，故言我復子明君也。

> 臣請安漢公居攝踐阼，服天子韍冕，背斧依于戶牖之間，南面朝羣臣，……皆如天子之制。郊祀天地，宗祀明堂，共祀宗廟，享祭羣神，贊曰「假皇帝」，民臣謂之「攝皇帝」，自稱曰「予」。……（〈莽傳上〉）

此奏旨在表達成王年幼，不能承繼大業，周公爲王室得以久安權變居攝；而其攝政方式爲身居天子之位，常自稱王，專行不報。今孺子稚，莽奉天命爲漢祚而居攝，當倣周公踐阼，一切行事皆如天子之制。羣臣引經據典以使莽之稱帝合乎古義，然詳究所引，實乃發揮斷章取義之能事，三書一禮之說，皆非經義，茲討論如下：

甲、〈君奭〉非爲召公不悅而作

《書序》云：「召公爲保，周公爲師，相成王爲左右；召公不悅，周公作〈君奭〉。」〔註66〕《史記・燕召公世家》：「成王既幼，周公攝政，當國踐阼，

〔註66〕清・簡朝亮《尚書集注述疏》卷末上書序辯云：「賈子云：『昔者成王幼，召公爲大保，周公爲大傅，大公爲大師。蓋三公也。』周公緣大傅而爲大師也。」（頁39）

召公疑之，作〈君奭〉。〈君奭〉不說周公。」《集解》引馬融曰：「召公以周公既攝政致太平，功配文、武，不宜復列在臣位，故不說，以周公苟貪寵也。」皆承《書序》言之，實非經義。《朱子語類》云：「召公不悅，只是小序恁地說，裏面却無此意，這只是召公要去，後周公留他說道，朝廷不可無老臣。」而召公何故要去？「看來是見成王已臨政，便也小定了許多事，周公自可當得，所以求去。」〔註67〕《書集傳》（卷五）贊同此說，云：「詳本篇旨意，迺召公自以盛滿難居，欲避權位，退老厥邑。周公反覆告諭以留之爾。」證諸經文，周公若曰：

> 弗弔，天降喪于殷，殷既墜厥命，我有周既受。我不敢知，曰，厥
> 基永孚于休；若天棐忱，我亦不敢知，曰，其終出于不祥。

意謂：老天是不可信賴的，我們周朝雖已接受了殷朝的國運，我可不知道，我們的功業會不會永遠合於吉祥，或是最後走到不吉祥的路上去。

> 在我後嗣子孫，大弗克恭上下，遏佚前人光在家；不知天命不易、
> 天難諶，乃其墜命。……

要是我們後世的子孫，過度地不能尊敬天地，斷絕並失掉了祖先的光彩在我們的國家；他不了解天命是不容易保持的，天是難以信賴的，那麼，就會失掉了國運。（案：此段即羣臣奏言「書曰」所引，然觀經文本意，並無羣臣所據之「說曰：『周公服天子之冕，南面而朝羣臣，發號施令，常稱王命。召公賢人，不知聖人之意，故不說也。』」之意，故此「說曰」應是偽託之詞。）所以，正如殷先王之有賢臣，文王、武王有虢叔、閎夭、散宜生、泰顛、南宮括諸人的輔佐，我們這年輕的君王（成王）亦需要大臣的同心輔政。

> 今在予小子旦，若游大川、予往暨汝奭其濟。小子同未，在位誕無
> 我責收。周肁不及，耉造德不降；我則鳴鳥不聞，矧曰其有能格？

現在我就好像渡過一條大河一般，我要和你奭一起，才能渡過去。我是幼稚無知的，而在職的官員們卻沒有人來責備我。我所做不到的，竟沒有人來勉勵我；我已老了，卻不能把德惠降給人民。我連鳥叫的聲音都聽不到，何況說我還能感動神明使祂降臨嗎？

> 前人敷乃心，乃悉命汝，作汝民極。曰：「汝明勖偶王，在亶。」

武王曾經宣布他的心意，並詳盡地告訴你，培植你成為人民的表率。他說：「你要奮勉地輔佐君主，要忠實。」

〔註67〕卷七九，頁29。

予不允惟若茲誥，予惟曰襄我二人。汝有合哉，言曰：「在時二人。」

天休滋至，惟時二人弗戡。……篤棐時二人，我式克至于今日休。

周家能到達今天的幸福境地，是因官員們誠懇地輔佐我們「兩個人」。

予不惠若茲多誥，……往、敬用治。

我也不這樣地多勸告你了，從今以後，你（召公）就謹慎地從事政治吧！

經文中只見周公再三地強調，國運需召公與己二人同心開創（在時二人），若無召公，周公一人無以為繼（以渡河為喻）。慰留之意甚殷，並未見召公不悅之意，故朱、蔡之說甚諦！

莽臣擷取〈君奭〉數句，推衍出成王不能恭事天地，修文武之業，周公恐周墜失天命而居攝的道理，實乃斷章取義。雖則斷章取義，而其所言「召公賢人，不知聖人之意，故不說也。」尚可歸諸為《書序》所誤，然竄入「周公服天子之冕」、「常稱王命」，則毫無根據，只為遂己私心，不惜誣蔑聖人。所引「說曰」之詞，不符合經義，當是王莽、劉歆諸人偽託；若其真是今文三家之說，莽等不可能不直稱師法，以加強其公信力。

乙、禮明堂記不足為周公稱王之證

《禮記・明堂位》云：

昔者周公朝諸侯于明堂之位，天子負斧依南鄉而立，三公中階之前，北面東上，（下言諸國之位，從省。）此周公明堂之位也。明堂也者，明諸侯之尊卑也。……武王崩，成王幼弱，周公踐天子之位以治天下，六年朝諸侯於明堂，制禮作樂，頒度量而天下大服，七年致政於成王。……

此段記周公攝政時，朝諸侯於明堂所陳列的位置，撰作的主旨在「明諸侯之尊卑」。時周公雖「踐天子之位以治天下」，然非真為天子，否則《禮記》何不易「天子負斧依南鄉而立」為「周公負斧依南鄉而立」？且據後「七年致政於成王」，此應是周公朝諸侯時，以輔相身份，自東階升堂，進居天子之位，南面朝諸侯，主國政，並不稱王。〔註68〕莽臣所引亦屬斷章取義。

丙、逸〈嘉禾〉之文是漢人偽作

〔註68〕參見程師元敏〈論尚書大誥諸篇「王曰」之王非周公自稱〉——（五）周公踐阼。又據王夢鷗先生考證，〈明堂位〉篇是魯儒之舊記，內容並不可信，王莽時人不過藉此張揚「周公踐阼」之說以阿諛莽而已。參見《禮記校證》，頁223～229。

今文伏生及歐陽、夏侯三家傳本、孔壁古文《尚書》本，皆無〈嘉禾〉篇，〔註69〕故羣臣上奏明言「《書》逸〈嘉禾〉篇曰」。有關〈嘉禾〉的記載，見於《書序》、《尚書大傳》及《史記》。

《書序》云：「唐叔得禾，異畝同穎，獻諸天子。王命唐叔歸周公于東，作〈歸禾〉。周公既得命禾，旅天子之命，作〈嘉禾〉。」《史記》同之。〔註70〕序文既有「周公」，則「王」、「天子」必非周公，故逸文稱周公為「假王」實堪疑。「假王」之稱，首見於《史記》〈淮陰侯列傳〉（「願為假王便」）及〈陳涉世家〉（「乃以吳叔為假王」）；先秦經籍惟《尸子》（《藝文類聚》卷六引）、《韓非子‧難二》同謂「周公旦假為天子七年」，然其意指周公代天子行政，並非公自稱「假天子」也。足見「假王」一詞後出。

至於唐叔所得異畝同穎之禾，《大傳》有更進一步地解釋，《傳》云：「成王之時，有三苗貫桑葉而生，同為一穗，其大盈車，長幾充箱，民得而上諸成王。」成王得禾後，「召周公而問之，公曰：『三苗為一穟，抑天下其和為一乎！』果有越裳氏重譯而來。」越裳國在交阯之南，「周公居攝六年，制禮作樂，天下和平。越裳以三象重譯而獻白雉，……成王以歸周公。公曰：『德不加焉，則君子不饗其質；政不施焉，則君子不臣其人。吾何以獲此賜也！』其使請曰：『吾受命吾國之黃耇曰：「久矣！天之無烈風澍雨，意者中國有聖人乎？有，則盍往朝之。」』周公乃歸之於成王，稱先王之神，致以薦於宗廟。」〔註71〕視《大傳》之文，不論是民得三苗為一穗之禾（即《書序》所云「唐叔得禾」），或是越裳氏獻白雉，皆先獻諸成王，成王再歸諸周公。若如逸〈嘉禾〉云：「假王莅政」，莽臣所言周公「常稱王命」，諸獻何不直上假王周公，而要假手於成王？且視周公言「吾何以獲此賜也」，並將白雉「歸之於成王」，以周公之謙沖，更不可能自稱為王，專行不報。又羣臣所引〈嘉禾〉逸文，其文不類《尚書》，淺露不似西周文字，「假王」一詞亦屬晚出；且其記事去《書序》及《大傳》遠甚，必為漢人偽作。〔註72〕〈莽傳上〉云：「劉歆典文章」，則此逸文或即出於劉歆之手乎？

〔註69〕參見清‧王先謙《尚書孔傳參正‧書序百篇異同表》。
〔註70〕〈周本紀〉及〈魯世家〉承《書序》而言，僅有詳略之別。
〔註71〕參見《尚書大傳輯校》卷二，頁19～20。
〔註72〕以上有關〈嘉禾〉之論，是以程師元敏〈莽誥大誥比辭證義〉註一為基礎，再加以申論。

丁、復子明辟與專行不報無涉

羣臣引〈洛誥〉「朕復子明辟」，意指「平時周公稱王命，專行無須復命，至是成王已長，周公將歸政，退從臣禮，故須復命也。蓋復命成王，即是明己將歸政。」〔註73〕《尚書》歐陽家確實用「還政」之意訓解〈洛誥〉「朕復子明辟」，〔註74〕但「常稱王命，專行不報」之說，僅見於此。

西周初年的大事之一即周公率兵東征，誅管叔、放蔡叔。《書序》云：「武王崩，三監及淮夷叛；周公相成王，將黜殷，作〈大誥〉。成王既黜殷命，殺武庚；命微子啟代殷後，作〈微子之命〉。」未見成王不得「稱王命」之處。《大傳》云：「祿父及三監叛也，周公以成王之命踐伐之。」〔註75〕此為周公以成王命行事之證。《史記》〈殷本紀〉、〈周本紀〉、〈魯周公世家〉、〈衛康叔世家〉皆記載此事，敘述文字雖有詳略之別，其言周公興師東伐是奉成王之命，則是一致的，未見「周公常稱王命，專行不報」之說。〔註76〕

綜合上述論證可知，元始五年羣臣所上之奏言，可謂集斷章取義、偽作經文、偽託經說之大成，其目的只在強調周公一居攝即常稱王命，專行不報，自稱「假王」，此舉乃因成王年幼，不能承繼文武之王業，周公因權變居攝而使周道成，王室安。欲託言周公稱王，以為莽行使天子之權，稱「假皇帝」之藉口，為遂己私心，不惜曲解經義、誣蔑聖人。引經據典完全基於政治的運作，與學術無關。

二、引〈康誥〉之文言周公居攝稱王

羣臣偽造經文，託言周公稱王，使莽得以順利做了「攝皇帝」；其後莽食髓知味，再以此法奏請自稱「假皇帝」。時在居攝三年，齊郡、巴郡、扶風分別出現新井、石牛、雍石，言天命「攝皇帝當為真」，莽於是上奏王太后，明天意，並引《書》云：「《尚書‧康誥》：『王若曰：孟侯，朕其弟，小子封。』此周公居攝稱王之文也。」（〈莽傳上〉）則莽意〈康誥〉「王若曰」之「王」是周公自稱。

程師元敏根據周、秦、兩漢文獻及後人論著，寫成〈論尚書大誥諸篇『王

〔註73〕《羣經平議》卷六，頁5。
〔註74〕參見本論文第二章第四節。
〔註75〕《輯校》卷二，頁18。
〔註76〕參見註68程師之文——（八）周公以成王命行事。

曰』之王非周公自稱）一文，〔註77〕對於周公居攝稱王的相關問題，做了一番深入地考究。其所得之結論為〈康誥〉並非成王、周公之誥書，而是武王命康叔之辭；且成王年雖幼，既已即位，則周公無位可攝。「其故意曲解經籍，誼傳周公攝位，以欺惑黔首，欲遂其篡漢陰謀者，王莽也。」程師又云：「至所謂『周公稱王』，莽以前典籍決無記載，而莽竟於『初始元年』（西元八年）倡言『周公居攝稱王』，而鄭玄稍稍信之。」〔註78〕考玄稍信莽說是因玄誤解了伏生之意。

《尚書大傳·略說》云：

> 天子太子年十八曰孟侯，孟侯者，於四方諸侯來朝迎於郊者，問其所不知也。問之人民之所好惡，土地所生美珍怪異，山川之所有無，及父在時，皆知之。（《輯校》卷三，頁6）

案：伏生所傳二十九篇《尚書》，今仍俱在，〔註79〕茲考今本，「孟侯」一詞僅見於〈康誥〉篇，故鄭玄以為伏生所謂「天子太子年十八曰孟侯」是在訓解〈康誥〉，因而「依〈略說〉以太子十八為孟侯而呼成王」，〔註80〕並主張「作〈康誥〉時，成王年十八」。〔註81〕若依其說，則〈康誥〉「王若曰」之「王」為周公，而周公告誡的對象是成王（孟侯）與康叔封（朕其弟，小子封），換言之，周公就有「居攝稱王」之實。故玄注《禮記·明堂位》「天子負斧依南鄉而立」云：「天子，周公也。」直指周公為天子。此外，東漢·趙岐（時代近鄭玄）注《孟子·萬章·下》「康誥曰」亦云：「〈康誥〉，《尚書》篇名，周公戒成王、康叔封。」鄭、趙二人皆因伏生「孟侯」之訓，以為〈康誥〉是周公戒成王與康叔封，其說實非。

首先就經文言之，〈康誥〉若是周公戒成王與康叔封二人，何以通篇只見周公對康叔稱「乃寡兄」、「顯考文王」，而未見其對成王稱「乃寡叔」、「文祖文王」。且考《尚書》他篇，周公在告誡成王時，若欲稱述先王，常文、武並舉，如：〈洛誥〉：「周公拜手稽首曰：『（成）王命予來承保乃文祖（文王）受命民，越乃光武烈考武王弘朕恭。……』」〈立政〉：「周公曰：『……亦越文王、武王，克知三有宅心，……』」而〈康誥〉中周公只述及「顯考文王」，卻未

〔註77〕文分（上）（下），各載於《孔孟學報》第二八、二九期。
〔註78〕引文同上註，（下），頁178。
〔註79〕參見《尚書釋義·敘論》，頁6。
〔註80〕參見〈康誥〉正義。
〔註81〕《詩經·豳譜·正義》引鄭玄注〈金縢〉語。

對成王、康叔稱及「顯考武王」或「皇兄武王」。又誥書中呼「封」之名達十六次之多，卻絕不見成王的影子。由此可知〈康誥〉所戒僅康叔封一人，所云「孟侯，朕其弟，小子封」，應皆指康叔；與成王、年十八之太子無涉。

其次再論《尚書大傳》，伏生雖解釋「天子太子年十八曰孟侯」，並未言孟侯便是成王，而且《大傳》中數言成王已即位，如：

> 管叔疑周公，……奄君、薄姑曰：「武王既死矣，今王尚幼矣，周公見疑矣。」（《輯校》卷二，頁18）

下言「周公」，則「今王」自非成王莫屬。「成王」作「今王」，足見成王已即位。又

> ……然後祿父及三監叛也，周公以成王之命踐伐之。（同上）

周公伐叛既用成王之命，可證周公事不專己。又

> ……周公居攝六年，制禮作樂，天下和平。越裳以三象重譯而獻白雉，……成王以歸周公。公曰：「……」……周公乃歸之於王。（同上，頁20）

「成王」、「周公」；「王」、「公」互見，可見周公必不稱王。又

> 周公輔幼主不矜功，則蓂莢生。（《輯校》卷三，頁3）

由此可見伏生亦知周公只是輔相成王，成王年雖幼，仍是在位的君主。

成王既已即位，自非太子，亦非孟侯，伏生不可能以此孤文牴牾己說。此外，《大傳》多言周代的禮制，《白虎通·朝聘》正引「《尚書大傳》曰：『天子太子年十八曰孟侯，于四方諸侯來朝迎于郊。』」作為諸侯朝禮的依據，〔註82〕足見伏生僅是以禮之義釋「孟侯」二字而已，此孟侯非謂成王，亦不必盡拘於〈康誥〉之「孟侯」。

鄭、趙諸家因誤解《大傳》之意而錯訓〈康誥〉，玄更因而直指周公是天子，蔑汙聖人。其實〈康誥〉之「王」是武王，莽因其文而指周公居攝稱王，只為遂其篡漢之陰謀，並無史實、經籍上的根據。故程師云：「謂周公稱王，王莽難辭始俑之罪。」〔註83〕

三、流放四凶

〈堯典〉記載舜於攝政之時，曾經「流共工于幽洲，放驩兜于崇山，竄

〔註82〕參見清·陳立《白虎通疏證》卷一二，頁14～15。
〔註83〕同註77，（上），頁125。

—66—

三苗于三危，殛鯀于羽山：四罪而天下咸服。」文公十八年《左傳》亦載此事云：「舜臣堯，賓于四門，流四凶族：渾敦、窮奇、檮杌、饕餮，投諸四裔，以禦螭魅。」二書所云「四凶」之名雖不同，據孔穎達考證，此乃名異實同。〔註84〕故《左傳》之「四裔」即〈堯典〉之「幽洲」、「崇山」、「三危」、「羽山」。〔註85〕而二書所述舜流四凶族事，莽皆模倣之。

始建國二年，甄豐子尋詐言符命，欲娶莽女－故漢氏平帝后黃皇室主。莽心疑大臣怨謗，欲震威以懼下，因而收捕尋，辭連所及，難得倖免，「乃流（劉）棻于幽州，放尋于三危，殛（丁）隆于羽山，皆驛車載其屍傳致云。」〔註86〕其流放劉棻等人之地點，即根據〈堯典〉。不過莽法舜流放四凶，有更早於此者。

始建國元年，為了恢復實行井田制度，莽曾明言：「敢有非井田聖制，無法惑眾者，投諸四裔，以禦魑魅，如皇始祖考虞帝故事。」（〈莽傳中〉）莽明白表示己之行事是前有所據的，而其自謂舜後，故事事倣效之。同年莽又下詔書云：「諸挾五銖錢，言大錢當罷者，比非井田制，投四裔。」動輒以「投四裔」處罰違法者，究竟實行的情況如何，史傳未載。然就其流放劉棻三人的結果是「驛車載其屍傳致」看來，他所取法的只是舜罰四凶之名而非其實。

文公十八年《左傳》「流四凶族」下，杜預注云：「案四凶罪狀而流放之。」則《左傳》之意舜只是流放四凶，並未殺他們。這種說法，漢人是接受的。例如：《史記‧五帝本紀》云：「舜賓於四門，乃流四凶族，遷于四裔。」劉向上封事諫曰：「自古明聖，未有無誅而治者也，故舜有四放之罰。」〔註87〕鮑宣上書諫曰：「昔堯放四罪而天下服。」〔註88〕皆以流放的觀點看舜罪四凶事。即便是〈堯典〉本文，亦無殺戮之意。

〈堯典〉之「流」、「放」、「竄」、「殛」，只有「竄」、「殛」的含義有殺戮的可能性。因「竄三苗于三危」，《孟子‧萬章‧上》引作「殺三苗于三危」；而「殛」

〔註84〕 參見〈堯典〉正義。
〔註85〕 杜預注云：「投，弃也。裔，遠也。放之四遠，使當螭魅之災。」案：相傳幽洲，在今河北密雲縣境；崇山，在今湖南大庸縣西南；三危，在今甘肅敦煌縣南；羽山，在今山東郯城東北（參見《尚書釋義》，頁34）。此四地距離堯都平陽（今山西臨汾縣西南）遠，故《左傳》謂之「四裔」。
〔註86〕 參見〈莽傳中〉。「殛隆于羽山」下，顏師古注云：「效舜之罰共工等也。」
〔註87〕 《漢書‧卷三六‧楚元王傳‧附劉向傳》。
〔註88〕 《漢書‧卷七二‧鮑宣傳》。

字，《說文》:「殛，殊也。」段注云:「殊謂死也。」然段玉裁已舉證說明《孟子》引「竄」作「殺」，殺非殺戮，而是竄之假借字，意同《說文》之「粲」。〔註89〕經典「竄」、「殺」、「粲」三字同音通用，〔註90〕皆謂放流之意。又〈洪範〉「鯀則殛死」，《史記·夏本紀》解釋爲「（舜）行視鯀之治水無狀，乃殛鯀於羽山以死。」語最分明，鯀是因殛而死，非訓殛爲殺也。〔註91〕而「殛」之意是「誅」，《說文》訓「殛」爲「殊」，「殊」蓋誤字。誅者，責譴之，非殺也。〔註92〕如《楚辭·天問》:「永遏在羽山，夫何三年不施?」東漢·王逸注云:「言堯長放鯀於羽山，絕在不毛之地，三年不舍其罪也。」〔註93〕此即鯀未被舜處死的力證。故此四字的合理解釋，應如《書集傳》（卷一）所云:

> 流，遣之遠去，如水之流也。放，置之於此，不得他適也。竄，則
> 驅逐禁錮之。殛，則拘囚困苦之。隨其罪之輕重而異法也。

綜言之，舜罪四凶，只是把他們流放到四個偏遠的地方（四裔），並未殺之。而莽名爲效法「皇始祖考虞帝故事」，事實上卻殺了甄尋三人。這是莽託古聖之名，行自己之事的證據。

四、巡狩五嶽

始建國四年，莽志方盛，以爲四夷不足呑滅，專念稽古之事，因而下詔曰:

> 伏念予之皇始祖考虞帝，受終文祖，在璇璣玉衡以齊七政，遂類于
> 上帝，禋于六宗，望秩于山川，徧于羣神，巡狩五嶽，羣后四朝，
> 敷奏以言，明試以功。……（〈莽傳中〉）

其文自〈堯典〉敘述舜攝帝位後，齊七政，祭羣神以及諸侯朝覲、舜巡守之事而來。與今本有異文者，已論於第二章第三節。此欲討論者，是莽以己意妄改經文作「巡狩五嶽」的問題。

〈堯典〉云:

〔註89〕 《說文》云:「粲，糂粲散之也。」段注云:「粲，複舉字;糂者衍字。」則「粲」之意是「散之也」。

〔註90〕 竄:*ts'wân、殺:*säd、粲:*sât（《上古音韵表稿》，頁 203、190、193）。三字上古音聲母皆屬精系，韻母則屬陰陽對轉的祭、元二部。

〔註91〕 以上所述參見《古文尚書撰異》，《皇清經解》卷五六八，頁 19~21。

〔註92〕 參見《尚書今古文注疏》第一下，頁 13 下~14 上。

〔註93〕 參見宋·洪興《楚辭補註》卷三，頁 5 上。

> 歲二月，東巡守，至于岱宗，柴；望秩于山川。肆覲東后。……五
> 月，南巡守，至于南岳，如岱禮。八月，西巡守，至于西岳，如初。
> 十有一月，朔巡守，至于北岳，如西禮。……

經文記載舜在一歲之中，巡守四方，接見四方的諸侯，並至四岳舉行禋祭。其重點在於舜巡守四方，至于四岳，並非舜巡守四岳，故莽詔書云「巡狩五嶽」，本已違反經義。不過莽書如此亦非得已，因其都在長安，五嶽皆在其東方，莽雖欲效法舜，卻不得如〈堯典〉所云：「西巡守，至于西岳。」只好篡改經義爲至五嶽巡狩。

其次，經文敘述巡守之事，只提到岱宗東岳、南岳、西岳、北岳，並未言及中岳。《禮記‧王制》敘述天子五年一巡守，及《史記‧五帝本紀》、《論衡‧書虛》引舜巡守事皆同之。《尚書大傳》雖有「五嶽謂岱山、霍山、華山、恒山、嵩山也」之文，但亦有「高山大川，五嶽四瀆之屬」、「江、河、淮、濟爲四瀆」、「五嶽視三公，四瀆視諸侯，其餘山川視伯，小者視子男。」的記載，〔註94〕故其訓解五嶽，應是針對經文「望秩于山川」立說，與舜巡守之事無涉。

首先將「中嶽」加入，並略依伏生的五嶽說，給舜巡守所至之四岳一一加上名字的，見於《史記‧封禪書》。其文云：

> 歲二月，東巡狩，至于岱宗。岱宗，泰山也。……五月，巡狩至南
> 嶽。南嶽，衡山也。八月，巡狩至西嶽。西嶽，華山也。十一月，
> 巡狩至北嶽。北嶽，恒山也。皆如岱宗之禮。中嶽，嵩高也。五載
> 一巡狩。

司馬遷既云：「皆如岱宗之禮」，表示巡狩之事已畢，後文加上「中嶽，嵩高也。」顯得突兀，然《漢書‧郊祀志‧上》同之。其後應劭《風俗通義‧山澤》「五嶽」條，亦有類似之文，並於「中嶽，嵩高也」下云：「王者所居，故不巡焉。」〔註95〕應氏見經文述舜巡狩只至于四嶽，未及中嶽，故替〈堯典〉找了一個理由。事實上其所謂「王者所居，故不巡焉。」亦無非是揣測之詞。〈禹貢〉始冀州者，《僞孔傳》云：「堯所都也。」若「王者所居」是指王所在之州，則舜不應巡狩的是北嶽恒山，因其在冀州，而中嶽在豫州。

〔註94〕參見《尚書大傳輯校》卷一，頁22。
〔註95〕《風俗通義》原文作「中，嵩高也」，「中」下之「嶽」，據王利器《風俗通義
　　　　校注》，頁455補。案：《白虎通‧五嶽四瀆》「嵩高山」下，陳立疏證引《風
　　　　俗通義》「中」下有「嶽」字。參見《白虎通疏證》卷六，頁31。

又舜巡狩四方，是在攝政期間，其出發必自堯都平陽，平陽在今山西臨汾縣西南，若計算距離，可能更接近在雍州的西嶽，則中嶽何由因「王者所居」而不需巡狩？由此可知應氏之說不能成立，故段玉裁批評他「其說乖異」。〔註96〕

其實一國之君何苦必在炎熱的夏天到南方巡狩，寒冷的多天到北方巡狩？這只是〈堯典〉的作者受到五行說的影響，欲以東南西北四方，配春夏秋冬四時，〔註97〕自然沒有提到中岳的必要。且據屈先生的考證，四岳之說的老家是〈堯典〉，五岳一辭最早的出處則在《周禮》。〔註98〕如此說來〈堯典〉未及中岳，一方面是要配合四時，故只巡狩四方；另一方面或許是五岳的觀念尚未盛行。

史遷、班固、應劭雖秉承戰國以來的五嶽說，於引《書》之餘加上「中嶽，嵩高也」，亦知其非舜巡狩所至之處，莽則於詔書中明言：「巡狩五嶽」，故將中嶽納入巡狩地點，莽是第一人。

元始年間，莽知王太后「厭居深宮中，……乃令太后四時車駕巡狩四郊。」（《漢書·元后傳》）所謂「四時車駕巡狩四郊」，即模倣舜四時巡狩四方，故莽當知〈堯典〉明文未及五嶽。又莽此詔書開宗明義便說：「伏念予之皇始祖考虞帝」，意欲效法虞舜甚為明顯，而後文所述幾乎全部抄襲〈堯典〉，何以獨改四岳為五嶽？究其原因或為莽以土德自居，代漢而立，因而亟欲提升土德之地位，故不惜妄改經文，將舜巡狩所至之四岳，加入土德所居之方位－中央（中嶽）。此正與其使太傅設置戊曹士，令天下小學以戊子代甲子為六旬首的心態相同，〔註99〕皆是他以土行，重土德的表現。而莽所引雖非經文，卻影響了許慎的《說文解字》。〔註100〕

〔註96〕參見《說文解字》「嶽」字下段注。
〔註97〕參見《尚書釋義》，頁22。
〔註98〕參見〈岳義稽古〉，文載《書傭論學集》，頁286～306。
〔註99〕《淮南子·天文訓》：「中央，土也，……其日戊己。」〈莽傳中〉：「戊曹士收繫僕射」，師古注引應劭曰：「莽自以土行，故使太傅置戊曹士。」《漢書補注》：「官本引蕭該曰：『戊，予案《春秋》說曰：「土，戊也。」《五行書》曰：「戊己屬土。」王莽自以土行。』」（卷九九中，頁23）以戊子代甲子為六旬首，參見〈莽傳中〉。
〔註100〕《說文》云：「嶽，東岱、南霍、西華、北恒，中大室，王者之所以巡狩所至。」已將中嶽納入巡狩地點。至於「大室」對「嵩高」之別，《說文》段注云：「一山數名」。

第四章　王莽增改官職依傍《尙書》

　　莽因慕從古官制，篡漢之後，根據經書自創、改定了不少官名。依理言之，原名《周官》的《周禮》，內容既敘述三百六十官的職事，且此時又已立於學官，[註1] 莽欲從古更改官名，應以之爲藍本，今則不然，而竟多依傍《尙書》，亦可證莽對《尙書》的重視。

第一節　據〈堯典〉更立官名

　　始建國元年，莽「更名大司農曰羲和，後更爲納言，大理曰作士，太常曰秩宗，大鴻臚曰典樂，少府曰共工，水衡都尉曰予虞。」（〈莽傳中〉）其新定之官名皆自〈堯典〉來。

　　〈堯典〉云：

　　　　（堯）乃命羲和，欽若昊天；厤象日月星辰，敬授人時。

　　　　帝（舜）曰：「龍，朕堲讒說殄行，震驚朕師。命汝作納言，夙夜出
　　　　納朕命，惟允。」

據此，羲和是主持觀象授時之事，納言則專掌出納王命，二者職權並不相同，然莽仍以納言代羲和，足見其依〈堯典〉定官稱，只取其名，不顧其實。又西漢兩置羲和官，一在平帝元始元年，時羲和所掌應如（宣帝）元康中魏相所奏：「以乘四時，節授民事。」[註2] 同於〈堯典〉所述；一即莽更大司農

〔註 1〕清・孫詒讓以爲《周禮》立於學官，約在莽居攝、歆爲羲和以前；參見《周
　　　　禮正義》卷一，頁 1 下～2 上。
〔註 2〕漢代議立羲和之官始自魏相，參見《漢書・卷七四・魏相傳》。

名爲羲和。大司農原名治粟內史,「掌穀貨」,〔註3〕《續漢書百官志》云:「大司農,……本注曰:掌諸錢穀金帛諸貨幣。郡國四時上月旦見錢穀簿,其通未畢,各具別之。邊郡諸官請調度者,皆爲報給,損多益寡,取相給足。」故大司農是掌管國家財政之官。而羲和是主持觀察日月星辰事,並謹慎地把農耕的節令傳授給民眾,其雖非農官,職掌亦涉乎農事;又大司農「掌穀貨」,「穀」亦爲農事,且其稱謂「司農」(原名治粟內史之「治粟」),仍不離農事範圍。因二者之職權近似,故莽以羲和代大司農。

又云:

> 帝(舜)曰:「皋陶!蠻夷猾夏,寇賊姦宄。汝作士,五刑有服,五
> 服三就;五流有宅,五宅三居:惟明克允。」

「汝作士」意謂你作獄官長,官名是「士」,「作」只是動詞。據〈公卿表〉,大理原名廷尉,「掌刑辟」,與士的職掌大致相同;但因一字不成詞,故莽不改大理爲「士」,而改稱「作士」。〔註4〕

又云:

> 帝(舜)曰:「咨,四岳!有能典朕三禮?」僉曰:「伯夷。」帝曰:
> 「俞咨!伯,汝作秩宗。夙夜惟寅,直哉惟清。」

馬融曰:「三禮,天神、地祇、人鬼之禮也。」〔註5〕皆祭祀之事。據〈公卿表〉,太常原名奉常,「掌宗廟禮儀」,與秩宗所掌相類,故莽改太常爲秩宗。

又云:

> 帝(舜)曰:「夔,命汝典樂,教胄子。直而溫,寬而栗,剛而無虐,
> 簡而無傲,詩言志,歌永言,聲依永,律和聲;八音克諧,無相奪
> 倫:神人以和。」

據〈公卿表〉,大鴻臚「掌諸歸義蠻夷」,從其屬官有行人、譯官視之,其所掌管應與音樂及樂教無關。且〈堯典〉之「典樂」是主持樂律,並非官名。或因大鴻臚原名「典客」,莽因典樂、典客同有典字而更大鴻臚爲典樂歟!

又云:

> 帝(舜)曰:「疇若予工?」僉曰:「垂哉。」帝曰:「俞咨!垂,汝

〔註3〕凡莽未更改之前,漢代官名之職掌皆據《漢書・百官公卿表》,下同。

〔註4〕古書中常見一字不成詞時,便在名詞之前加一個前附語,如有周,不蜩、老鼠之類;參見周法高先生《中國古代語法一構詞編》,頁202~214。故莽定官名爲「作士」是合於語法的。

〔註5〕《史記・五帝本紀・集解》引。

共工。」垂拜稽首，讓于殳、斨暨伯與。

莽更名少府曰共工，然在〈堯典〉中，共指供其職事，共工是「帝謂此人堪供此職，非是呼此官名為共工也。」（孔疏）而「堪供此職」之職，即帝舜所云「疇若予工」之工。垂既讓于殳、斨暨伯與，必與之專長近似。《蔡傳》（卷一）云：

> 垂，臣名，有巧思，《莊子》曰：「擸工倕之指」，〔註6〕即此也。殳、
> 斨、伯與，三臣名也。殳，以積竹為兵，建兵車者；斨，方銎斧也。
> 古者多以其所能為名，殳、斨豈能為二器者歟？〔註7〕

是垂、殳、斨暨伯與，咸善於工事。又〈顧命〉篇記載為舉行冊命大典而佈置廟時，堂上東房的擺設有「垂之竹矢」與「兌之戈、和之弓」，可見垂特別善於製作兵器。此外，《禮記・明堂位》敘述上古之樂器有「垂之和鍾、叔之離磬、女媧之笙簧」，〔註8〕足見垂手工藝之精美。合垂與殳、斨之專長視之，善於製作器具（尤其是兵器），應為〈堯典〉「堪供此職」（共工）的必要條件。

據〈公卿表〉，少府「掌山海池澤之稅，以給共養。」漢・應劭《漢官儀》云：「少府掌山澤陂池之稅，稱曰禁錢，以給私養，自別為藏。」〔註9〕所以少府「掌特別稅收，是天子私用的財政機關。」〔註10〕與器具的製作關係不大。不過少府的屬官有名「考工室」者，武帝太初元年更名為「考工」。案：《周禮・冬官・考工記》云：「國有六職，百工與居一焉。……審曲面埶，以飭五材，以辨民器，謂之百工。」意指國家有六種職事，百工是其中的一種，……審視曲直、方面、形勢，整治五材，製作器具的是百工。據此可知考工亦與製作器具有關，〔註11〕而漢既以考工為少府屬官之名，故莽以共工代少府。

又云：

> 帝（舜）曰：「疇若予上下草木鳥獸？」僉曰：「益哉！」帝曰：「俞
> 咨！益，汝作朕虞。」

《偽孔傳》：「虞，掌山澤之官。」孔《疏》：「此官以虞為名，帝言作我虞耳；

〔註6〕　語見〈胠篋〉篇。
〔註7〕　《周禮・天府・疏》引鄭玄注〈顧命〉「胤之舞衣，……和之弓、垂之竹矢」
　　　　云：「胤也、和也、垂也，皆古人造此物者之名。」此為《蔡傳》立言所本歟！
〔註8〕　孔《疏》云：「垂之和鍾者，垂之所作調和之鍾。」
〔註9〕　卷上，頁10上。
〔註10〕　《兩漢尚書學及其對當時政治的影響》，頁167。
〔註11〕　〈公卿表〉師古注引臣瓚曰：「冬官為考工，主作器械也。」

朕非官名也。」莽新定之官不名「朕虞」，足見莽亦以爲「朕」非官名，然作士、共工在〈堯典〉中亦非官稱，莽既能取之作爲官名，何以此不用「朕虞」？觀〈莽誥〉於〈大誥〉七「朕」字，一仍舊、一闕擬，餘均擬作「予」，則莽習以「予」代「朕」，故此不立「朕虞」而立「予虞」。據〈公卿表〉，水衡都尉「掌上林苑」，與虞掌丘陵原隰之草木鳥獸相近，故莽更水衡都尉爲予虞。

綜上所述可知，莽殫精竭慮致力於更定官名，期其盡量符合〈堯典〉，考其所以如此，是因他以爲〈堯典〉是當時文獻，既欲慕從古官，當從最古之書，故〈堯典〉所載舜命九官中，只有「后稷」未被採用。〔註12〕〈堯典〉云：

> 帝（舜）曰：「棄！黎民阻飢。汝后稷，播時百穀。」

「汝后稷」之后應爲動詞，意指汝主管農事。〔註13〕然莽既據〈堯典〉立典樂、共工諸官，則后稷雖非官名，應無不取之理。考莽不立后稷官，是因帝堯封周始祖棄爲后稷，〔註14〕后稷既成專稱，自然不便以之爲官名。而〈堯典〉之羲和雖非農官，所掌既涉觀象授時事，亦與農事有關，故莽以之代大司農；後其又以納言代羲和，則不論稱謂或職掌皆無近似之處，徒慕古官而已。

此外，莽並依據〈堯典〉爲四輔（太師、太傅、國師、國將）置屬官，名爲太師犧仲、太傅犧叔、〔註15〕國師和仲、國將和叔。〔註16〕案：羲仲、羲叔、和仲、和叔，名出〈堯典〉，經文記載堯「分命羲仲……平秩東作」、「申命羲叔……平秩南訛」、「分命和仲……平秩西成」、「申命和叔……平在朔易」，四人皆掌管治田之事，只是〈堯典〉作者受五行說的影響，刻意將四人與四方、四時相配而已。

始建國元年，莽策群司曰：

> 歲星司肅，東嶽太師典致時雨，青煒登平，……
> 熒惑司恣，南嶽太傅典致時奧，赤煒頌平，……
> 太白司艾，西嶽國師典致時陽，白煒象平，……
> 辰星司謀，北嶽國將典致時寒，玄煒和平，……（〈莽傳中〉）

〔註12〕九官除了前述六官，尚有司空、司徒、后稷。司空、司徒，莽亦沿採，參見本章第三節。
〔註13〕參見《尚書集釋》，頁26。
〔註14〕參見《史記・周本紀》。
〔註15〕〈莽傳下〉：「（莽）更遣……太傅犧叔士孫喜清潔江湖之盜賊。」《漢書補注》曰：「官本『犧』作『義』」（卷九九下，頁4），是犧仲、犧叔即羲仲、羲叔。
〔註16〕參見〈莽傳中〉、〈莽傳下〉。

由莽策辭「東嶽太師」、「南嶽太傅」、「西嶽國師」、「北嶽國將」可知，其爲四輔置屬官之名稱，是配合〈堯典〉經文，順其方位，爲太師置羲仲（皆在東）、太傅置羲叔（皆在南）、國師置和仲（皆在西）、國將置和叔（皆在北）。莽爲使新朝官銜比附〈堯典〉，眞是煞費心思。

第二節　據〈洪範〉、〈立政〉自創官名

〈莽傳〉記載始建國元年，莽置司恭大夫、司徒大夫、司明大夫、司聰大夫、司中大夫，「五司大夫」，〔註17〕並策之曰：「予聞上聖欲昭厥德，罔不愼修厥身，用綏于遠，是用建爾司于五事。」考莽此建「五司大夫」是依據「五事」。「五事」一詞出自《尚書》，今本〈洪範〉云：

> 五事：一曰貌，二曰言，三曰視，四曰聽，五曰思。貌曰恭，言曰
> 從，視曰明，聽曰聰，思曰睿。

與莽五司大夫名稱相較，僅從、徒；睿、中有別，餘悉同。

〈莽傳〉「司徒」下，《漢書補注》云：

> 劉攽曰：「『徒』改『從』」，齊召南曰：「案此『司徒』，當作『司
> 從』，與『聰』、『明』、『恭』一例，舊本、別本俱誤耳！」（卷九九
> 中，頁4）

且司徒爲莽所命三公之一（參見下節），莽不可能又立「司徒大夫」，故莽所置應同〈洪範〉之文爲「司從大夫」，《漢書》作「司徒」是因從、徒形近而誤。

又〈莽傳〉「司中大夫」，楊樹達《漢書窺管》（卷一〇）云：

> 按：李慈銘云：「『司中』當作『司容』，……皆據〈洪範〉五事之文。
> 上文已言改『光祿勳』爲『司中』，此不應同名。」〔註18〕

莽根據經書大加變革官名者，正欲耀示其能通經致用，而〈莽傳〉在記載莽置五司大夫之前，既已言其「更名光祿勳曰司中」，此不可能複名，必是班固承上而誤。今本《尚書》所載第五事是「思」、「思曰睿」，而李氏卻云「當作『司容』」，案伏生〈洪範五行傳〉：「次五事曰思心，思心之不容，是謂不聖。」〔註19〕〈五行傳〉皆將〈洪範〉五事用否定句言之，例如「貌之不恭，

〔註17〕〈莽傳中〉所載五司大夫之名，《百衲本》及《殿本漢書》皆與此同。
〔註18〕清‧李慈銘語，見《越縵堂讀史札記》之二「漢書札記」卷七，頁15下。
〔註19〕《尚書大傳輯校》卷二，頁7。

是謂不肅。」便是經文「貌曰恭」、「恭作肅」。今既作「思心之不容，是謂不聖。」則伏生所據之版本，〈洪範〉第五事應作「思心曰容」、「容作聖」，此由《大傳》鄭注：「『容』當為『睿』」可證。〔註 20〕地皇三年，莽下詔開天下山澤之防引《大傳》文「言之不從，是謂不艾。」名之曰「《書》云」，〔註 21〕由此可知莽所據為伏生所傳之今文《尚書》，故其所置之大夫當名「司容」。

　　同年莽「又置大贅官，主乘輿服御物，後又典兵秩。」（〈莽傳中〉）劉奉世曰：「『贅』讀如〈立政〉『虎賁綴衣』之『綴』」，沈欽韓曰：「〈立政〉『綴衣』，（偽孔）傳云：『掌衣服』」，〔註 22〕劉、沈二氏皆以為莽置「大贅官」，其名本於《尚書·立政》篇之「綴衣」。〔註 23〕〈立政〉云：「王左右常伯、常任、準人、綴衣、虎賁。」《偽孔傳》：「綴衣掌衣服」，則綴衣是掌服器之官，〔註 24〕亦可參取〈顧命〉所敘，云：「出綴衣于庭」，《偽孔傳》：「綴衣，幄帳。」〈顧命〉之「綴衣」雖非官名，亦可知其與天子衣物（幄帳）有關，故莽置大贅官掌乘輿服御物，其名應自〈立政〉來，而其職掌「服御物」云云，亦合它篇〈顧命〉之文。然莽官何以名「贅」，而不同於今本作「綴」？揚雄〈雍州牧箴〉曰：「牧臣司雍，敢告贅衣。」班固〈西都賦〉云：「虎賁贅衣」，崔瑗〈北軍中侯箴〉曰：「贅衣近侍常伯之人」，〔註 25〕字皆作「贅」。案：《古文尚書撰異·序》（頁 2）列揚雄、班固為治歐陽、夏侯《尚書》者；據崔瑗本傳，瑗亦通今文經。〔註 26〕且莽所立是大「贅」官，則漢代當有今文《尚書》傳本之〈立政〉篇作「贅衣」。又《風俗通義·十反》篇述〈立政〉

〔註 20〕　《春秋繁露·五行五事》篇論〈洪範〉五事之第五事作「思曰容」、「容作聖」。與〈洪範五行傳〉相較，雖有「思」、「思心」之別，作「容」則一致，則今文《尚書》傳本正作「容」。

〔註 21〕　參見本論文第二章第二節。

〔註 22〕　參見《漢書補注》卷九九中，頁 4。

〔註 23〕　《兩漢尚書學及其對當時政治的影響》（頁 168）亦主張莽新設之「大贅」官，本於〈立政〉的「綴衣」。

〔註 24〕　《蔡傳》卷五云：「掌服器者曰綴衣」。

〔註 25〕　引文分見於《古文苑》卷一四；《文選》卷一，頁 12；《古文苑》卷一六。

〔註 26〕　清·畢沅《傳經表》列崔瑗從賈逵受《左氏春秋》，則崔氏似為古文家。但《後漢書·卷五二·崔駰傳·附子瑗傳》言瑗「銳志好學，盡能傳其父業。」其父駰「年十三能通《詩》、《易》、《春秋》，博學有偉才，盡通古今訓詁百家之言，善屬文。少游太學。」駰少既游太學，應曾習今文學，瑗既傳其業，當亦通今文經矣。

事引作「綴衣」，贅、綴可能是因音近通用而產生的異文。〔註27〕

第三節　據今文《尚書》說定官制

始建國元年，莽設置「九卿，分屬三公。每一卿置大夫三人，一大夫置元士三人，凡二十七大夫，八十一元士，分主中都官諸職。」（〈莽傳中〉）地皇四年，莽「進所徵天下淑女杜陵史氏女爲皇后，……備和嬪、美御、和人三，位視公；嬪人九，視卿；美人二十七，視大夫；御人八十一，視元士：凡百二十人，皆佩印韍，執弓韣。」（〈莽傳下〉）莽所立百二十官之制同於《禮記·王制》：「天子三公、九卿、二十七大夫、八十一元士。」是今文，而異於古文《周禮》。〔註28〕

《尚書大傳》云：

> 古者天子三公，每一公三卿佐之，每一卿三大夫佐之，每一大夫三
> 元士佐之，故有三公、九卿、二十七大夫、八十一元士。〔註29〕

歐陽夏侯說：

> 天子三公，……九卿、二十七大夫、八十一元士，凡百二十，在天
> 爲星辰，在地爲山川。〔註30〕

今文《尚書》家當承《禮記·王制》而言。則莽不取《周禮》官制，卻同於〈王制〉篇置百二十官，當是受到今文家的影響。由此亦證其定官制時，對於今文《尚書》說的倚重更甚於《周禮》古經。

三公是百官之首，西漢的三公本是沿襲秦制爲丞相、太尉、御史大夫，其後職稱漸有變動。丞相，哀帝元壽二年（1B.C.）更名大司徒；太尉，武帝建元二年（139B.C.）省，元狩四年（119B.C.）初置大司馬，職權數更，至元壽二年復賜大司馬印綬，置官屬，去將軍，位在司徒上；御史大夫，成帝綏和元年（8B.C.）更名大司空，哀帝建平二年（5B.C.）復故名，元壽二年復爲大司空。

〔註27〕 贅：*ȋiwäd、綴：*tʲiwäd（《上古音韵表稿》，頁192），ȋ與t在上古是互相諧聲的（同上，頁15）。贅、綴通用之例，如：襄公十六年《公羊傳》：「君若贅旒然」，張衡〈應閒〉作「君若綴旒」（文載《後漢書·卷五九·張衡傳》）。

〔註28〕 《周禮·天官·冢宰》：「治官之屬：大宰卿一人，小宰中大夫二人，宰夫下大夫四人，上士八人，中士十有六人，旅下士三十有二人。」所述天子所屬之卿、大夫，士之人數與〈王制〉之說殊異。

〔註29〕 《太平御覽》卷二〇三引。

〔註30〕 參見《尚書歐陽夏侯遺說攷》，《皇清經解續編》卷一一一七，頁15～16。

〔註31〕由此可知大司馬、大司徒、大司空爲三公名號的確立，以及加大司馬位在大司徒上，皆在元壽二年。茲考〈莽傳〉（上），莽已於元壽元年因日蝕而徵返京師，則《漢官儀》所云：「王莽時議以漢無司徒官，故定三公之號曰大司馬、大司徒、大司空。」〔註32〕當指元壽二年事，換言之，三公名號爲莽所定。

莽定此三公名號，後於始建國元年，按金匱封拜輔臣，立甄邯爲大司馬、王尋爲大司徒、王邑爲大司空，是爲三公。並策羣司曰：

> ……月刑元股左，司馬典致武應，考方法矩，主司天文，欽若昊天，敬授民時，力來農事，以豐年穀。日德元厷右，司徒典致文瑞，考圓合規，主司人道，五教是輔，帥民承上，宣美風俗，五品乃訓。斗平元心中，司空典致物圖，考度以繩，主司地里，平治水土，掌名山川，眾殖鳥獸，蕃茂草木。（〈莽傳中〉）

〈堯典〉云：

> 舜曰：「咨！四岳。有能奮庸，熙帝之載，使宅百揆，亮采惠疇？」僉曰：「伯禹作司空。」帝曰：「俞咨！禹，汝平水土，惟時懋哉！」……帝（舜）曰：「契，百姓不親，五品不遜。汝作司徒，敬敷五教，在寬。」

莽策、《書》經文二者相較，可知莽策命司徒「五教是輔、五品乃訓」；策命司空「平治水土」，皆來自〈堯典〉，〔註33〕其去「大」字乃漢人習慣。〔註34〕

今本《尚書》「司徒、司馬、司空」一起出現計有三次，然爲武王（〈牧誓〉）、成王（〈梓材〉）、周公（〈立政〉）所呼眾多周朝官員中之三官，並無「三公」之名。「三公」之稱僅見於眞古文《尚書・周官》篇，而其所謂之「三公」是指「太師、太傅、太保」，〔註35〕與莽所立不同。《尚書大傳》云：「天子三公，一曰司徒公，二曰司馬公，三曰司空公。」歐陽、夏侯說：「天子三公，一曰司徒，二曰司馬，三曰司空。」〔註36〕則莽是根據今文《尚書》說定立三公。

〔註31〕參見《漢書・百官公卿表》。
〔註32〕卷上，頁3上。
〔註33〕司空、司徒亦爲舜所命九官之二。
〔註34〕例如：《漢書・百官公卿表》言大司馬「位在司徒上」，《漢官儀》云：「漢無司徒官」，官名上皆無「大」字。
〔註35〕參見《鄭志・周禮志》。
〔註36〕參見《尚書大傳輯校》卷一，頁23，又參見註30。

對於三公職權的劃分，《尚書大傳》云：

> 百姓不親，五品不訓，則責之司徒。蠻夷猾夏，寇賊奸宄，則責之
> 司馬。溝瀆壅遏，水為民害，田廣不墾，則責之司空。（《輯校》卷
> 一，頁 23）

與莽策命羣司之文相較，除了所述職權有多寡之別，最顯著的差異是，莽
立司馬居於司徒之上。《漢書‧百官公卿表》所云：「元壽二年復賜大司馬
印綬，置官屬，去將軍，位在司徒上。」其次序正與莽之策文相合，則莽
雖承今文《尚書》說定三公之名稱，卻變更了所承之次序。〔註 37〕考莽之
所以加大司馬位在大司徒上，可能是昔日與四位長輩相繼居位輔政時皆做
過大司馬之故。〔註 38〕此外，隱公五年《公羊傳》何休《解詁》引「（逸）
《禮》：司馬主兵，司徒主教，司空主土。」〔註 39〕則莽所更動之次序亦並
非毫無經典上的根據。

其次，《大傳》所載責之司馬的「蠻夷猾夏，寇賊奸宄」，是〈堯典〉中
舜命皋陶作士之詞。而莽所置之大司馬，既要「典致武應」（主武），又要「欽
若昊天，敬授民時」（典天），〔註 40〕與伏生所述不盡同。此因莽又據〈堯典〉
更大理為作士，故其大司馬之職不能如《尚書大傳》所述，而侵奪「士」之
職權；但他又想使司馬職掌如司徒、司空，與經文牽連關係，於是秉承《韓
詩外傳》「司馬主天」之說，〔註 41〕取〈堯典〉「羲和」所主（欽若昊天，敬
授民時）歸諸大司馬。故莽雖據今文《尚書》說定三公之制，於其內容上並
不完全因襲。

三公名職之外，莽又據《尚書》本文及《尚書大傳》立新官稱謂。時在
居攝元年，莽「立宣帝玄孫嬰為皇太子，號曰孺子。以王舜為太傅左輔，甄

〔註 37〕 《大戴禮記‧保傅》北周盧辯注云：「今《尚書》說三公：司馬、司徒、司空
　　　　　也。」《五經異義疏證》（《皇清經解》卷一二五〇，頁 15）據此以為是今文《尚
　　　　　書》司馬在司徒先之證。案：《尚書大傳》、歐陽、夏侯說及今本《尚書》所
　　　　　言皆是「司徒、司馬、司空」之次序，則盧辯所注應是漢以後之說。

〔註 38〕 據《漢書‧元后傳》所載，王鳳做大司馬大將軍、音為大司馬車騎將軍、商
　　　　　是大司馬衛將軍、根當大司馬票騎將軍、莽為大司馬。

〔註 39〕 清‧陳奐《公羊逸禮攷徵》云：「何氏不信《周官》，所據逸《禮》文。」（《皇
　　　　　清經解續編》卷八一五，頁 4）

〔註 40〕 《尚書注疏》本作「敬授人時」，民作人，乃是《五經正義》避唐太宗李世民
　　　　　之名諱。

〔註 41〕 卷八，頁 12。

豐爲太阿右拂，甄邯爲太保後承。」（〈莽傳上〉）始建國三年，莽「爲太子（臨）置師友各四人，秩以大夫。以故大司徒馬宮爲師疑，故少府宗伯鳳爲傅丞，博士袁聖爲阿輔，京兆尹王嘉爲保拂，是爲四師。故尚書令唐林爲胥附，博士李充爲犇走，諫大夫趙襄爲先後，中郎將廉丹爲禦侮，是爲四友。」（〈莽傳中〉）

　　莽號劉嬰爲「孺子」，是倣《尚書》所載周公呼成王的口氣，〔註42〕又其爲嬰所立之左輔、右拂、後承，及爲王臨所立之四友，官名皆取自《尚書大傳》。《大傳》云：

　　　古者天子必有四鄰：前曰疑，後曰丞，左曰輔，右曰弼；天子中立而聽朝，則四聖維之。是以慮無失計，舉無過事。故《書》（〈皋陶謨〉）曰：「欽四鄰」，此之謂也。……周文王胥附、奔輳、先後、禦侮，謂之四隣。〔註43〕

其中「右曰弼」，莽作「右拂」，師古注：「拂讀曰弼。」弼、拂因音近而通用。〔註44〕「奔輳」，莽作「犇走」，師古注：「犇，古奔字。」《後漢書·卷二〇·祭遵傳·附從弟肜傳》，李賢注引《尚書大傳》作「奔走」，則犇亦作奔，莽是前有所承，承《大傳》也。此外，莽立師疑、傅丞、保拂之官，是眞古文《尚書·周官》「太師、太傅、太保」與《大傳》「前曰疑，後曰丞，右曰弼」的結合。然《周官》只有三公，《大傳》卻有四鄰，故莽又取伊尹之官號「太阿」與「左曰輔」配合而成「阿輔」。〔註45〕

〔註42〕如：〈洛誥〉載周公稱成王云：「孺子其朋，孺子其朋，……」又「孺子」一詞與《尚書》之關係，參見本論文第三章第二節。

〔註43〕《輯校》卷一，頁20、30。

〔註44〕弼：*b'ǐwət、拂：*p'ǐwə̌t（《上古音韵表稿》，頁216）。

〔註45〕《史記·殷本紀》：「伊尹名阿衡」，《索隱》云：「按：阿，倚也；衡，平也。言依倚而取平。……亦曰保衡，皆伊尹之官號，非名也。」

第五章　王莽倣《尚書‧大誥》作〈大誥〉

第一節　倣作〈大誥〉之緣由及其研究價值

　　元始五年十二月，平帝崩，無子，莽徵宣帝玄孫，選最少者廣戚侯子劉嬰爲繼；嬰時年二歲，託以卜相最吉。同月，莽以周公輔成王之故事居攝踐阼。次年，改爲居攝元年，三月己丑，立嬰爲皇太子，號曰孺子。

　　前宰相翟方進之子義，見莽攝天子位，惡其必代漢家，於居攝二年九月，立嚴鄉侯劉信爲天子，移檄郡國，言莽「鴆殺孝平皇帝，矯攝尊號，今天子已立，共行天罰。」結果郡國皆震，比至山陽，眾十餘萬。

　　莽聞之，惶懼不能食，晝夜抱孺子告禱郊廟，並會羣臣而稱曰：「昔成王幼，周公攝政，而管蔡挾祿父以畔，今翟義亦挾劉信而作亂。自古大聖猶懼此，況臣莽之斗筲！」羣臣皆曰：「不遭此變，不章聖德。」莽於是依《尚書‧大誥》作〈大誥〉。〔註1〕茲從最眾，稱莽之〈大誥〉爲〈莽誥〉。〔註2〕

　　〈莽誥〉何以要倣〈大誥〉？「因爲那時的經師說〈大誥〉是周公伐武庚、管蔡時所作，翟義、劉信的討王莽正與武庚、管蔡的叛周公情形相類。」〔註3〕故莽倣周公作誥以自明，並遣諫大夫桓譚等班於天下，告曉攝位當反政

〔註1〕　上述漢史參見《漢書》〈翟義傳〉、〈元后傳〉、〈莽傳上〉。又莽之〈大誥〉載於〈翟義傳〉。

〔註2〕　〈莽誥〉名稱之討論，參見程師元敏〈莽誥大誥比辭證義〉，《國立編譯館館刊》一一卷，二期頁43下。案：下引同此者皆稱爲「程師文」。

〔註3〕　顧頡剛〈五德終始說下的政治和歷史〉，《古史辨》第五冊，頁520。《書序云》：「武王崩，三監及淮夷叛；周公相成王，將黜殷，作〈大誥〉。」

孺子之意。〔註4〕

〈莽誥〉倣〈大誥〉而作,是否便具有研究的價值?《十七史商榷》卷二六「大誥」條:

〈翟義傳〉,莽依《周書》作〈大誥〉云云,何氏焯評云:「將此篇所依據摹竊者,以覆校《周書》元文,則可知漢人釋經之意。」何先生固是篤學好古之士,故有此議論,非流俗所能及。

清儒何焯、王鳴盛皆肯定〈莽誥〉有使後人得知「漢人釋經之意」的研究價值。又程師文:

〈莽誥〉……盡倣《尚書・大誥》篇,遵彼節目,按彼句字,咸秩無紊。矧其時今文學盛行,壁書未亡,故無論其錄經舊字,或同訓相代,近古逼真,殆無疑問。(頁44上)

程師更進一步指出,由於〈莽誥〉模倣的方式及其產生的時代,使它具有「近古逼真」的價值,當然值得研究。

第二節 〈大誥〉、〈莽誥〉文字校比

既知〈莽誥〉之價值,又如何著手研究,始知漢人釋經之意?自然是將兩誥比勘。程師取「以史誥(〈莽誥〉)為主,援經誥(《尚書・大誥》)篇以證之;經字史文,備舉咸列。比較異同,別白疑似。事有未明,引徵史傳以疏通之;舊說凡直接攸關者,則盡量採取。」〔註5〕的方式,寫了〈莽誥大誥比辭證義〉一文。其文博覽眾說、勘校版本、分文析字、論斷精覈,對於兩誥關係之確立,功不可沒。

為便於後文的討論,茲將兩誥文字比附排列於下,兩相校比,以見〈莽誥〉對於〈大誥〉「遵彼節目,按彼句字」與否的情形。〔註6〕其中〈莽誥〉文字根據程師文,在上;〈大誥〉則據《尚書注疏》,在下。

1. 惟居攝二年十月甲子,攝皇帝若曰:「大誥道諸侯

　　　　　　　　　　王　　若曰:「猷大誥爾多

〔註4〕 參見〈莽傳上〉。

〔註5〕 程師文,頁44下。

〔註6〕 兩誥文字間的關係,請參閱程師文,不再贅述。

2. 王、三公、列侯于汝卿、大夫、元士、御事。不弔，天
　　邦，　　　　　　越爾　　　　　　　御事。弗弔，天

3. 降喪于趙、傅、丁、董。　　　　　　洪惟我幼沖孺子，當
　　降割于　我　家，　　　不少延。洪惟我幼沖　人　，

4. 承繼嗣無疆大歷服事。予未遭其明恕，能道民於安，況
　　　　嗣無疆大歷服　。　弗造　哲，　迪民　康，矧

5. 　其　能往　知天命？熙！我念孺子，若涉淵水，予惟
　　曰其有能格、知天命？已！予惟小子，若涉淵水，予惟

6. 往求朕所濟度，　奔走昌傅近奉承高皇帝所受命，
　　往求朕攸濟　。敷賁　敷　　前人　受命，茲不

7. 　　　　　予豈敢自比於前人乎？天降威明，用寧帝室，
　　忘大功，予不敢　閉于　　　　天降威　，用寧　王

8. 遺我居攝寶龜。太皇太后昌丹石之符，廼紹天明意，詔
　　遺我　大　寶龜，　　　　　　　紹天明　；

9 予即命居攝踐祚如周公故事。
　　即命，

10. 　　　反虜故東郡太守翟義擅興師動眾，曰『有大難于西
　　　　　　　　　　　　　　　　　　日『有大艱于西

11. 土，西土人亦不靖』，於是動　　嚴鄉侯信，誕敢犯祖
　　土，西土人亦不靜　，越茲蠢。』　殷小腆　，誕敢紀

12. 亂宗之序。天降威，遺我寶龜，固知我國有呰災，使民
　　　其敘。天降威，　　　　　　知我國有疵　，　民

13. 不安，是　　　　天反復右我漢國也。
　　不康。曰『予復』，　反鄙　我周邦　。

14. 　　　粵其　聞　曰，宗室之儁有四百人，民獻儀　九
　　　　　今蠢，今翼　曰，　　　　　　　民獻　有十

15. 萬夫，予敬　昌終於此謀　繼嗣圖功。我有大事休，予
　　　夫，予翼，以　于　敉寧武　圖功。我有大事休，朕

16. 卜并吉，故我出大將告　郡太守、　諸侯、　　相、
　　　卜并吉。肆予　　　告我　　　　　友邦君，越尹氏、庶

17. 令、　長　曰：『予得吉卜，予惟吕汝　　于伐東郡、嚴
　　　士、御事曰：『予得吉卜，予惟以爾庶邦于伐　　　殷

18. 鄉逋播臣。』
　　　　　逋播臣。』

19. 　　介　國君，　　　　　　　或者無不反曰：『難大，
　　　爾庶邦君，越庶士、御事，　　　罔不反曰：『艱大，

20. 民亦不靜，亦惟在帝宮，諸侯宗室，於　小子族父，
　　　民　不靜，亦惟在王宮、邦君　室。越予小子　考，

21. 敬不可征。』帝　不違卜。　故予爲沖人　長思厥難，
　　　翼不可征；　王害不違卜？』肆予　沖人，永思　艱。

22. 曰：烏虖！義、信所犯，誠動鰥寡，哀哉！予遭天役，
　　　曰，嗚呼！　　　　　　允蠢鰥寡，哀哉！予造天役，

23. 遺大解難於予身；曰爲　　孺子，不身自卹。予義彼國
　　　遺大投艱于朕身；　　越予沖人，不卬自恤。　義爾邦

24. 君泉陵侯　　　　　　　　　　上書曰：『成王幼弱，
　　　君，　　　越爾多士、尹氏、御事，綏予曰：『無毖于恤，

25. 周公踐天子位吕治天下，六年，朝諸侯於明堂，制禮
　　　不可不成乃寧考圖功。』

26. 樂，班度量，而天下大服。太皇太后承順天心，成居攝

27. 之義。皇太子爲孝平皇帝子，年在繦褓，宜且爲子，知

28. 爲人子道，令皇太后得加慈母恩，畜養成就，加元服，

29. 然後復予明辟。』

30. 熙！為我孺子之故，予惟趙、傅、丁、董之亂，遏
　　已，予惟小子，

31. 絕繼嗣，變剝適庶，危亂漢朝，旵成三皃，隊極厥命。

32. 烏虖！害其可不旅力同心戒之哉！予不敢僭上帝命。天
　　　　　　　　　　　　　不敢替上帝命。天

33. 休於安帝室，興我　漢國；　　惟卜用，克綏受茲命。
　　休于寧　王　，興我小邦周；寧王惟卜用，克綏受茲命。

34. 今天其相民，況亦惟卜用。
　　今天其相民，矧亦惟卜用。

35. （下文【太皇太后肇有元城沙鹿之右至俾我成就洪烈也】
　　二百五十六字皆言漢事，於〈大誥〉無所擬，從略。）

36. 烏虖！天用威　輔漢始而大大矣。
　　嗚呼！天明畏，弼我　　丕丕　基。」

37. 　　　　爾有惟舊人，泉陵侯之言，爾不克遠省，
　　王曰：「爾　惟舊人，　　　　　爾丕克遠省，

38. 爾豈知太皇太后若此勤哉！天　毖勞我成功所，予不敢
　　爾　知寧　王若　勤哉！天閟毖　我成功所，予不敢

39. 不極卒安皇帝之所圖事。肆予　告　我諸侯王、公、列
　　不極卒寧　王　　圖事。肆予大化誘我友邦君；

40. 侯、卿、大夫、元士、御事：天輔誠辭，天其累我旵民
　　　　　　　　　　　　　　　天棐忱辭，　其考我　民

41. ，予害敢不於祖宗安人圖功所終？天亦惟　　勞我民，
　　，予曷其不于　前　寧人圖功攸終？天亦惟用勤毖我民，

42. 若有疾，予害敢不於　祖宗　所受休輔？
　　若有疾；予曷敢不于前寧人攸受休畢？」

43. 　　　　予聞孝子善繼人之意，忠臣善成人之事。
　　王曰：「　若　昔，朕　其　逝　　　　。

44. 予　　　思：若考作室，　　　厥子　　　堂而
　　朕言艱日思。若考作室，既底法，厥子乃弗肯堂，矧肯

45. 構之；厥父菑，厥子　　　播而　　穧之。
　　構　？厥父菑，厥子乃弗肯播，矧肯穧　？厥考翼其肯

46. 　　　　　　　　　　　予害敢不於身撫祖宗之所
　　曰：『予有後，弗棄基？』肆予曷敢不越卬敉寧王

47. 受大命？若祖宗，廸有效湯武伐厥子，民長其勸弗救。
　　大命？若兄考，乃有友　　伐厥子，民養其勸弗救？」

48. 　　　　烏虖！肆哉！諸侯王、　　公、列侯、卿、大夫、
　　王曰：「嗚呼！肆哉爾庶邦君，越爾

49. 元士、御事，其勉助國道明！亦惟宗室之俊、民之表儀，
　　　　　　御事。　爽　邦由哲，亦惟十人　　，

50. 廸知上帝命。粵天輔誠，爾　不得易定，況今天降定于
　　廸知上帝命。越天棐忱，爾時罔敢易法，矧今天降戾于

51. 漢國？惟大蠶人翟義、劉信大逆，欲相伐於厥室，豈亦
　　周邦？惟大艱人，　　　　誕鄰　胥伐于厥室；爾亦

52. 　　知　命之不易乎？予永念曰：天惟喪翟義、劉信；
　　不知天命　不易　。予永念曰，天惟喪　殷　；

53. 若嗇夫，予害敢不終于晦？天亦惟休於 祖宗，
　　若穡夫，予曷敢不終朕畝？天亦惟休於前寧人，

54. 予害其極卜？害敢不卜從、率寧人有旨疆土？況今卜
　　予曷其極卜？　敢弗于從？率寧人有指疆土？矧今卜

55. 幷吉？故予大吕爾東征；　命不僭差，卜陳惟若此。」
　　幷吉？肆朕誕以爾東征；天命不僭　，卜陳惟若茲。」

第三節　〈莽誥〉商價

　　將兩誥比辭證義之後，程師寫〈莽誥商價〉一文，因證比所得，覈〈莽誥〉的價值。茲擇要述之如下：

　　若以〈莽誥〉校勘今本〈大誥〉，可知今本文字頗誤，例如：〈大誥〉「予

曷其不于前寧人圖功攸終」（41）〔註7〕「曷其」下連「不」，語意難通。觀下文「予曷敢不于前寧人攸受休畢」（42）、「予曷敢不越卬敉寧王大命」（46～47）、「予曷敢不終朕畝」（53），句構及立意均應與此句一致，而竝作「曷敢不」，則知此「曷其不」之「其」爲「敢」之誤；而〈莽誥〉果作「敢」，擬作「予害敢不於祖宗安人圖功所終」（41）。此外，今本經文亦有脫字衍文，例如：〈莽誥〉「民亦不靜」（20），今本《尚書‧大誥》作「民不靜」，少「亦」字，莽據今文本原有「亦」字，以〈大誥〉上文「西土人亦不靜」（11）例之，「亦」字信有，內野本正作「民亦不靜」。又如今本〈大誥〉「敷賁敷前人受命」（6），義不可解。〈莽誥〉擬作「奔走呂傅近奉承高皇帝所受命」，細繹此句，則莽以「奔」詁「賁」、「傅近」詁下「敷」字，則上一「敷」字，莽所據今文本原無，今本《尚書》多一「敷」字，衍文也。

　　莽欲誥文通俗便讀，擬字常以淺易深，其法或以一字替一字，如用「況」（4）、「所」（6）、「敬」（15）、長（21）分別替「矤」、「攸」、「翼」、「永」是也。或加字以釋經者，如添「事」「服」下（4）。

　　〈莽誥〉擬字僅依〈大誥〉，不輕易減增經文，若事增減，多爲遷就所謂漢家史實。例如：〈大誥〉「天降割于我家，不少延」（2～3），謂「武王崩，天禍周室」，莽擬爲「天降喪于趙傅丁董」，彼意此四凶爲害於漢而天滅其身已非一日，故不得言「不少延」。而其視〈大誥〉多四百九十七字，第考其增文，多記漢事，如「太皇太后呂丹石之符」（8）、「太皇太后肇有元城沙鹿之右至俾我成就洪烈也」（35）。然〈莽誥〉增字尚有一種情形，即欲使人易曉，如：「天其累我呂民」代〈大誥〉「其考我民」（40）。皮錫瑞云：「〈莽誥〉多增字釋經，使人易曉：『天』字、『以』字，疑莽以意增之。」〔註8〕更檢〈莽誥〉，如皮氏所言者類例甚多。

　　〈莽誥〉句讀，有視注疏優越，足匡舊失者。例如：〈大誥〉「予不敢閉于天降威用，寧王遺我大寶龜」（7～8），此《僞孔傳》之句讀，「用」字屬上；〈莽誥〉作「……天降威明，用寧帝室，遺我居攝寶龜」，則「用」字從下，使經義更明。〈莽誥〉尚有助於經疏版本之考定，例如：〈大誥〉「有指疆土」（54），《古文尚書撰異》云：「今經、傳『旨』作『指』，而《正義‧中三》云：『旨意』皆作『旨』，知經、傳爲衛包所改，《正義》則其所未改者也。莽

〔註7〕　（41）表示上一節兩語文字校比的行數，下同。
〔註8〕　《今文尚書攷證》卷一二，頁7。

〈大誥〉正作『有旨疆士』。」〔註9〕〈莽誥〉幸存，於經疏版本之考定，厥功甚偉！

綜上所論可知，欲求今文〈大誥〉本真，不緣擬誥則不獲；知緣擬誥，不察擬經之蔽，失所緣矣。〈莽誥〉擬經，其蔽有四：倣經大意作文；誤讀失擬；用今律古，淆亂本原；矯飾經意以文奸言。〔註10〕知其蔽始能以客觀的態度取其優點，而不至於犯了過崇今文，直取莽本改易今本經字的錯誤。

第四節　論兩誥同音異文

〈莽誥商價〉云：「唯兩本（兩誥）字殊，究為異文抑詁代，卒難論定，苟無它本參顧，或其他憑證，寧信〈莽誥〉為同訓字。」（頁36下）案：異文產生的原因很複雜，諸如：同義、同音、音近、形近等皆是。但據本論文第二章考得，歐陽、大小夏侯本之異，多屬同音（或音近）異文，如「橫被四表」、「光被四表」；「遂類于上帝」、「肆類于上帝」。此當為漢初伏生口傳《尚書》之故。且考〈莽誥大誥比辭證義〉據「它本參顧」，或「其他憑證」而斷為異文者有：

「傅」、「敷」（6）（頁48）〔註11〕

「比」、「閉」（7）（頁48下）

「靖」、「靜」（11）（頁51上）

「無」、「罔」（19）（頁55上）

「害」、「曷」（41）（頁67下～68上）

「粵」、「越」（50）（頁72下）

諸字的上古音，〔註12〕或同音，或音近，〔註13〕正符合前述同音異文之論。

〔註9〕《皇清經解》卷五八二，頁14。

〔註10〕〈莽誥〉之蔽的例子，參見〈莽誥商價〉，《書目季刊》一七卷三期，頁37～38，因與本文論點無涉，從略。

〔註11〕（頁48）指〈莽誥大誥比辭證義〉的頁碼。若未注明「上」、「下」，表示釋文由「上」至「下」，下同。

〔註12〕自此以下所注的上古音，多據《上古音韵表稿》；其書未收者，則據《廣韻》及《說文通訓定聲》，考其聲母及韻母。書名不再複述。

〔註13〕同音者，如：靖、靜：$*dz'i̯eng$（頁179）；粵、越：$*ɣi̯wăt$（頁195）。音近者，如：傅：$*pi̯wag$、敷：$*p'i̯wag$（頁161）；比：$*pi̯ed$、閉：$*pied$（頁223、224）；無：$*mi̯wag$、罔：$*mi̯wang$（頁161、170），二字是陰陽對轉。

雖然同音不是產生異文的唯一條件，但是當兩字形不近、義不同而出現在同一處時，其音上的關係就特別值得注意。程師文於兩誥對應文字間的訓詁關係，已溯源的非常完整，下文擬據今文三家異文多同音或音近的原則，替兩誥「究爲異文抑詁代」的疑難，加添一些憑證。

　　〈莽誥〉有以二字替一者，清・吳汝綸《尚書故》云：「《廣雅》：『儀，賢也。』鄭《論語》注：『獻，猶賢也。』莽作『獻儀』（14）者，猶上言『服事』、『咎灾』、『濟度』，皆于本字下以訓詁字增益之，非後增也。」〔註14〕而〈莽誥〉于本字下「兼以訓詁申說」的目的，是「取其明暢易於曉人」也。，〔註15〕茲考〈莽誥〉在經本字之下加訓詁字者，有「服事」（4）、「濟度」（6）、「威明」（7）、「毖勞」（38）、「僭差」（55）。但是〈莽誥〉亦有加字釋經，而上字與今本〈大誥〉文字不同者，如以「奔走」代「賁」（6）、「傅近」代「敷」（6）、「咎災」代「疵」（12）。其中「傅」與「敷」，程師已斷爲異文，而「奔」、「賁」同音；「咎」、「疵」音近，〔註16〕或亦爲異文，〔註17〕則其合乎于本字之下增益訓詁字的條例。

　　〈莽誥〉亦有于本字之上增益訓詁字的情形，如以「繼嗣」代「嗣」（4）。此外，又以「明悊」代「哲」（4），據始建國元年莽策羣司曰：「熒惑司悊，南嶽太傅典致時奧。」是取〈洪範〉「庶徵」：「曰悊，時燠若」立言，而字同《尚書大傳》作「悊」，可知〈莽誥〉所據本原作从心之悊，〔註18〕故「悊」、「哲」二字是同音異文。〔註19〕而「明悊」亦屬于本字之上增益訓詁字例。又《尚書大傳》：「〈大誥〉曰：『民儀有十夫。』」（《困學紀聞》卷二引）王應麟原注：「王莽作〈大誥〉曰：『民獻儀九萬夫』，蓋本於此。」觀莽與《大傳》關係之密切，王說可信！則莽所據今文《尚書》作「儀」，其以「獻儀」代「儀」，是于本字之上加訓詁字，而非本字之下，《尚書故》說誤。

　　上述〈莽誥〉以兩字代一字者，皆是在本字之上下加訓詁字以釋，以使

〔註14〕經說二之二，頁83。

〔註15〕參見《今文尚書經說攷》卷一五，頁8。

〔註16〕奔、賁：*pwə̌n（頁219）。咎：*tsi̯eg、疵：*dzʻi̯eg（頁173），二字聲母皆屬精系。

〔註17〕程師文，頁51上～52下，根據內野本《尚書》、《書古文訓》、《尚書・隸古定本》皆作「咎」，而斷定「咎」、「疵」是異文。

〔註18〕參見本論文第二章第二節。

〔註19〕悊、哲：*ti̯at（頁194）。

其明暢易曉。而〈誥〉中唯一的例外即以「繼嗣」代「武」(15)。《爾雅・釋詁》云:「武,繼也。」且「武」與「繼」、「嗣」音皆不近,〔註20〕則「莽作『繼嗣』,亦求通俗而作。」〔註21〕非異文。

〈莽誥〉以一字詁代一字的情形很普遍,其中同音或音近的字有十九個。茲據程師文的註解,以下分成四點討論:

(一)是異文者;如:「比」與「閉」、「靖」與「靜」、「無」與「罔」、「害」與「曷」、「粵」與「越」(前已述及)。

(二)是訓詁字。

1. 〈大誥〉之「猷」(1)、「迪」(4)、「由」(49),〈莽誥〉皆以「道」代之,雖然此四字皆屬定母幽部,可是音上的關係,並非判斷異文的唯一條件,若無舊典或前賢之說,不可輕易論定。

2. 「遭」與「造」(4、22),《古文尚書撰異》云:「『造』,莽〈大誥〉作『遭』,蓋今文《尚書》作『遭』,非以故訓字代之也。」〔註22〕程師文以「漢世傳本《尚書》未見作『遭』者」(頁47上),因而定兩字為訓詁關係。

3. 〈莽誥〉以「序」代「敘」(12)、「威」代「畏」(36),皆因二字古通用,〔註23〕疑其通用是因音近之故。

4. 〈莽誥〉代「胥」作「相」(51),二字音雖近,卻不是異文。《爾雅・釋詁》云:「相,視也。」「胥,相也。」具「相互」之意的「胥」與「相」,乃古今用語之別。〔註24〕西周初年的文獻中,此二字用法多合乎〈釋詁〉,如:《尚書・盤庚》:「相時憸民,猶胥顧于箴言」,《正義》云:「我視彼憸利小民,猶尚相顧於箴規之言。」故〈莽誥〉應是以今語詁代古語。

(三)〈莽誥〉以「復」擬「鄙」(13)、「不」擬「丕」(37)、「大」擬「誕」

〔註20〕武:*mi̯wag、繼:*kieg、嗣:*zi̯əg(頁161、174、125)。

〔註21〕程師文,頁54上。

〔註22〕《皇清經解》卷五八一,頁2。

〔註23〕參見程師文,頁51下、65下。案:「序」與「敘」通用,正與本論文第二章第四節所得之結論相同。

〔註24〕〈釋詁〉篇題,邢昺《疏》云:「釋,解也;詁,古也。古今異言,解之使人知也。」則「相,視也」、「胥,相也」皆古言,而今言「相」不作「視」,而作「互相」之意,故莽以「相」訓詁「胥」。

（51），皆爲莽欲用成私志而借音近字恣意竄改經義，〔註25〕非異文。

（四）〈大誥〉之「恤」（23）、「穡」（53）、「畝」（53）、「指」（54），〈莽誥〉作「卹」、「嗇」、「晦」、「旨」，程師考得其皆爲《尚書》版本之原文，而今本〈大誥〉之文，乃後人所改或加。〔註26〕

最後，附論一個同義異文：〈大誥〉有六個「艱」字，〈莽誥〉一不擬（44）、四作「難」（10、19、21、23）、一作「囏」（51）。程師以爲由〈莽誥〉下文「惟大艱人」之「囏」不作「難」可知，莽所據今文《尚書》蓋原作「難」。〔註27〕案：艱、難二字上古音雖不近，但同義，〔註28〕故二字屬同義異文，如：成帝於永始元年（16B.C.）下詔云：「朕惟其難，怛然傷心」，〔註29〕似倣〈大誥〉「朕言艱日思」（44）立言，而字正作「難」。又考〈莽誥〉四「難」字，是代〈大誥〉「有大艱于西土」、「艱大」、「永思艱」、「遺大投艱」之「艱」，而「囏」字所代之「大艱人」，是〈大誥〉六「艱」下唯一加名詞者。據《漢書·異姓諸侯王表》「其囏難也」〔註30〕及〈韋玄成傳〉：「玄成復作詩，自著復玷缺之囏難。」可知漢人習於「囏」下加名詞，且韋玄成詩云：「三事惟囏」，〔註31〕故囏雖是艱之籀文（見《說文》），漢人卻較常用「囏」字，故〈莽誥〉之「大囏人」，當是所據傳本如此。

綜上所述可知，王莽擬誥與今本〈大誥〉文字之異，雖多爲訓詁代字，亦有不少是所據版本原來如此，故〈莽誥〉於保存漢代傳本之異文，功不可沒。

〔註25〕參見程師文，頁52、66下～67上、73下～74上。

〔註26〕參見程師文，頁57、74下、75上、76。

〔註27〕參見程師文，頁51上。

〔註28〕艱：*kən、難：*nân（頁217、197），二字韻母在文、元二部可以旁轉、但聲母不近。《爾雅·釋詁》：「艱，難也。」

〔註29〕參見《漢書·成帝紀》。

〔註30〕案：表原作「其艱難也」，師古曰：「囏，古艱字也。」周壽昌云：「據此（顏注）正文應作『囏難』，此誤。乾道本、汪本、明德藩本，字俱作『囏』。」（《漢書注校補》卷五）

〔註31〕《漢書·韋玄成傳》。

第六章 結 論

　　王莽受漢代通經致用風氣的影響，自平帝元始年間秉政開始，不論章奏所引、行政所據，總是盡量依傍經書；尤其倚重《尚書》，或明引其文句，或擷取其詞語，或效法其義以行事。其目的無非在於取經書作為根據，以期他所下的詔書、推行的政策，更具有說服力，而有不可不行之道。由於他這種託經以自重的作風，許多《尚書》的資料才得以見存；尤其在漢代之今文《尚書》三家本、孔壁古文《尚書》本皆已亡佚於西晉末的今日，對於處在師法盛行時代的王莽，其引用《尚書》的經文、經說中，保留了部分時代的風貌，此大有助於對漢代流傳之《尚書》版本及家法的研究。

　　莽執政時期，立《左氏春秋》、《毛詩》、逸《禮》、古文《尚書》，後又立《周禮》於學官。〔註1〕在此之前，古文經學一直處於受壓抑的地位，僅在民間傳授，故莽對古文經大加獎擢的結果，使人每以古文家視之而不復深考。事實上，莽立古文博士只是為了扶微學、廣道藝，詳考其引用《尚書》可知，他是一個徹頭徹尾的今文家，所引除了「予則奴戮女」一條或同於古文說，以及自創六宗說中，以日月代乾坤六子之火水，可能是受古文家的影響外，其餘皆有明顯證據是承自今文家。例如：〈莽誥〉通篇所據皆是今文本、今文義；及舜分十二州、禹分九州前後之次，莽捨棄對己有利「禹分州在前」之古文說，而為配合「舜分州在前」之今文說，不憚使己兩度更改州制的說詞致互相矛盾。察其《書》學於今文三家中，與歐陽《尚書》的關係最為密切，如其視姚、嬀、陳、田、王氏五姓為己之九族，是傾向於歐陽家以異姓有屬

〔註 1〕 見《漢書》〈儒林傳〉、〈藝文志〉。

者之義說九族；又採歐陽以「還政」之意訓解〈洛誥〉「朕復子明辟」，爲其顯證。尤其引《書經》的文句，與今本多異，卻多同於以歐陽本爲底本之漢石經，如：〈堯典〉「『橫』被四表」、「『遂』類于上帝」、「蠻夷猾夏，寇賊姦『軌』」，〈甘誓〉「『共』行天之罰」、「『不』用命，戮于社。」此外，羣臣議奏當承莽意立言，自應視爲莽說，覈其倖臣崔發等引〈堯典〉「達四聰」作「通四聰」，及王舜、劉歆議孝武廟不可毀引〈無逸〉殷三宗之次序等，亦皆同於漢石經。故王莽《尚書》師承，史籍雖闕載，然考其引經、說經多同於歐陽家，又以歐陽高曾孫政爲講學大夫，則莽固習歐陽《尚書》學者。然莽亦曾批評大小夏侯二家解說〈堯典〉「六宗」犯了「實一而名六，名實不相應」之弊，夫彼既知大小夏侯之說，必兼習之，如其訓「大麓」爲「大錄」，便取大夏侯說，可爲塙證。由此可知莽受《書》學不專一家。

　　西漢今文歐陽、夏侯三家《書》學，竝源自伏生，故王莽《書》說有淵源於伏生《尚書大傳》者，例如：引《大傳·洪範五行傳》：「言之不從，是謂不艾」，又引〈洪範〉「庶徵」：「曰『艾』，時『陽』若」、「曰『悉』，時『奧』若」及〈堯典〉「南『僞』」，文字皆同於《大傳》。及其訓解「八政以食爲首」，型式承自伏生；並依據《大傳》的說解，自創「蓋藏」一詞替代經文「朔易」；更倣《大傳》所載越裳獻白雉事，示意益州塞外的夷族，自稱「越裳氏」獻白雉一、黑雉二。夫《尚書大傳》，伏生弟子錄集，是以莽說據《大傳》，亦往往契合三家，如：莽定三公之名爲司馬、司徒、司空，既同於《大傳》，亦與歐陽夏侯說無殊。故：莽與今文《尚書》學（特以歐陽家）之淵源深厚，是可以斷定的。

　　又前賢考證爲今文三家異文者，多具有同音或音近而異的特色，此因今文《尚書》學是秦火之後，殘缺不全，由年老的伏生「口授」張生、歐陽生而蔚成，產生同音異文是很合理的事。只是漢人重師法，於是這些同音異文就成爲今文《尚書》傳本之異，故據同音或音近爲異文產生的條件之一，以考查莽所引之《尚書》與今本有異者，追溯其源可以發現漢代今文三家傳本的異文爲數不少，例如：艾與乂、橫被與光被、璇璣與璿璣、遂與肆、姦軌與姦宄等。由此可知宣帝於石渠會議後，別立大小夏侯《尚書》，就其三家異文之多看來，實有其必要性。然自漢宣帝後，大小夏侯雖與歐陽《尚書》始終竝立於學官，第觀莽及其羣臣多據歐陽說；且東漢君主，如：明帝、章帝、和帝、安帝、順帝、桓帝、靈帝皆師承歐陽學者；又刊刻熹平石經更以歐陽

《尚書》爲底本，兩漢《尚書》學似乎呈現歐陽家一枝獨秀的局面。此或因歐陽《尚書》早立於學官，以及小夏侯本出於大夏侯，卻相互攻訐，〔註2〕對於素重師法的漢人而言，不滿其同門相伐，反而較偏好歐陽家專壹的宗風。此外，王莽擬誥與今本〈大誥〉文字之異，雖多爲訓詁代字，亦有不少是所據版本原來如此，故〈莽誥〉的確保存不少漢代傳本之異文。矧其詔令中所言之「巡狩五『嶽』」，及其本〈立政〉「『贅』衣」所置之「大贅官」，又羣臣奏言引〈召誥〉「『翊』日」，其「嶽」、「贅」與「翊」三字，皆爲漢代《尚書》傳本的原貌，足以證今本《尚書》之不古。故莽《尚書》說之於經學文獻貢獻之大，於今知矣！

此外，莽理政治事好取法《尚書》，如：推行三年之喪、嚮往象刑的時代，並用流放四裔、沒入官府爲奴來處罰違令的百姓，甚至爲倣〈無逸〉篇所述殷三宗之序，寧願因承景帝尊孝文廟爲太宗廟之漢制，奏尊孝宣廟爲中宗、孝元廟爲高宗：凡此皆是循古行事。由於莽如此好古、倣古，使得古代幾近重現，故其於古史之保存誠功不可沒。但若進一步歸納莽取法《尚書》諸事，可知他最常模倣周公與虞舜。如：倣〈金縢〉周公告禱、倣周公秉王命所發之〈大誥〉作〈大誥〉、稱劉嬰爲「孺子」是學周公口吻、卜地與營雒是依周公奉王命所行之事；又如：流放劉棻等人、立文祖廟，是皆法舜而爲。取法周公者，欲以公輔佐成王爲其居攝稱皇帝之藉口；又以堯禪位予舜，故莽既自謂舜後，便事事法舜，欲予人以古之唐堯即今之劉漢、昔之虞舜即今之王莽的印象，以便於名正言順地接受漢祚。五經中唯《尚書》記載舜與周公事跡較詳又最古，故莽特別倚重《尚書》者以此。莽性好古，篡漢之後，據《書經》數更官名，卻不採專言官制的《周禮》，彼固以爲《尚書》各篇皆爲當時的文獻，既欲慕從古官，當從最古之書，故莽在行政上特重《尚書》，此又一證也。

莽雖好託古行事，並非純爲倣古，猶有其政治上運作的目的，故其引用《尚書》並不完全基於學術，有時爲了實際的需要，可以突破師說樊籬，今文三家《書》說合己意者恣意取用，不合己意便自創新解；或是假託經書之名，行一己之事，如：改舜巡狩四方，至于四嶽，爲巡狩五嶽。更有甚者，當他需要爲自己的行事在《書經》中找根據而又無所取資時，莽及其羣臣便

〔註2〕《漢書·卷七五·夏侯勝傳·附建傳》云：「（建）自師事勝及歐陽高，左右采獲，又從五經諸儒問與《尚書》相出入者，牽引以次章句，具文飾說。勝非之曰：『建所謂章句小儒，破碎大道。』建亦非勝爲學疏略，難以應敵。」

開始曲解經義，進而作偽，例如：為了使莽能稱帝，不惜曲解《尚書》〈康誥〉、
〈君奭〉之意，甚至偽造〈嘉禾〉逸文，妄稱周公居攝踐阼，常稱王命，用
成私志，不惜汙蔑聖人，此皆為莽引《書》之弊。不過，若無此特殊用意，
莽及其羣臣引《書》亦頗能合乎經義，只需經過存菁去蕪之功，仍然是非常
具有學術價值的。這恐怕是王莽，以及後代賤厭莽者始料所未及的。

參考文獻

本書目分經、史、子、集及單篇論文五部分，經部以下各略依著者時代次其先後。

一、經部著述

1. 〔魏〕王弼等注、〔唐〕孔穎達等疏，《十三經注疏》，臺北：藝文印書館，影印清嘉慶二十年南昌府學刊本。
2. 〔漢〕韓嬰，《韓詩外傳》，臺北：臺灣商務印書館，影印四部叢刊正編本。
3. 〔漢〕戴德，《大戴禮記》，臺北：臺灣商務印書館，影印四部叢刊正編本。
4. 〔漢〕董仲舒，《春秋繁露》，臺北：臺灣商務印書館，影印四部叢刊正編本。
5. 〔漢〕班固、〔清〕陳立疏證，《白虎通疏證》，臺北：復興書局，影印南菁書院清光緒十四年刊皇清經解續編本。
6. 〔漢〕許慎、〔清〕段玉裁注，《說文解字注》，臺北：漢京文化事業有限公司，影印經韻樓本。
7. 〔漢〕鄭玄，《尚書鄭注》，學津討原本。
8. 〔漢〕鄭玄、〔清〕皮錫瑞疏證，《鄭志疏證》，師伏堂叢書本。
9. 〔魏〕張揖、〔清〕王念孫疏證，《廣雅疏證》，畿輔叢書本。
10. 〔唐〕陸德明，《經典釋文》，臺北：漢京文化事業有限公司，影印抱經堂本。
11. 〔唐〕顏師古，《匡謬正俗》，臺北：臺灣商務印書館，影印小學彙函叢書集成初編本
12. 《唐石經尚書》，臺北：世界書局，影印張氏晦忍堂刻本。
13. 〔宋〕陳彭年等，《廣韻》，臺北：廣文書局，影印張氏重刊澤存堂本。

14. 〔宋〕朱熹,《四書集註》,臺北:藝文印書館,影印元吳志忠校刊本。

15. 〔宋〕黃幹,《儀禮經傳通解續》,臺北:臺灣商務印書館,影印文淵閣四庫全書本。

16. 〔宋〕蔡沈,《書集傳》,臺北:世界書局,影印五經讀本。

17. 〔清〕閔齊汲,《六書通》,臺北:文光圖書公司,影印本。

18. 〔清〕戴震,《東原集》,臺北:復興書局,影印學海堂清咸豐十一年補刊皇清經解本。

19. 〔清〕江聲,《尚書集注音疏》,臺北:復興書局,影印學海堂清咸豐十一年補刊皇清經解本。

20. 〔清〕王鳴盛,《尚書後案》,臺北:復興書局,影印學海堂清咸豐十一年補刊皇清經解本。

21. 〔清〕畢沅,《傳經表》,臺北:臺灣商務印書館,影印式訓堂叢書叢書集成初編本。

22. 〔清〕段玉裁,《古文尚書撰異》,臺北:復興書局,影印學海堂清咸豐十一年補刊皇清經解本。

23. 〔清〕孫星衍,《尚書今古文注疏》,臺北:臺灣中華書局,影印四部備要本。

24. 〔清〕王念孫,《讀書雜志》,臺北:世界書局,影印清同治九年金陵書局重刊讀書箚記叢刊本。

25. 〔清〕王引之,《經義述聞》,臺北:復興書局,影印學海堂清咸豐十一年補刊皇清經解本。

26. 〔清〕阮元,《揅經室集》,臺北:復興書局,影印學海堂清咸豐十一年補刊皇清經解本。

27. 〔清〕陳壽祺,《五經異義疏證》,臺北:復興書局,影印學海堂清咸豐十一年補刊皇清經解本。

28. 〔清〕陳壽祺,《左海經辨》,臺北:復興書局,影印學海堂清咸豐十一年補刊皇清經解本。

29. 〔清〕陳壽祺,《尚書大傳輯校》,臺北:復興書局,影印南菁書院清光緒十四年刊皇清經解續編本。

30. 〔清〕馮登府,《漢石經攷異》,臺北:復興書局,影印學海堂清咸豐十一年補刊皇清經解本。

31. 〔清〕陳奐,《公羊逸禮攷徵》,臺北:復興書局,影印南菁書院清光緒十四年刊皇清經解續編本。

32. 〔清〕朱駿聲,《說文通訓定聲》,臺北:藝文印書館,影印本衙本。

33. 〔清〕陳喬樅,《尚書歐陽夏侯遺說攷》,臺北:復興書局,影印南菁書院

清光緒十四年刊皇清經解續編本。

34. 〔清〕陳喬樅,《今文尚書經說攷》,臺北:復興書局,影印南菁書院清光緒十四年刊皇清經解續編本。

35. 〔清〕俞樾,《羣經平議》,臺北:復興書局,影印南菁書院清光緒十四年刊皇清經解續編本。

36. 〔清〕吳汝綸,《尚書故》,臺北:新文豐出版公司,影印清光緒三十年刊尚書類聚初集本。

37. 〔清〕孫詒讓,《周禮正義》,臺北:臺灣中華書局,影印四部備要本。

38. 〔清〕皮錫瑞、〔民國〕周予同注,《經學歷史》,臺北:鳴宇出版社據排印本影印本。

39. 〔清〕皮錫瑞,《尚書大傳疏證》,臺北:新文豐出版公司,影印清光緒廿二年師伏堂刊尚書類聚初集本。

40. 〔清〕皮錫瑞,《今文尚書攷證》,臺北:新文豐出版公司,影印清光緒廿三年師伏堂刊尚書類聚初集本。

41. 〔清〕簡朝亮,《尚書集注述疏》,臺北:新文豐出版公司,影印清光緒廿九年刊尚書類聚初集本。

42. 〔清〕王先謙,《尚書孔傳參正》,臺北:新文豐出版公司,影印清光緒三十年虛受堂刊尚書類聚初集本。

43. 章炳麟,《古文尚書拾遺》,臺北:世界書局,影印章氏叢書續編本。

44. 楊筠如,《尚書覈詁》,臺北:學海出版社,影印北強學社排印本。

45. 董同龢,《上古音韵表稿》,臺北:台聯國風出版社,民國 64 年 11 月影印中央研究院歷史語言研究所單刊甲種之廿一。

46. 董同龢,《漢語音韻學》,臺北:文史哲出版社,民國 68 年 9 月排印本。

47. 屈萬里,《尚書釋義》,臺北:中國文化大學出版部,民國 69 年 8 月排印本。

48. 屈萬里,《尚書集釋》,臺北:聯經出版事業公司,民國 72 年 2 月排印本。

49. 屈萬里,《漢石經尚書殘字集證》,臺北:聯經出版事業公司,民國 73 年 7 月排印本。

50. 錢穆,《兩漢經學今古文平議》,臺北:東大圖書公司,民國 72 年 9 月排印本。

51. 周法高,《中國古代語法─構詞編》,臺北:台聯國風出版社,民國 61 年 3 月影印中央研究院歷史語言研究所專刊之三十九。

52. 王夢鷗,《禮記校證》,臺北:藝文印書館,民國 65 年 12 月排印本。

53. 張以仁,《中國語文學論集》,臺北:東昇出版事業有限公司,民國 70 年 9 月排印本。

54. 程元敏，《中國經學史講義》，手寫複印本。

55. 程元敏，《三經新義輯考彙評（一）——尚書》，臺北：國立編譯館，民國75年7月排印本。

56. 李偉泰，《兩漢尚書學及其對當時政治的影響》，臺灣大學文史叢刊，民國65年6月打字影印本。

二、史部著述

1. 〔周〕左丘明、〔三國吳〕韋昭注，《國語》，臺北：宏業書局，據排印本影印本。

2. 〔漢〕司馬遷、〔劉宋〕裴駰集解、〔唐〕司馬貞索隱、〔唐〕張守節正義，《史記》，臺北：鼎文書局，據排印本影印本。

3. 〔漢〕班固、〔唐〕顏師古注，《漢書》，臺北：鼎文書局，據排印本影印本。

4. 〔漢〕班固、〔唐〕顏師古注，《百衲本漢書》，臺北：臺灣商務印書館，影印北宋景祐刊本。

5. 〔漢〕班固、〔唐〕顏師古注，《漢書》，臺北：臺灣中華書局，影印四部備要本。

6. 〔漢〕班固、〔清〕王先謙補注，《漢書補注》，臺北：藝文印書館，影印長沙王氏校刊本。

7. 〔晉〕司馬彪、〔梁〕劉昭注，《續漢書志》，臺北：鼎文書局，據排印本影印本（附在《後漢書》）。

8. 〔劉宋〕范曄、〔唐〕李賢注，《後漢書》，臺北：鼎文書局，據排印本影印本。

9. 〔晉〕陳壽、〔劉宋〕裴松之注，《三國志》，臺北：鼎文書局，據排印本影印本。

10. 〔唐〕房玄齡等，《晉書》，臺北：鼎文書局，據排印本影印本。

11. 〔唐〕魏徵等，《隋書》，臺北：鼎文書局，據排印本影印本。

12. 〔後晉〕劉昫等，《舊唐書》，臺北：鼎文書局，據排印本影印本。

13. 〔漢〕蔡邕，《獨斷》，抱經堂叢書本。

14. 〔漢〕應劭，《漢官儀》，臺北：臺灣中華書局，影印四部備要本。

15. 〔漢〕荀悅，《漢紀》，臺北：臺灣商務印書館，排印人人文庫本。

16. 〔晉〕常璩，《華陽國志》，函海本。

17. 〔唐〕杜佑，《通典》，臺北：新興書局，影印清武英殿刊本。

18. 〔宋〕司馬光、〔元〕胡三省注，《資治通鑑注》，臺北：世界書局，據排印清胡克家翻刻元刊胡注本影印本。

19. 〔宋〕洪适,《隸釋》,臺北:藝文印書館,影印石刻史料叢書本。

20. 〔清〕王鳴盛,《十七史商榷》,臺北:廣文書局,影印清乾隆五十二年洞涇草堂刻本。

21. 〔清〕趙翼,《廿二史箚記》,臺北:華世出版社,據史學出版社排印本影印本。

22. 〔清〕周壽昌,《漢書注校補》,臺北:臺灣商務印書館,影印史學叢書叢書集成初編本。

23. 〔清〕朱右曾,《逸周書集訓校釋》,臺北:藝文印書館,影印清光緒三年湖北崇文書局刊本。

24. 〔清〕李慈銘,《漢書札記》,越縵堂讀史札記本。

25. 〔清〕姚振宗,《漢書藝文志拾補》,臺北:臺灣開明書店,排印二十五史補編本。

26. 〔清〕姚振宗,《三國藝文志》,臺北:臺灣開明書店,排印二十五史補編本。

27. 譚其驤,《新莽職方考》,臺北:臺灣開明書店,排印二十五史補編本。

28. 楊樹達,《漢書窺管》,臺北:世界書局,民國50年1月據排印本影印本。

29. 李鼎芳,《王莽》,上海:人民出版社,西元1957年8月排印本。

30. 勞思光,《中國哲學史》,香港九龍:友聯出版社,民國69年6月排印本。

三、子部著述

1. 〔先秦〕管仲,《管子》,臺北:臺灣中華書局,影印四部備要本。

2. 〔先秦〕墨翟,《墨子》,臺北:臺灣商務印書館,影印四部叢刊正編本。

3. 〔先秦〕莊周,《莊子》,臺北:世界書局,排印諸子集成本。

4. 〔先秦〕荀況,《荀子》,臺北:臺灣商務印書館,影印四部叢刊正編本。

5. 〔先秦〕韓非,《韓非子》,臺北:臺灣商務印書館,影印四部叢刊正編本。

6. 〔秦〕呂不韋,《呂氏春秋》,臺北:臺灣商務印書館,影印四部叢刊正編本。

7. 〔漢〕劉安、〔漢〕高誘注,《淮南子》,臺北:世界書局排印諸子集成本。

8. 〔漢〕劉向,《說苑》,臺北:臺灣商務印書館,影印四部叢刊正編本。

9. 〔漢〕揚雄,《法言》,臺北:臺灣商務印書館,影印四部叢刊正編本。

10. 〔漢〕王充,《論衡》,臺北:臺灣商務印書館,影印四部叢刊正編本。

11. 〔漢〕應劭,《風俗通義》,臺北:臺灣中華書局,影印四部備要本。

12. 〔漢〕應劭、王利器校注,《風俗通義校注》,臺北:明文書局,民國71年4月排印本。

13. 〔晉〕郭璞,《山海經圖贊》,指海本。

14. 〔唐〕歐陽詢等,《藝文類聚》,臺北:臺灣商務印書館,影印文淵閣四庫全書本。

15. 〔宋〕李昉等,《太平御覽》,臺北:學海堂校刊,清嘉慶十七年歙鮑崇成校宋刻本。

16. 〔宋〕朱熹、〔宋〕黎靖德編,《朱子語類》,日本京都中文出版社,影印明成化覆刻宋黎氏編類本。

17. 〔宋〕王應麟、〔清〕翁元圻注,《困學紀聞》,臺北:臺灣商務印書館排印國學基本叢書本。

18. 屈萬里,《書傭論學集》,臺北:臺灣開明書店,民國 69 年 1 月排印本。

19. 李漢三,《先秦兩漢之陰陽五行學說》,臺北:維新書局,民國 70 年 4 月排印本。

20. 夏長樸,《兩漢儒學研究》,臺灣大學文史叢刊,民國 67 年 2 月打字影印本。

21. 傅佩榮,《儒道天論發微》,臺北:臺灣學生書局,民國 74 年 10 月排印本。

四、集部著述

1. 〔梁〕蕭統編選、〔唐〕李善注,《昭明文選》,臺北:華正書局,新校胡刻宋 2. 本。

3. 〔宋〕洪興祖補註,《楚辭補註》,臺北:藝文印書館,影印汲古閣本。

4. 〔宋〕章樵注,《古文苑》,臺北:臺灣商務印書館,影印守山閣叢書叢書集成初編本。

5. 〔清〕嚴可均校輯,《全上古三代秦漢三國六朝文》,日本京都中文出版社,影印清光緒二十年刊本。

6. 〔清〕馬國翰輯,《玉函山房輯佚書》,臺北:文海出版社,影印清同治十年刊本。

7. 〔清〕黃奭輯,《黃氏逸書考》,臺北:藝文印書館,影印懷荃室本。

8. 王國維,《王觀堂先生全集》,臺北:文華出版公司,影印本。

五、單篇論文

1. 劉節,〈洪範疏證〉,民國 16 年 9 月改定本,收入《古史辨》第五冊。

2. 顧頡剛,〈五德終始說下的政治和歷史〉,民國 19 年 2 月 12 日～5 月 10 日修改本,收入《古史辨》第五冊。

3. 董同龢,〈假借字的問題〉,《學人》第三十六期,民國 46 年 6 月 4 日中央日報。

4. 程元敏,〈論尚書大誥諸篇「王曰」之王非周公自稱（上）〉,《孔孟學報》

第二十八期，民國六十三年九月二十八日出版。

5. 程元敏，〈論尚書大誥諸篇「王曰」之王非周公自稱（下）〉，《孔孟學報》第二十九期，民國 64 年 4 月 20 日出版。

6. 程元敏，〈洛誥義證〉，《國立編譯館館刊》四卷二期，民國 64 年 12 月出版。

7. 許錟輝，〈泰誓疏證之一～先秦泰誓〉，《木鐸》第五、六期合刊，民國 66 年 3 月 2 日出版。

8. 許錟輝，〈今文泰誓疏證〉，《木鐸》第七期，民國 67 年 3 月出版。

9. 許錟輝，〈偽古文泰誓疏證〉，《木鐸》第八期，民國 68 年 12 月出版。

10. 許景元，〈新出熹平石經尚書殘石考略〉，《考古學報》二期，1981 年。

11. 程元敏，〈莽誥大誥比辭證義〉，《國立編譯館館刊》十一卷二期，民國 71 年 12 月出版。

12. 程元敏，〈莽誥商價〉，《書目季刊》十七卷三期，民國 72 年 12 月出版。

13. 程元敏，〈薛綜藝文徵經〉，收入《鄭因百先生八十壽

《詩經》中有關戰爭與戍役詩篇之研究

鄭建忠　著

作者簡介

鄭建忠，祖籍福建惠安，1962 年臺灣台北出生。國立政治大學中國文學系畢業，私立東吳大學中國文學碩士，現任北台灣科技學院通識中心專任講師，德明科技大學兼任講師，專授四技、二技、二專國文及文學欣賞、禪學與生活踐履等課程。曾任大學入學考試中心國文科閱卷委員，並擔任【大學國文】主編（普林斯頓圖書公司）及【大學國文選】編輯委員（五南圖書公司）。研究論文有：詩經中有關戰爭與戍役詩篇之研究【碩士論文】、台灣鄭成功神劍傳說主題研究、周頌「有瞽」詩中之樂器探討、漢代童謠析論、唐代題畫詩中之題馬詩析探。

提　　要

　　《詩經》三百零五篇中，將近有六分之一的詩篇，直接或間接地與戰爭、戍役有關，從周滅殷之前的武裝殖民開始，一直到周亡為止，有周一代幾乎整個時代都充滿著戰爭的煙硝氣息，八百年間持續的戰爭架構出東西周的歷史風貌。《詩經》中有關戰爭與戍役詩篇蘊涵著相當豐富的歷史景象，反映出周代先民的種種情感特徵，確實是中國文學中一個值得深切關注的研究主題所在。

　　本文即以「戰爭」與「戍役」的主題著手切入研究《詩經》，從當時作品的表層記錄中，探究那些周代無名詩人詩歌創作的原始觸發點。

　　第一章中討論了關於周代隨著國力的消長而歷經「征伐」、「平亂」、「禦侮」、「勤王」四種戰爭性質的相關詩歌作品。第二章則是從《詩經》裡直接或間接記載在詩歌作品中分析探究若干重大戰爭事件，例如：周人翦商的牧野之戰、周公平亂的東征以及宣王對抗外族的中興禦侮戰爭。

　　此外在《詩經》中敘及與戰爭、戍役相關的事項相當地多樣化，當時諸多詩作中，敘及戰場上所使用的「兵器與車馬」，周王朝的「兵制與戰陣」、戰爭前後的「祭祀、慶賞與獻俘」；以及軍事活動的「田獵操習」，也在第四章中加以詳細分類討論。

　　第五章則是分類解讀《詩經》中有關戍役詩篇的作品內容，並在第六章中針對戰爭與戍役所引發的詩歌情感，分析歸納出六種不同的情感表現特徵：「愛國」、「非戰」、「征怨」、「歸思」、「懷鄉」、「喜歸」，藉以探討出有周一代人民在戰爭死亡、流離、傷別、困頓、無奈、懷歸的種種折磨下，對戰爭那種愛恨交雜、悲喜交極的錯綜複雜的情緒。

目

次

第一章　緒　論

　　有周一代幾乎整個時代都充滿著戰爭的煙硝氣息，從周滅殷之前的武裝
殖民開始，一直到周亡爲止，八百年間持續的戰爭架構出東西周的歷史面
貌。《詩經》一書固然是一部最早的文學選（總）集，[註1] 但就其現存三百
零五篇詩文內容所透顯的深層內涵來看，它又含蓋了當時社會國家的種種特
徵及現象，詩人們創作詩歌時，在心靈的抒發與情感的詠歎之中，也盡責地
記錄了周代當時許許多多的戰爭史實以及對於戰爭的種種情感表現。讀詩的
價值除了傳統所謂的「興觀群怨」以外，尚可以作爲古代歷史、政治、社會、
民情等研究的資料。若僅從純文學的眼光去賞析，很可能會偏執於對修辭的
研討，卻往往忽略了其中所蘊含非常豐富的史料和訊息，如果相當程度地掌
握住其中的歷史影像，並配合其它與周代有關的經史古籍與金文材料做比對
的研究，定能提昇文學分析解讀的深度，也更能對於《詩經》有更深一層的
認識與提高其研究價值。

　　一般人讀《詩經》大抵皆是以「師摯之始，關雎之亂，洋洋乎盈耳哉！」
[註2] 爲第一印象，更爲所謂「關關雎鳩，在河之洲；窈窕淑女，君子好逑。」

〔註 1〕　大陸學者潘德延在〈魯迅論《詩經》──兼從對比的角度談魯迅與胡適對《詩
　　　　經》的研究〉一文中討論到關於《詩經》的性質，認爲魯迅說《詩經》：「是
　　　　中國現存的最古詩選」（《集外集・選本》）較胡適說《詩經》是：「一部古代
　　　　歌謠的總集」來得科學和確切。見《詩經國際學術研討會論文集》，河北大學
　　　　出版社，1994 年 6 月，第 1 版，頁 665～669。夏傳才《詩經研究史概要》：「要
　　　　明確的第一個基本概念是：《詩經》不是一本經書，而是最古的一部詩歌選集。」
　　　　臺灣萬卷樓圖書公司，民國 82 年 7 月出版，頁 2。
〔註 2〕　《論語，泰伯》篇，《十三經注疏》（八），臺灣：藝文印書館，頁 72。

這種優雅柔美的詩句所吸引，《詩經》中固然有不少關於男女情愛、浪漫抒情的詩作，但並非全是如此。三百五篇之中內容包括有祭祀詩、宴飲詩、史詩、農事詩、戰爭詩、怨刺詩、田獵詩、行役詩……等等〔註3〕，並非全是單一內容的詩作選集。楊牧在其文章〈古者出師——詩經裡的戰爭〉中提及：「詩三百零五篇，和征戰行役有關的作品不下五十，至少佔了整部書的六分之一，這是我們保守的估計。」並認為《詩經》作為中國源頭的詩篇「關於戰爭的描述和反戰情緒的渲洩，其一貫的認知標準昭然若揭。」〔註4〕大陸學者趙沛霖所編著的《詩經研究反思》一書中將「關於戰爭詩」單獨列為一章作討論〔註5〕，這兩篇文章直接改變筆者對《詩經》言情的傳統印象，並引發筆者研究《詩經》中有關戰爭與戍役詩篇的動機。趙沛霖對《詩經》戰爭詩與行役詩有較嚴格定義如下：

> 戰爭詩又可稱為戰事詩，武勛詩，是指那些以戰爭為題材，直接反映戰爭或圍繞戰爭而發展開敘寫的詩歌。

> 行役詩是反映被迫服傜役如修築工事，運送糧械而長期奔波不得安息的詩歌。〔註6〕

本文所論述的主題是「《詩經》中有關戰爭與戍役詩篇之研究」，其範圍及層面自然含蓋較廣，凡《詩經》三百五篇中直接或間接與當時戰爭與戍役有關之詩作，均在本文討論範疇之內，因此本文即根據前述兩者的定義加以擴大其範圍如下：

> 所謂戰爭詩，是指那些以戰爭為題材或背景，直接間接反映戰爭或圍繞戰爭而引發出敘寫的詩歌。

> 戍役詩是反映被迫從事遠戍、征役或服傜役如修築工事，運送糧械

〔註3〕 卞良君在〈《詩經》：中國古代詩歌題材類型的濫觴〉一文中認為：「《詩經》中至少有二十個題材內容類型對後世詩歌產生了深遠影響，它們是：田家詩、風俗詩、諷刺詩、送別詩、哭挽詩、征戍詩、愛情詩、宮怨詩、悼亡詩、田獵詩、俳諧詩、喪亂詩、詠懷詩、格言詩、寓言詩、宴享詩、田園隱逸詩以及壽詩、祭歌等。」《延邊大學學報》（哲社版），1995年4月，頁80～84（複印報刊資料《中國古代、近代文學研究》1996年3月，頁45～49）。

〔註4〕 楊牧〈古者出師——詩經裡的戰爭〉一文見《聯合文學》1985年7月一卷9期，頁9。

〔註5〕 趙沛霖《詩經研究反思》第一部分第五章，天津教育出版社，1989年6月第一版，頁114～144。

〔註6〕 同前註，頁115、116。

　　長期奔波不得安息的詩歌。

在此定義下，我們不難發現《詩經》之中，確實有相當多的篇章直接或間接地與戰爭、戍役有關，不少詩篇除了敘寫戰爭之外，還以很大的篇幅敘寫其他相關於戰爭的內容，例如征人的怨恨，家人的悲苦以及彼此之間的深切思念，這些內容合在一起，其數量往往超過對戰爭的直接敘寫。自然形成了《詩經》戰爭詩內容複雜的特點。

　　有關《詩經》戰爭詩、行役詩的研究論著大多為單篇論文，如趙沛霖的〈詩經戰爭詩思想特徵淺說〉〔註7〕、吳培德〈論詩經中的戰爭詩〉〔註8〕、林祥徵〈築起心的長城——讀詩經戰爭詩札記〉、〈詩經戰爭詩的審美價值〉〔註9〕、李秀雲〈試論詩經的兵役詩、徭役詩〉〔註10〕、李清文〈亂世苦行役、哀怨動古今——試論詩經行役詩的情感特徵〉及〈詩經行役詩的情感及其悲劇美〉〔註11〕；也有從愛國思想為中心議題而涉及到戰爭行役詩的研究，如陳鐵鑌〈論詩經中的愛國思想〉〔註12〕、林祥徵〈詩經中的愛國精神〉〔註13〕、王潛生〈談詩經民歌中的愛國主義〉〔註14〕。各家的解讀大多圍繞在詩文中所表現對戰爭的思想和情感特徵上，並未對《詩經》中有關戰爭與戍役詩有全面的研究和整理，而近年來兩岸針對《詩經》舉辦的大型研討會——「詩經國際學術研討會」和「第一屆經學（詩經）學術研討會」中〔註15〕，除大

〔註7〕　《學術研究》，1988年第三期，頁94～96。

〔註8〕　《雲南師範大學學報》（哲學社會科學版），1989年第四期（總第99期），頁9～19。

〔註9〕　前文見《泰安師專學報》（社科版），1991年一期。；後文見《雲夢學刊》（社科版）（岳陽），1994年4月，頁43～46；（複印報刊資料《中國古代、近代文學研究》，1995年第4期，頁138～141）。

〔註10〕　《松遼學刊》（社會科學版），1992年第二期（總第57），頁38～42；（複印報刊資料《中國古代、近代研究》，1992年第九期，頁30～34）。

〔註11〕　前文見《綏化師專學報》（社會科學版），1986年第二期，頁29～34；後文見《齊齊哈爾師範學報》（哲學社會科學版），1992年第五期（總第81），頁68～72。

〔註12〕　《錦州師範學院學報》（哲學社會科學版），1980年第三期，頁31～37。

〔註13〕　《山東師大學報》（哲學社會科學版），1985年第二期，頁68～73；《泰安師專學報》（社會科學版），1984年第一期，頁1～7；（複印報刊資料《中國古代、近代文學研究》，1985年第九期，頁25～30）。

〔註14〕　《新疆大學學報》（哲學社會科學版）1985年第一期，頁80～88。

〔註15〕　詩經國際學術研討會於1994年8月10日～14日在河北石家莊，由河北師範學院中國詩經學會所舉辦；第一屆經學（《詩經》）學術研討會於民國84年4月30日～5月1日在台北師範大學舉辦。

陸學者李山在詩經國際學術研討會中所提〈從《詩經》戰爭詩看周人的厭戰及其歷史根源〉〔註16〕外，並無其它與本文相關之論文出現。因此，本文即試以這些較爲零星的研究成果爲基礎再與《詩經》時代相近的相關史料著手，例如：《尚書》、《左傳》、《國語》、《竹書紀年》、《史記》……等等，再配合金文之出土材料，透過《詩經》敘及有關戰爭史事的詩篇加以對照參考，試圖勾勒出當時的一部分戰爭史來。並且嘗試從這當中體會出詩人們如何透過詩歌文學來表達他們對於戰爭的情感內涵。

　　《詩經》一書結集了兩千五百年前，從西周初期到東周春秋中期大約五百年間的詩歌創作，在當時戰爭頻仍的時代裡，無論是王公貴族，乃至販夫走卒，全都逃脫不了戰爭的洗禮，做爲有周一代文學代表的《詩經》，雖然有所謂「文辭質樸含蓄，偏於生活與情感上的描寫，很少直揭戰爭的罪惡，批判戰爭的殘酷。」〔註17〕但卻也在與戰爭和戍役詩直接或間接相關詩篇中大量透顯出相當的史料訊息，由此更可以讓我們從相關詩歌作品中，知悉當時詩人的創作緣由及其複雜的情感特徵。當然我國自古以來即以所謂「以德服人」、「崇尚德治」爲主要的政治觀，征討殺伐至少在所謂「王道」的價值觀下是不被鼓勵和頌揚的，因此《詩經》在這樣的文化背景下，縱使當時有再大規模的戰爭場面也是會被避重就輕地淡描過去，而不直接去敘寫戰爭，所以許多詩篇即偏重在描繪當時戰爭前夕，周王朝的顯赫軍威及聲勢或是戰後凱旋宴樂及執醜獻俘的情狀，整個戰爭過程即被省略不談，其實從詩篇中描述的軍容及戰備都可以約略顯露出當時戰況的激烈，更可以從當時的征夫怨婦的情感特徵中，體會出當時連年征戰的悲情。《詩經》中有關戰爭的詩篇與後代如漢魏時期與戰爭有關的詩歌名篇，或是唐代的邊塞詩及杜甫若干征戍詩作，兩相比較之下，各擅其長，甚而後者有因襲《詩經》之詩句及意涵處，做爲中國詩歌長河之源頭者，自有其淵遠流長之意義。

　　因此，本文除在緒論中說明論文寫作的動機目的、研究方法外，即在第二章討論《詩經》相關篇章中所透顯出當時戰爭之性質與起因，企圖歸納出西周時期的「征伐」、「禦侮」、「平亂」，以及東周時期的「勤王」等四種不同階段的戰爭性質與起因，探討這四種引發戰爭的緣起關係與詩歌創作的源始

〔註16〕見《詩經國際學術研討會論文集》，河北大學出版社，1994年6月第1版，頁309～320。

〔註17〕洪讚著《唐代戰爭詩研究》，文史哲出版社，76年10月初版，頁10。

歷程。第三章大抵以西周時代爲主，將《詩經》中提及的重要戰役詩篇做爲討論對象，其中包括第一節是以記載著周人翦商取而代之爲天下共主的「牧野之戰」的幾篇重要詩爲討論的範圍；接著在第二節是討論成王與周公「東征平亂」之戰役的相關詩篇；第三節就以「宣王中興」十二首史詩中有關對外發動禦侮戰爭的相關詩作，探討宣王中興的一代功績，試圖在《詩經》、《左傳》、《國語》之間揄揚逕庭的評價中，找到當時號稱中興的事實本質所在。至於東周春秋初期的作品，戰爭的性質起因則與諸侯間國和國之兼併有絕大部份之關聯，《詩經》中並無記載重大之戰爭事件，故略而不論。第四章則是逐一分類整理「詩經中敘及戰爭之相關事項」，其中包括：第一節器械——兵器與車馬；第二節制度——兵制與編伍；第三節軍禮——慶賞與獻俘；第四節演練——田獵與操習，以期了解當時詩人所見的戰爭器物及制度的文學記錄。第五章則就戰爭所引發的戍役詩篇內容，分爲「征戰」、「戍守」及「勞役」三大部份加以歸類討論。第六章「詩經中戰爭與戍役詩中所表現之情感特徵」企圖以「愛國與非戰」、「閨思與征怨」、「懷鄉與喜歸」三部分來逐一分析詩人對於當時戰爭所引發的種種情感愛惡及在詩中所表達的強烈情緒。

誠如林師慶彰在〈中國台灣近四十年來詩經研究概況〉一文〔註18〕中指出：《詩經》基本問題的探究已到了相當的極限、研究方法缺少變化、研究資料缺乏系統化之整理等，在在都顯現出《詩經》這門學科的困難所在。學生才學淺薄，僅憑對《詩經》的特別興趣，並自大學期間即跟從朱師守亮研習《詩經》至今，深受朱師鑽研精神之感佩，從而嘗試投身該門學科之研究，選定〈詩經中有關戰爭與戍役詩篇之研究〉做爲本文寫作的題目，試圖從戰爭與戍役的角度切入探討《詩經》將近六分之一篇幅的相關詩作，期望對此論題有一全面的分析和歸納，完整架構出《詩經》中有關戰爭與戍役詩篇的情感特徵及文學價值出來。文中所述粗疏、淺陋、失誤處，至祈專家學者不吝賜教並嚴予指正。

〔註18〕同註16，頁27。

第二章 《詩經》中所見戰爭之性質與起因

　　周人在取代殷商而爲天下共主之前，其所發動戰爭之性質與起因皆是與其殖民活動有相當大的關係。在殖民的活動中，周人與外族不斷地互相爭奪勢力範圍及生存空間，於是就有不斷的武裝衝突與磨擦產生，或是周人主動征伐外族，或是爲外族所侵迫，就在這樣的武裝殖民的過程之中，一直到太王、王季和文王三代的經營，周族才逐漸成長茁壯，儲備了征伐商族的實力。

　　牧野之戰，周人成功地擊敗殷商而成爲天下共主，周王朝建立之後，爲鞏固王朝政權，無論對內、對外依舊持續地發動戰爭，戰爭的性質便擴而爲二：一方面是對內進行平息分封諸侯與外族串聯的叛變行動，另一方面是繼續地對外進行武力的擴張，這時期的軍事行動大多集中在成王初期。成王至康王五十年間，天下太平，戰爭因此減少，僅僅發生成王攻淮夷及康王伐鬼方兩次較大的戰役而已。

　　西周中後期的戰爭，從周昭王開始，因周邊的外族勢力不斷擴張，再加上內政不修，於是爆發了周王朝與戎狄蠻夷諸族之間一連串的戰爭，一直到西周滅亡爲止，此間如昭王攻荊楚之戰、穆王西征犬戎之戰、懿孝夷厲諸王與戎族之戰，《詩經》中並未有詩篇明白言及，而史家所稱之「宣王中興」，卻在《詩經》諸多有關戰爭詩篇中著墨最多，佔有極大之份量。宣王大舉對外發動戰爭，史家褒貶不一，但在《詩經》中則用一種頌揚的口吻來看待這場戰爭，宣王中興的戰爭性質，固然有征伐之意味，而實際上是因周族長期倍受外族環伺侵擾後，爲解決西北戎狄、東南淮夷及南方荊楚的邊患所發動

的一連串禦侮戰爭。

西周至幽王被犬所敗，周平王東遷之後正式進入東周，周王朝衰弱，進入所謂「禮樂征伐自諸侯出」的時代，戰爭的起因及性質泰半是諸侯之間的兼併戰爭。《詩經》中有關描寫東周戰爭與戍役詩篇之作品，大多是從情感入手，並未特別標明時間，亦未言及相關戰爭的實際訊息，以致無法從詩之本文中探究其戰爭之性質與起因，故本章的範圍則以西周之相關詩作為主體，討論當時因「征伐」、「平亂」、「禦侮」等等戰爭之性質與起因。

另外由於周代行封建制度，其封國之諸侯擁有自己的武力，但亦有義務為周天子出兵打仗，東周春秋時期《詩經》中出現一種所謂的「勤王」詩，其性質較一般有關戰爭的詩篇來得特殊，因此在本章中亦有相當程度的探討。

第一節　征　伐

杜正勝在《古代社會與國家》中，說明西周封建的特質時，特別強調當時是「征服、殖民和封建三環相扣，缺一不可。」〔註1〕，周族在取代殷商而為天下共主之前，其有關於征服和殖民的事蹟是歷歷可見的。雖然周始祖棄即以善於經營農業而崛起，後受封於邰，至四世公劉時遷居於豳，在遷豳的殖民活動過程中是經過一番征服的，《詩經》中的〈大雅・公劉〉即有描述。此後又經九世，傳之古公亶父，為躲避戎狄之侵擾，又再次遷至岐山下的周原，就在這片肥沃的土地上定居，這期間在混夷、串夷及各色戎族、密人和崇國的強敵環視之下，逐漸壯大，致使許多部族的「歸順」，在《詩經》中亦有記載這一時期周人拓荒墾邊以及征伐其他民族的種種軍事活動。

就同屬周人開國史詩之一的〈大雅・皇矣〉可以明顯地見到周人建國之初，如何征伐對抗外族的戰爭行動，〈皇矣〉一詩是敘述太王、太伯、王季之德，以及文王伐密伐崇之役的詩篇。

在太王、王季和文王三代便在征服與殖民的經營下，逐漸構築了取代殷商的實力。於是在武王遷鎬之後，利用商人忙於用兵東夷之際，乘機聯合庸、羌、髳、微、盧、彭、濮等族在牧野一戰擊垮殷人，取而代之，建立有周一代的王朝，《詩經》中〈大雅・大明〉一篇對此征伐商人的戰爭有極詳細之描述。

〔註1〕杜正勝《古代社會與國家》，臺灣：允晨文化，民國81年10月，頁480。

首先來探討周代在建國之前的征伐行動，在〈大雅·公劉〉一詩中即透露著周之先祖公劉，在遷豳時的一種軍事武裝殖民行動，公劉遷豳前之工作是預先準備好農稼的積儲，做爲經濟的後盾，而後率領著經過武裝殖民的族人，展開部族移殖的活動，所以在詩文的首章就把當時部族的後勤及武裝的種種工作描寫出來：

> 篤公劉，匪居匪康，迺場迺疆，迺積迺倉，迺裹餱糧，于橐于囊，
> 思輯用光。弓矢斯張，干戈戚揚，爰方啓行。〔註2〕

這種大規模的遷族移殖行動是經過多方策畫的，雖然《毛傳》謂此詩係敘述公劉避夏亂而由邰遷豳之詩：

> 公劉居于邰，而遭夏人亂，迫逐公劉。公劉乃避中國之難，遂平西
> 戎，而遷其民邑于豳焉。〔註3〕

而清姚際恆則以《毛傳》說法有誤，認爲此詩係避狄之侵擾而由戎狄之間遷豳：

> 不窋以失官而奔于戎、狄之間，公劉爲不窋之孫，乃自戎狄處遷，
> 非自邰遷也。大王爲狄人所侵，遷岐山，公劉自不安于戎、狄之地
> 而遷之，非迫逐也。〔註4〕

其實如果仔細閱讀〈公劉〉全詩，就不須爭論當時公劉是否有爲戎、狄所迫逐之事情，清方玉潤言此詩：首章言遷都，次相度地勢，三寫民情歡恰鼓舞操作，四即落成而燕飲，殆至五章乃定兵制並立稅法，而後新附日眾設館處之〔註5〕。由以上的分析可見〈公劉〉一詩通篇並未言及戎、狄之事，故亦無

〔註2〕《詩經》《十三經注疏本》（二），臺灣：藝文印書館，頁617。

〔註3〕同註2。

〔註4〕姚際恆認爲：《毛傳》云「公劉居于邰，而遭夏人亂，迫逐公劉。公劉乃避中
國之難，遂平西戎，而遷其民邑于豳焉。」非也。不窋失官而奔于戎狄之間；
公劉爲不窋之孫，乃自戎狄處遷，非自邰遷也。大王爲狄所侵，遷岐山；公
劉自不安于戎狄之地而遷之，非迫逐也。故曰：「匪居匪康」，見《詩經通論》，
臺灣：廣文書局，民國77年10月三版，頁288。

〔註5〕方玉潤分析此詩章節言：「首章將言遷都，先寫兵食具足，是爲民信之本。古
人舉事，不苟如此。次相度地勢。三寫民情歡恰。于時處、于時廬、于時言、
于時語，莫非鼓舞操作氣象，毫無咨嗟怨歎之言。此國之所以日大也。四既
落成而燕飲之。君乃爲之立長分宗，以整屬其民，乃開國大計，非泛然者。
迨至五章，區畫略定，乃定兵制，軍分爲三；並立稅法，糧什取一。民即兵，
兵即民，故並言焉。此寓兵于農之法，千秋軍制，無過乎是。周家世守成規，
有由來矣。至此遷都之事已畢，而更度其夕陽以爲之地者何哉？蓋舊民雖安，

法證實或追究是否當時爲戎、狄所迫之事。在此篇詩文中有關戰爭活動即是首章「弓矢斯張，干戈戚揚」及「其軍三單，度其隰原，徹田爲糧」二段記載的文字，後者類似「寓兵於農」之制度。前者「弓矢斯張，干戈戚揚」二句在現代學者的解讀下有其深刻之看法，如許倬雲先生在其所著《求古篇》中之〈周人的興起及周文化的基礎〉中認爲：

> 公劉是一個部族移殖活動的領袖，率領了武裝的族人，憑藉農業的積儲，開拓了新的疆土，再在新的土地開闢田畝，作更多的儲積，準備進一步的武裝開拓……可以看到這個移殖活動是在有山有岡、有泉有河的地方，也可以看到部族的軍事組織及對於農業的依賴。
> 〔註6〕

其實周的始祖后稷雖以農業起家的，但仍不脫武力征伐的本質，因此要在當時四方外族的環視下，努力生存苦壯，就必須不斷的武裝戰鬥，由此可以約略猜測得到公劉當時是率領著周族，一方面努力從事於農業生產，一方面憑藉著武裝的軍事力量與強鄰對抗，努力擴土逐館，擴充國力，當然這其中少不了的是征伐的軍事行動。

其次若是再觀察同屬周人開國史詩之一的〈大雅·皇矣〉就可以明顯地看到周人建國之初，如何征伐對抗外族的戰爭行動，〈皇矣〉一詩是敘述太王、太伯、王季之德，以及文王伐密伐崇之役的詩篇。此詩共分八章，其中有關戰爭部分的詩章是自第五章起，敘述文王平密須氏侵阮、共二國之事，詩中言及：

> 密人不恭，敢拒大邦，侵阮與共，王赫斯怒，爰整其旅，以按徂旅，
> 以篤周怙，以對于天下。〔註7〕

密須氏係是一姞姓小國，而敢對大邦周國不恭敬，遂而侵略阮、共二國，於是文王乃遏止密須氏之侵略活動，其實這就是一種勢力範圍爭奪的軍事戰爭行動，其目的就是爭取更多的武力、土地、與人民。對於阮、共二小國來看，兩者都是侵略者，均想藉此掌握與控制。詩的第六章則言文王征伐密須：

> 依其在京，侵自阮疆，陟我高岡。無矢我陵，我陵我阿；無飲我泉，

新附日眾，不可不設館以處之。于是更即芮水之外廣爲安置，或夾皇澗，或溯過澗，莫非民居，悉成都邑。豳居之境乃益擴耳。首尾六章，開國宏規，還居瑣務，無不備具。」見《詩經原始》（下），臺灣：藝文印書館，民國70年2月三版，頁1105～1107。

〔註6〕許倬雲《求古篇》，臺灣：聯經出版社，民國78年10月三版，頁61～62。

〔註7〕同註2，〈大雅·皇矣〉一詩見，頁574至頁571。

我泉我池。度其鮮原，居岐之陽，在渭之將。萬邦之方，下民之王。

從此段文字中的「我陵」、「我阿」、「我泉」、「我池」等語，可以看出這是一種武裝戰爭勝利後一篇宣誓主權的公告，而且明白告戒密須氏，周文王才是諸國的「萬邦之方，下民之王」，周人有權可以主宰並管轄其周圍的外族，從此詩所表現出的口吻，在在已顯示出周人已有取代殷商而爲天下共主之野心與實力。甚且周人在發動征伐另一鄰邦崇國的名義上，也以「順應天命」做爲號召，以掩飾其擴張殖民統治範圍的武裝侵略行動。因此在〈皇矣〉詩的第七章中便假藉「天帝」之口稱讚文王是一明德之君，能順帝之則，法乎天道，進而：

詢爾仇方，同爾兄弟。以爾鉤援，與爾臨衝，以伐崇墉。

在此也顯示出周人伐崇時，曾經若干程度地徵詢與國的意見，也就是取得其他鄰國的默許之下，協同其同姓兄弟之國，聯合征伐崇國。詩的末章則敘述伐崇的戰爭情形及經過：

臨衝閑閑，崇墉言言。執訊連連，攸馘安安。是類是禡，是致是附，

四方以無侮。臨衝茀茀，崇墉仡仡，是伐是肆，是絕是忽，四方以

無拂。

此段詩句中有關當時戰爭俘虜及祭祀的相關事項如「執訊馘耳」、「類禡之祭」留待本文第五章「詩經中敘及戰爭之相關事項」中再詳加討論，除此之外，此詩末章描寫周人攻滅崇國的戰爭場面是相當激烈而壯觀的，是《詩經》三百篇有關戰爭詩篇當中少有的直接敘寫當時征伐景象的著名詩篇之一。

此外《詩經》中〈大雅·大明〉一篇即對征伐商人的戰爭有極詳細之描寫，特別是有關牧野一戰的敘述，是《詩經》三百零五篇中對於戰爭場面著墨較多的一首詩作，本文的第三章「詩經中重要之戰爭事件」第一節「肆伐大商的牧野之戰」有專節的討論。

第二節　平　亂

牧野一戰周人在取代殷商而爲天下共主之後，並沒有停止對外征伐的軍事活動，戰爭的狀態仍是持續地進行。武王在牧野之戰後的第二年駕崩，周公繼續輔佐成王東征各族，其間經歷了「三監之亂」的內部反動，面臨的棘手問題便是遭到東方殷遺民所發動的復國運動之反抗，甚而聯合因不滿周公

干政的管、蔡二叔一起叛變作亂。此一叛亂事件的起因，據《周書・金縢》篇云：

武王既喪，管叔及其群弟乃流言於國曰：「公將不利於孺子」。〔註8〕

《史記・周本記》也言及此一叛變原因：

成王少，周初定天下，周公恐諸侯畔周，公乃攝行政當國，管叔、蔡叔群弟疑周公，與武庚作亂，畔周。〔註9〕

歷來學者對於管、蔡聯合武庚叛亂此一歷史事件之起因有相當不同的看法，而葉達雄先生在〈西周文、武、成、康時代的文治武功〉一文之中有相當完備詳細的說明〔註10〕。而在此平亂的過程當中，成王和周公二人都是親身參加這場戰爭。〔註11〕

在《詩經》本文中，言及此次成王與周公粘平叛亂的相關詩篇，有三篇均集中在《詩經・豳風》中，即〈鴟鴞〉、〈東山〉與〈破斧〉，另一篇則是〈周頌・小毖〉共四篇。〈鴟鴞〉一詩是周公東征時，自述其艱苦爲國之詩；〈東山〉一詩爲東征之士，既歸而述懷之作；〈破斧〉一詩爲豳人隨周公東征之士，自述其作戰艱苦而終獲勝利之詩；〈小毖〉一詩則是成王既誅管、蔡，平定亂事後，虛心檢討，懲前毖後，用以自儆之詩。此四篇均是抒情之作，並無戰爭詩中應有的殺伐場面，但是從詩中所流露的情感以及間接地敘及戰爭相關

〔註8〕《尚書》《十三經注疏本》（一），臺灣：藝文印書館，頁188。

〔註9〕《史記》，臺灣：鼎文書局二十五史本，頁132。

〔註10〕葉達雄認爲：成王即位就遭遇到東方殷民族復國運動，再加上管叔、蔡叔的不滿周公而放出謠言，致使局勢呈現出險惡。管、蔡之所以作亂的原因是因爲管、蔡懷疑周公，加上相武庚以治殷，而武庚早有恢復故國之心，只是時機問題，加上剛好武王死，周朝的內部不穩，管、蔡的流言，所以給予武庚及殷遺族的等有機可乘，也就是《左傳》定公四年所說的：「管蔡啓商，惎間王室」而管、蔡是相武庚治殷的，責任所在，因此在這種進退兩難的情況下，只好作亂。見《國立臺灣大學歷史學系學報》第三期，民國65年5月，第17頁～19頁。

〔註11〕葉達雄在〈西周文、武、成、康時代的文治武功〉文中歸納有三種有關誰爲此次戰役主帥問題的說法：一是以周公旦爲主帥者有《荀子・儒效》、《韓非子・說林上》、《商子・賞刑》；二是以成王爲主帥者爲《尚書・序》；三是以周公奉成王之命者爲《史記・周本紀》。葉達雄認爲以上三說，可以說都是事實的一部分，因爲管、蔡之亂與武庚等的復國運動，聲勢浩大，局勢非常的險惡，所以成王親自帥軍前往平定管、蔡的作亂，以澄清流言，一方面派周公直接率軍前往討伐武庚，雙管齊下，等到管、蔡亂平之後，成王在前往伐祿父等東夷。見同註10，頁19～20。

事情的種種，便可以體會到當時周人東征三年的艱辛戰況。本節旨在討論當時戰爭的性質及起因，〈鴟鴞〉與〈小毖〉二詩即爲周人東征平亂一始一末的代表詩篇，故以此二詩爲本節之討論重點，〈破斧〉及〈東山〉二詩則容後在本文第三章「詩經中重要之戰爭事件」中再加以析論。

首先在〈鴟鴞〉一詩中，透過「母鳥築巢護子」的巧妙譬喻，非常委婉而且感人地述說此次東征的行動中，周公艱苦爲國的一番苦心，以及輔弼成王的耿耿孤忠。〈詩序〉言此詩：

> 鴟鴞，周公救亂也。成王未知周公之志，公乃爲詩以遺王，名之曰鴟鴞焉。〔註12〕

朱熹《詩集傳》亦據《周書‧金縢》以及〈詩序〉之說而解此詩言：

> 武王克商，使弟管叔鮮、蔡叔度，監於紂子武庚之國。武王崩，成王立，周公相之。而二叔以武庚叛，且流言于國曰：「公將不利于孺子。」故周公東征三年，乃得管叔武庚而誅之。而成王猶未知周公之意。公乃作此詩以貽王。〔註13〕

綜觀〈鴟鴞〉全詩，盡是危苦之辭，或是周公在東征之時，詩人代周公自述其艱苦爲國之詩，一則指喻周朝當時所處之危難現況，一則藉以表明周公其公忠體國，一心輔主之苦心。〈鴟鴞〉一詩共四章，皆以禽鳥之口，娓娓道出其爲巢、護巢時戒慎恐懼、艱難危苦的心情：

> 鴟鴞鴟鴞！既取我子，無毀我室！恩斯情斯，鬻子之敏斯！
>
> 迨天之未陰雨，徹彼桑土，綢繆牖戶。今汝下民，或敢侮予！
>
> 予手拮据，予所捋荼，予所蓄租。予口卒瘏。曰予未有室家！
>
> 予尾譙譙，予尾翛翛；予室翹翹，風雨所漂搖。予維音嘵嘵。〔註14〕

詩中以大鳥比喻況周公；鴟鴞惡鳥比喻殷後武庚；既取我子之「子」比喻管、蔡二叔；鬻子比喻成王；室家比喻周王室。苦苦哀求之語、未雨綢繆之憂，隱隱可見。詩中更連用「予」字更可見其殷殷爲國之忠，「拮据」、「卒瘏」、「譙譙」、「翛翛」之諸般用語，或可想見周公東征時的戰況艱苦之一面。詩末以「嘵嘵」哀音作結，更可見其隱忍爲國之心情。全詩也間接說明了當時周公

〔註12〕同註2，頁292。
〔註13〕宋朱熹《詩集傳》，「恩斯情斯，鬻子之敏斯」句下註，臺灣：中華書局，民國71年5月臺十一版，頁93。
〔註14〕同註2，〈豳風‧鴟鴞〉一詩見，頁292～294。

對內進行平息分封諸侯與外族串聯的叛變行動的種種苦心。

　　《史記‧周本紀》中也有將此一事件的結果記錄下來：

> 管叔、蔡叔群弟疑周公，與武庚作亂叛周。公奉成王之命，伐誅武
> 庚、管叔，放蔡叔，以微子開代殷後，國於宋。初管、蔡畔周，周
> 公討之，三年而畢定。〔註15〕

〈周頌‧小毖〉一詩是寫成王東征平亂，既誅管、蔡之後，作此詩以自儆。〈小毖〉全文僅一章，大意敘述周人歷經這一場內亂之後得到的教訓是患伏於微而禍發乎所忽，當以此事爲前車之鑑而愼防後患的再度發生。詩之內容如下：

> 予其懲，而毖後患。莫予荓蜂，自求辛螫。肇允彼桃蟲，拚飛維鳥，
> 未堪家多難，予又集于蓼。〔註16〕

〈詩序〉云：「小毖，嗣王求助也。」朱熹《詩集傳》則言：「此亦訪落之意。」均不甚切詩的本意〔註17〕，《鄭箋》則云：

> 始者，管叔及其群弟流言於國，成王信之，而疑周公。至後三監叛
> 而作亂，周公以王命舉兵誅之，歷年乃已，故今周公歸政，成王受
> 之，而求賢臣以自輔助也。

清姚際恆據此而曰：「小序爲謂：『嗣王求助』，集傳謂：『亦訪落之意』，皆近混。此爲成王既誅管、蔡之後，自懲以求助群臣之詩。」〔註18〕詩中並無求賢臣以自輔或求助於群臣之語，惟「自懲」的說法則近詩意。今觀此詩首句「予其懲，而毖後患」意即成王後悔當初聽信管、蔡之流言，竟而誤會周公，導致引發三監之叛亂，幸有周公協助東征，平定亂事，當應痛戒此事，日後定當謹愼行事，以避免再重蹈覆轍，今之成語「懲前毖後」即源於此。

　　成王「懲前」是以「莫予荓蜂，自求辛螫。肇允彼桃蟲，拚飛維鳥」爲喻來說明整個亂事皆由己之自求，就如同自己去曳引毒蜂而招惹刺螫之痛〔註19〕；原爲桃蟲小物而竟使其翻飛而成大鳥。即成王懲戒前事，痛心惡

〔註15〕同註9。

〔註16〕同註2，〈周頌‧小毖〉一詩及下文所引該詩之〈詩序〉、《鄭箋》見頁745。

〔註17〕訪落指的是〈周頌‧訪落〉一詩，該詩之詩旨是成王除喪後，即政而朝於廟，與群臣謀政之詩。朱師守亮於所著《詩經評釋‧小毖》一詩之案語言：「訪落旨在追維皇考孝思，此當係成王即政告廟，乃于廟中與群，臣謀政之詩也。」臺灣學生書局，民國73年10月初版，頁903。

〔註18〕見清姚際恆《詩經通論》，廣文書局，民國77年10月三版，頁347。

〔註19〕胡成拱《毛詩後箋》卷二十八解「莫予荓蜂，自求辛螫。」言：「莫予與自求，文意呼應。莫者，無也。言往日之事，無有挈曳使我爲之者，乃我自求辛螫

己，慎防後患，自儆之語。至於「毖後」則是詩之末二句「未堪家多難，予又集于蓼。」寫經過這場亂事之後，成王自覺年幼未堪處理國家諸多難事而又再陷於辛苦之處境，今後更應當決心謹慎小心為政才是。朱師守亮《詩經評釋》欣賞品評引清牛運震言此詩：

> 一句一折，一聲一痛，披瀝之詞，動人惻隱。三喻錯出，奇極！語語為親者諱，卻自躍然。可想至誠深切，雖隱文諱詞，意思自然明透。不得以艱僻目之。沉痛慘切，居然鴟鴞之志，鍾惺云「創鉅痛深，傷弓之鳴。」古拗奧闢，此為絕調。〔註20〕

〈周頌・小毖〉一詩通篇採取譬喻的方式，其形式和〈豳風・鴟鴞〉一篇的手法極為相像，兩者均涉周人東征平亂之事，一是詩人代周公悽惻之言，敘其艱苦為國之苦心；一是以成王罪己憂苦之語，虛心檢討亂事之因由，並期日後更當謹慎為政，由此二詩可以瞭解管、蔡、武庚之亂對於周之封建政權有極大的威脅和考驗，而成王經由周公的輔政，不但平定了這一場骨肉生變的戰事，更為周朝的封建制度奠定了穩固的基業。

在平亂的過程當中產生了《詩經・豳風》中的〈東山〉、〈破斧〉、〈鴟鴞〉等有關此一平亂戰爭的軍事活動。而蹠武周公之後的還有召公奭、伯禽、伯懋父等人亦持續進行著東征的軍事行動，但在《詩經》中並沒有專章詩篇來敘述此一連串之戰爭事件甚為可惜。

第三節　禦侮

《詩經》有關戰爭詩篇之中，除了周人擴充其領土及勢力範圍而發起的主動征伐戰爭，以及粘平王朝本身內亂的戰爭外，西周中期之後，由於國勢日漸低落，在周王朝四周的各外族伺機進擾中原，一直是周人最大的隱憂，因此還有一種戰爭的性質便是因為要保衛周王朝而抵禦外力侵犯所發動的「禦侮戰爭」。此類的禦侮戰爭也就正是發生在周人與其環伺於四周的外族之間的武裝軍事消長的對抗。西周成康之盛世過後，昭王曾親征荊楚而死於南征途中，穆王亦曾西征犬戎，至夷王曾命虢公帥師伐太原之戎，厲王因暴虐

之害耳。」，見《重編本皇清經解續編》（五），臺灣：漢京文化事業公司，頁3407。

〔註20〕朱守亮《詩經評釋》，臺灣：學生書局，民國73年10月版，頁906～907。

無道，國事日衰，戎狄寇掠日熾。宣王即位後，為解除長期以來的外力侵擾，於是針對長期威脅周王朝的幾個外族發動一連串的征討禦侮行動，希望一舉解決西周久受的四夷交侵之苦。

根據《漢書・匈奴傳》及〈韋元成傳〉之記載：

> 至穆王之孫懿王時，王室遂衰，戎狄交侵，暴虐中國。中國被其苦，詩人始作，疾而歌之，曰：「靡室靡家，玁狁之故。」；「豈不日戒，玁狁孔棘。」至懿王曾孫宣王，興師命將以征伐之，詩人美大其功，曰：「薄伐玁狁，至於太原。」；「出車彭彭」，「城彼朔方」。是時四夷賓服，稱為中興。〔註21〕

> 周室既衰，四夷交侵。玁狁最彊。於今匈奴是也。至宣王而伐之。詩人美而頌之，曰：「薄伐玁狁，至於太原。」〔註22〕

由此可知玁狁之患，於周尤烈，而周宣王這場號稱中興之戰，與周人建國之前多有侵略及擴張勢力的征伐戰爭性質不同，而是一種為保衛家國，抵禦外侮的戰爭。其時宣王所發動的一連串禦侮戰爭其對象並不僅僅只有《漢書・匈奴傳》所提及的玁狁一族而已，還包括荊蠻、淮夷、徐夷。《詩經》著名的戰爭詩中，「宣王中興」的幾場仗役均有專章詩篇詳盡的描寫，亦是研究西周宣王時期的重要參考史料。

本節即就《漢書・匈奴傳》所提及的詩句〈小雅・采薇〉：「靡室靡家，玁狁之故」、「豈不日戒，玁狁孔棘」；〈小雅・六月〉：「薄伐玁狁，至於太原」；〈小雅・出車〉：「出車彭彭」、「城彼朔方」等三首詩來瞭解當時宣王對抗周人最大邊患玁狁的這場周民族的禦侮戰爭。其他有關宣王討伐荊蠻、淮夷、徐夷的詩篇則在本文之第三章「詩經中重要之戰爭事件」之第三節「如震如怒的宣王中興」中再詳加討論。

〈六月〉一詩〈詩序〉云：「六月，宣王北伐也。」〔註23〕，朱熹《詩集傳》解此詩云：

> 成康既沒，周室寖衰，八世而屬王胡暴虐，周人逐之，出居於彘。玁狁內侵，逼近京邑。王崩，子宣王靖即位，命尹吉甫帥師伐之。

〔註21〕《漢書・匈奴傳》，臺灣：鼎文書局二十五史本，頁3744。
〔註22〕同前註〈韋元成傳〉，頁3125。
〔註23〕同註2，〈小雅・六月〉一詩之〈詩序〉及下文所引該詩之詩文，見頁357～360。

有功而歸，詩人作歌以序其事如此。《司馬法》：冬夏不興師，今乃

六月而出師者，以獫狁甚熾，其事危急，故不得已而王命於是出征，

以正王國也。〔註24〕

此詩之可貴在於記錄了當時宣王爲了遏止獫狁侵侮之戰爭史實，從詩之首章
中即已透露出當時獫狁猖狂，邊患孔熾之危急：

六月棲棲，戎車既飭。四牡騤騤，載是常服。獫狁孔熾，我是用急。

王于出征，以匡王國。

敘述當時獫狁的侵擾已趨嚴重，周人因而急遽出師禦侮之情狀，因此點出此
次出征旨在抵禦外侮而非侵奪。詩之二、三章接著描寫當時戰爭前之情景：

比物四驪，閑之維則。維此六月，既成我服。我服既成，于三十里，

王于出征，以佐天子。

四牡脩廣，其大有顒。薄伐獫狁，以奏膚公。有嚴有翼，共武之服，

以定王國。

在此描述了出征當時周王師軍容之威武戒肅、戰馬的強健閑習情景，以及抱
著殺敵禦侮「以定王國」的決心。雖然此次戰事不是宣王親征，但征伐禦侮
出於王命，因此而言「王于出征，以佐天子」。

詩之四、五章寫當時戰爭的實況及尹吉甫帥師出擊，禦侮退敵至於太原
之戰果：

獫狁匪茹，整軍焦穫。侵鎬及方，至於涇陽。織文鳥章，白旆央央。

元戎十乘，以啓先行。

戎車既安，如輊如軒。四牡既佶，既佶且閑。薄伐獫狁，至於太

原，文武吉甫，萬邦爲憲。

當時駐兵焦、穫兩地之獫狁軍力亦非薄弱，其勢力已經侵略到鎬、方二地，
逼近涇陽，顯示周人趨敵疾急之緊張。周師之前鋒戰車旌旗飄揚，衝破敵人
戰線，直驅太原，詩中特別提及當時統領周軍的大將尹吉甫，憑藉著其文武
兼備的英才，一舉擊潰獫狁的侵犯，解除了周人長期備受威脅的局面。清方
玉潤析論此二章詩曰：

迨至四五兩章，乃敘戰事，先言獫狁之猖獗無忌；次寫大將之沖鋒

先行，故一戰而敵退，王乃命將追奔，直至太原而止。蓋寇退不欲

〔註24〕同註13，《詩集傳》，頁114。

窮追也，此吉甫安邊良謀，非輕敵冒進者比。〔註25〕

由於此一戰爭並無侵略征伐之目的，因此詩中提及當時周軍抵禦玁狁侵的軍事行動僅止於太原，並未窮兵黷武地乘勝追擊，應歸屬於禦侮性質。詩之末章則敘其班師凱旋至鎬京，燕飲故舊賢臣喜樂的情狀。詩中描寫出征情狀、禦侮情狀、立功情狀及凱旋情狀，遞婗敘來，層層有秩，詩家均譽此爲「宣王中興」之寶貴史詩。

另〈小雅〉中的〈出車〉一篇，亦是宣王派遣大將南仲征討玁狁，還歸後其自敘之詩，從詩的首章來看，這也是周人抵禦玁狁侵擾的一首禦侮詩作：

我出我車，于彼牧矣，自天子所，謂我來矣。召彼僕夫，謂之載矣。
王事多難，維其棘矣。〔註26〕

此詩開首即以周師兵車聞警而動，出師禦侮之情狀寫起，繼而言承天子之命，集結軍隊，準備軍需，以抵禦玁狁之侵犯，而從「王事多難，維其棘矣」一句中，多少透露出當時玁狁犯邊，兵戎之事的緊急。詩之二、三章，一寫當時征夫出征後的憂勞瘁病；一寫南仲率師禦侮成功：

我出我車，于彼郊矣。設此旐矣，建彼旄矣。彼旟旐斯，胡不旆旆！
憂心悄悄，僕夫況瘁。

王命南仲，往城于方。出車彭彭，旂旐央央。天子命我，城彼朔方。
赫赫南仲，玁狁于襄。

朱熹《詩集傳》言：「兵事以哀敬爲本，而所尙則威，二章之戒懼，三章之奮揚，並行而不相悖也。」〔註27〕，全詩對於戰爭的廝殺戰鬥場面並未做細部描繪，而只是將戰爭的一體兩面：「憂心悄悄，僕夫況瘁」的沉重恐懼與疲憊憔悴，以及「出車彭彭，旂旐央央」、「赫赫南仲，玁狁于襄」軍容聲威與勝利結局，在此二章之中整體呈現出來。至於本詩四、五、六章則寫征夫還歸憶往以及室家思念之情，但從「王事多難，不遑啓居」、「薄伐西戎」、「玁狁於夷」等詩句中亦可以知悉當時周人對於玁狁之戰爭其其目的即在「禦侮」，而非具有主動侵伐的意味。

〈小雅〉中的另一首宣王時期周人禦侮玁狁之詩是〈采薇〉，此詩敘述方式是以當時參與戰役之兵士還歸自詠的口吻，描述其久別家室、遠戍邊疆、

〔註25〕同註5，《詩經原始》，頁786。
〔註26〕同註2，〈小雅·出車〉一詩見頁338～340。
〔註27〕同註13，《詩集傳》，頁107。

歲暮思歸之憂以及作戰時艱苦備嘗，一月三捷，凱旋得歸之心情。〈詩序〉言
此詩之旨爲：

> 采薇，遣戍役也。文王之時，西有昆夷之患，北有玁狁之難，以天
> 子之命，命將帥遣戍役，以守衛中國，故歌采薇以遣之，出車以勞
> 之，杕杜以勤歸也。〔註28〕

屈萬里於《詩經釋義》中言此詩蓋作於宣王之世，舊謂作於文王之世爲非也
〔註29〕。而清姚際恆亦指出〈詩序〉言此詩爲既歸之作，而非「遣戍役」時
之作，二者先後有別。〔註30〕

從〈采薇〉詩之前三章即可得知當時玁狁侵擾尤烈，一直是周王朝的心
腹大患，征夫們爲著保國衛家長期駐守邊陲，阻遏玁狁之進犯：

> 采薇采薇，薇亦作止。曰歸曰歸，歲亦莫止。靡室靡家，玁狁之故。
> 不遑啓居，玁狁之故。
>
> 采薇采薇，薇亦柔止。曰歸曰歸，心亦憂止。憂心烈烈，載飢載渴。
> 我戍未定，靡使歸聘。
>
> 采薇采薇，薇亦剛止。曰歸曰歸，歲亦陽止。王室靡盬，不遑啓處。
> 憂心孔疚，我行不來。

詩中字裡行間如「靡室靡家，玁狁之故」、「不遑啓居，玁狁之故」、「憂心烈
烈，載飢載渴」、「王室靡盬，不遑啓處」等等，在在都顯示出當時周人因玁
狁侵犯之故，無法安居生活，致使不得不發動這場抵禦外侮之戰爭，征伐玁
狁成爲周宣王勵圖中興的最大目標。

金文中的「兮甲盤」、「虢季子白盤」及「不娶盤」〔註31〕與上述的三首
詩有著相當密切的關連，根據白川靜《金文的世界——殷周社會史》中解讀

〔註28〕同註2，〈小雅‧采薇〉一詩之〈詩序〉及下文所引該詩之詩文，頁331～334。

〔註29〕屈萬里，《詩經釋義》言：「此（采薇詩）當是戍役者所自作。又按：玁狁一
名，西周中葉以後始有之，殷末及周初稱鬼方（王國維有說，見所著鬼方昆
夷玁狁考）詩中屢言玁狁，知此乃西周中葉以後之詩；舊謂作於文王時者，
非也。以出車及六月諸詩證之此詩蓋作於宣王之世。」臺灣：中國文化學院，
民國69年9月新一版，頁209。

〔註30〕姚際恆曰：「此戍役還歸之詩。小序謂『遣戍役』，非。詩明言『曰歸曰歸，
歲亦莫止』，『今我來思，雨雪霏霏』等語，皆既歸之詞；豈既方遣即已逆料
其歸時乎！又『一月三捷』，亦言實事，非逆料之詞也。」同註18，頁181。

〔註31〕三器之銘文請參考郭沫若《兩周金文辭大系考釋》，日本東京文求堂書店，昭
和十年8月15日印刷，頁144、104、106。

這三器之銘文認為:「兮甲盤銘」一文首言王親征玁狁,兮甲亦扈從其役,折首執訊有功用獲賜賞。《今本紀年》謂五年夏六月,尹吉甫伐玁狁,至於太原,所指大概就是這件事。由於此次北伐的成功,似乎也使得一旁伺機行動的淮夷受到嚇阻,不敢不遵從王命。於是兮甲受命先行監察成周的貯積狀況;然後遠赴南淮夷徵納供賦。銘文所見雖衹是王之布命,而事實上是吉父已順利達成任務,回返朝廷,作盤以銘其事。辭中的「兮伯吉父」或許就是《詩經》稱的尹吉甫吧!(該器銘文「兮伯吉父」據郭沫若《兩周金文辭大系考釋》認為「即〈小雅·六月〉之『文武吉甫』,伯吉父其字,甲其名,兮其氏,舊亦稱尹吉甫,則尹其官也。」)「虢季子白盤銘」一文形式極近於詩,幾乎都是四字句,且多協韻,或許是有意識地使用詩的形式。其作器之時間據銘文所載為十二年之正月,故征役應該是在前一年進行,(記載虢季子白之北征玁狁);唯史傳均未載及。與「不娶盤」之文有前後相承的關係。「不娶盤」是白氏凱旋後,玁狁失利,似向西遁走。不等奉命追擊,可能進入山陵地帶。雖山道險巇,然所率之車乘終克達成任務,安然歸返,故受虢季子白之賞賜。《詩經·小雅·出車》等討伐玁狁之詩,可能就是歌詠此役的作品。〔註32〕

透過〈小雅〉這三首〈六月〉、〈出車〉、〈采薇〉有關周人抵禦玁狁侵侮之史詩,配合金文中的「兮甲盤」、「虢季子白盤」及「不娶盤」的記載,對於宣王當時與玁狁一族禦侮之戰提供了相當確實的史事記錄,也是日後研究西周史的重要史料之一。

第四節　勤　王

在探討《詩經》中戰爭性質最特殊的要算是所謂的「勤王」詩,周天子本身統有的軍隊包括所謂的「西六師」、「成周八師」,其封國之諸侯雖然亦可以擁有自己的武力,但是名義上仍是效忠於周王朝的,諸侯國是有相當義務為周天子出兵打仗的。

《詩經》三百零五篇中,屬於有關勤王的戰爭詩篇作品有〈秦風·無衣〉及〈曹風·下泉〉二詩。〈秦風·無衣〉是一首秦人勤王從軍之詩,雖然詩中並沒有明顯地指出該場戰役為何,但從詩文本身的內容中可以體會到秦人勇

武壯烈，奮起驅敵的精神。〈詩序〉解此詩言：「無衣，刺用兵也。秦人刺其君好攻戰，亟用兵，而不與民同欲焉。」與詩中表現之內容完全無涉，要完全瞭解〈無衣〉一詩的內容，就不得不先探就當時周朝與秦國之間的關係，朱熹於《詩集傳》言周、秦與西戎三者間的關係：

> （秦）初，伯益治水有功，賜姓嬴氏。其後中潏居西戎以保西垂。六世孫大駱生成及非子，非子事周孝王，養馬於汧渭之間，馬大繁息，孝王封爲附庸而邑之秦。至宣王時，犬戎滅成之族，宣王遂命非子曾孫秦仲爲大夫，誅西戎不克，見殺。及幽王爲西戎所殺，平王東遷，秦仲孫襄公以兵送之。王襄公爲諸侯，曰能逐犬戎，即有岐豐之地，襄公遂有周西都畿內八百里之地。〔註33〕

案：朱熹《詩集傳》係據《史記·秦本紀》的記載，西戎一直是西周至春秋時代侵擾中原的一大邊患，周王朝及其諸侯都捲入這場邊防保衛的戰爭之中，而在最西陲靠近西戎的諸侯國即是秦國，因此秦國自然扮演著保衛周王朝西邊的重要守護角色。秦人從莊公、襄公、文公，一直到秦穆公三十七年「秦用由余伐戎王，益國十一，開地千里，遂霸西戎止。」〔註34〕，秦與西戎的對抗一直就是和周王朝的命運是緊緊地相維繫著的。秦人不僅與西戎是世仇，而且一有「戎禍」，秦人必然打著「王命」的旗號，扮演著「勤王伐戎」的重要角色，因此《詩集傳》云：「王于興師，以天子之命而興師也。」〔註35〕

屈萬里先生認爲「此詩疑詠秦襄公護衛周平王東遷之事」〔註36〕，若是依此解釋對照全詩之內容來看：

> 豈曰無衣，與子同袍。王于興師，修我戈矛，與子同仇。
>
> 豈曰無衣，與子同澤。王于興師，修我矛戟，與子偕作。
>
> 豈曰無衣，與子同裳。王于興師，修我甲兵，與子偕行。〔註37〕

詩中「王于興師」的「王」指的應是周王；「與子同仇」的「仇」指的是犬戎與周有殺幽王之仇，以及與秦有殺秦仲之仇；所以一旦有西戎之患，秦國當然是「與子偕作」、「與子偕行」，一同與周並肩作戰。因此，在糜文開與裴普

〔註33〕 同註13，《詩集傳》，頁74。

〔註34〕 同註9，〈秦本紀〉，頁194。

〔註35〕 同註13，《詩集傳·秦風·無衣》詩「修我戈矛，與子同仇」句，頁79。

〔註36〕 同註29，頁167。

〔註37〕 同註2，〈秦風·無衣〉詩，頁244～245。

賢合著的《詩經欣賞與研究》中指此〈秦風‧無衣〉詩為：「或在秦襄公護衛周平王東遷之年，至襄公、文公伐西戎時，即採作軍歌，用以振作士氣，大為流行。及申包胥秦庭泣師，哀公即賦此以答之。」〔註38〕，清方玉潤《詩經原始》指此詩為「秦人樂為王復仇也」〔註39〕，若直接從詩中所敘述的內容來看，所謂「王于興師」、「與子同仇」、「與子偕作」、「與子偕行」，若解此詩為「秦人勤王從軍之詩」則較為妥切。

　　《詩經》中另一首屬於勤王的詩作是〈曹風‧下泉〉，此詩是〈曹風〉僅有四篇的最後一篇，一般解詩者認為此詩是「曹國貴族傷王室卑微，諸侯小國時有遭受大國欺凌之危機，發為感慨唏噓的哀吟。」〔註40〕，而〈詩序〉云此詩：

> 下泉，思治也。曹人疾共公侵刻，下民不得其所，憂而思明王賢伯也。〔註41〕

朱熹《詩集傳》云：

> 王室陵夷而小國困弊，故以寒泉下流而苞稂見傷為比，遂興其愾然，以念周京也。〔註42〕

糜文開、裴普賢二氏則據「自明人何楷《詩經世本古義》主此詩為曹人美晉荀躒納敬王於成周而作，清人馬瑞辰《毛詩傳箋通識》證其說，今人屈萬里先生《詩經釋義》採納之，遂成新解。」〔註43〕進而斷定此詩為「詠荀躒帥師勤王之作」。糜、裴二氏則依據《春秋左氏傳》魯昭公二十二年（周景王二十五年）至三十二年（敬王十年）彙整個王子朝作亂的始末，即是當時景王死後王子朝因與猛（悼王）爭立太子作亂，而晉荀躒於亂起之年即帥師納悼王於王城，悼王卒，晉立王子丐（匄）為敬王。而王子朝自立於東都王城，晉人欲納敬王入王城而不得，敬王遂居澤，野處於狄泉（即下泉）。晉荀躒率十國聯軍勤王，為築成周城於狄泉以居敬王。王子朝奉周之典籍以奔楚，子朝之亂遂告平定。曹人於魯昭王二十五年、二十七年、三十二年皆參加此次

〔註38〕見糜文開、裴普賢二氏合著之《詩經欣賞與研究》，臺灣：三民書局，民國71年4月六版，頁267。

〔註39〕同註2，《詩經原始》，頁609。

〔註40〕周嘯夫編《詩經鑑賞集成》，臺灣：五南圖書出版公司，民國83年1月初版，頁528。

〔註41〕同註2，〈曹風‧下泉〉一詩之〈詩序〉及下文所引該詩之詩文，頁272。

〔註42〕同註13，《詩集傳‧曹風‧下泉》詩「愾我寤嘆，念彼周京」句下，頁89。

〔註43〕同註38，頁71。

勤王的戰爭〔註44〕，因此糜、裴二氏認為〈下泉〉一詩相當符合這段史實經過：即王子朝之亂，曹國人民被徵調到王畿內去勤王，戍守在成周城之外的狄泉，希望能早日能把天子再送進京師王城，但眼見泉流所經，只有野草叢生，一片荒涼，不禁嘆息，但同時亦讚美勤王軍之統帥郇伯對其為慰勞之情。

〈曹風‧下泉〉詩之本文如下：

> 冽彼下泉，浸彼苞稂。愾我寤嘆，念彼周京。

> 冽彼下泉，浸彼苞蕭。愾我寤嘆，念彼京周。

> 冽彼下泉，浸彼苞蓍。愾我寤嘆，念彼京師。

> 芃芃黍苗，陰雨膏之。四國有王，郇伯勞之。

詩之前三章其實為同一意思，即曹人勤王時看到戍守之地野草因凜冽之泉水而叢生，因此而想念到周王城之京師為作亂的王子朝所佔據；末章即以「芃芃黍苗，陰雨膏之。四國有王，郇伯勞之。」來讚美當時慰勞四方諸國勤王聯軍的統帥荀躒，希望他能早日率領勤王之軍，納周敬王入王城，平定這場亂事。至於詩中之「郇伯」據清王先謙《詩三家義集疏》及馬瑞辰《毛詩傳箋通識》均以郇伯為晉卿荀躒應無疑〔註45〕，郇伯勤王是春秋時代最後一次

〔註44〕 王子朝之亂的勤王之役如二十五年輸粟戍人的黃父之會，二十七年令戍成周的扈之會，三十二年的城成周的狄泉之會《春秋經》都明載著曹國均有參加，所以〈曹風‧下泉〉詩所說的「四國有王，郇伯勞之。」，的確是詠王子朝之亂諸侯勤王之作。

〔註45〕 清王先謙《詩三家義集疏》：「何楷《詩經世本古義》，以為曹人美晉荀躒納敬王於成周而作此詩。《左昭三十二年傳》：天王使告於晉：『天降禍於周，俾我兄弟，並有亂心，以為伯父憂，我一二親昵甥舅，不遑啟處，于今十年，勤戍五年，余一人無日忘之。』自春秋昭二十二年王子朝作亂，至三十五年城成周為十年，與《易林》『十年無王合』。荀伯即荀躒也。美荀躒而詩列曹風者，昭二十五年，晉人為黃父之會，謀王室，具戍人。二十七年，會扈，令戍周。三十二年，城成周。曹人蓋皆與焉，故曹人歌其事。愚案：何氏闡明齊說，深於詩意有裨，今從之。」，北京中華書局，1987年2月第1版，頁504。

清馬瑞辰《毛詩傳箋通識》：「何楷《詩經世本古義》據《易林蠱》之〈歸妹〉云：『下泉苞稂，十年無王荀伯遇時，憂念周京。』，此詩當為曹人美晉荀躒納敬王於成周而作。其說以《春秋》昭二十二年王子朝作亂，至昭三十二年城成周，為十年無王。《左傳》天王使告於晉曰：『天降禍于周，俾我兄弟並有亂心，以為伯父憂。我一二甥舅不遑啟處，于今十年，勤戍五年，余一人無日忘之。』與《易林》「十年無王」合。又以昭二十三年「天王居于狄泉」即此詩〈下泉〉，郇伯即荀躒也。荀即洵郇國之後，去邑稱荀也。稱荀伯者，《左傳》昭三十一年『晉侯使荀躒唁公』，『季孫從知伯如乾侯』，知伯即荀躒

勤王之舉，恰巧〈曹風・下泉〉一詩即記載此曹人美晉荀躒納敬王於成周的勤王之舉。

《史記・周本紀》言：「平王立，東遷於雒邑，辟戎寇。平王之時，周室衰微，諸侯彊并弱，齊、楚、秦、晉始大，政由方伯。」〔註46〕，周平王東遷是周王朝歷史的一個轉折點，由此周代由西周進入東周，也意味標示出周王室從此失去了對諸侯國的控制力，所以在周平王東遷前，所有的戰爭行動基本上是處於「禮樂征伐自天子出」的時期，而在周平王東遷以後，就變成「禮樂征伐自諸侯出」的衰弱時期。因此在《詩經》有關戰爭詩篇中，凡詩作年代被歸爲東周春秋初期的作品，除上述「勤王」之詩作外，戰爭的性質起因則與諸侯間國和國之兼併有絕大部份之關聯。

也。諸荀在晉別爲知與中行二氏，故又稱知伯。荀伯，猶知伯也。美荀躒而詩列〈曹風〉者，昭二十五年晉人爲黃父之會，謀王室，具戍人，二十七年會扈，令戍周，三十二年城成周，曹人蓋皆與焉，故曹人歌其事。」，北京：中華書局，1989年3月第1版，頁443～444。

〔註46〕同註9，《史記・周本紀》，頁149。

第三章 《詩經》中重要之戰爭事件

在前章討論過《詩經》中有關戰爭詩篇中的戰爭性質、起因及對象之後，接著就是研究有周以來的重要戰役，當然其中包括有周人翦商取而代之爲天下共主的牧野之戰；成王與周公東征平亂之戰；以及宣王對外發動禦侮戰爭伐玁狁、荊蠻、淮夷、徐夷的幾場重要戰爭事件。這些重要的戰役，直接影響到整個西周的歷史演變以及周王朝的盛衰發展，在《詩經》中對於這些戰爭事件都有專章的詩篇記載。

周人在武王的率領下，聯合各族的武力，一舉將殷商的政權擊垮，取而代之，開創周朝八百年的基業。這一場牧野之戰，在《詩經·大雅·大明》詩中即有提及，雖然不是通篇描寫有關戰爭的場面，但是仍能看到周人壯盛的軍容，以及戰勝者自負昂揚的語氣。有關此戰爭早期的資料以〈大明〉一詩與《尙書·牧誓》一篇最爲可靠，更可顯現該詩的史料價值，若是配合「利簋」青銅器上之銘文，當可較爲清晰此場戰役之面貌。

在封建體系尙未成熟穩定之際，周人建國後，成王即位，周公輔政，導致當時分封諸侯管叔、蔡叔以及殷之遺族武庚聯合叛變作亂，開啓了周人東征平亂的戰爭，雖然《詩經》相關詩篇當中，並無像〈大明〉一詩那般描寫當時戰爭的實況，但是透過〈豳風〉中的〈東山〉與〈破斧〉二篇還歸述懷之作，仍然可以想見當時東征三年的艱辛及激烈的戰況。周人完成東征一役，完成了國家統一的局面，亦營建東都洛邑將周人的勢力穩固地伸入東方，對於日後周人封建城邦的維持奠定了莫大的堅強基礎。

而後周朝之昭、穆、恭、懿、孝、夷時代與四夷之間或有戰爭，但國勢日趨頹弱，對外大多採守勢，《詩經》中並無獨立的詩篇來特別歌詠這期間之

戰事。繼起之宣王，為重振周王朝之聲威並抵禦長久以來外族四夷的交相侵略，於是發動了一連串的「禦侮戰爭」，在《詩經》中有相當多的詩作是周人歌頌「宣王中興」這幾場對外禦侮的戰爭事件。如〈小雅〉中北伐抵禦玁狁的〈采薇〉、〈出車〉、〈六月〉；〈大雅〉中東伐淮夷、徐夷的〈江漢〉、〈常武〉；南討荊蠻的〈小雅‧黍苗〉、〈大雅‧崧高〉，由此看來，周人是相當重視這場民族禦侮的戰爭，並在《詩經》中大加頌揚並記載此次之戰爭事件。

至於東周時期之詩篇，泰凡言及戰爭之相關詩作，均從征夫思婦之情感描寫入手，對於戰爭之確切時間、地點以及特殊戰役並不在詩文中言及，而後人解詩亦只能從少數詩篇的蛛絲馬跡中瞭解其約略之詩作背景，亦無相關重要之戰爭事件，因此本章僅就上述《詩經》中記錄西周重要戰爭事件的相關詩篇，逐一加以討論：第一節是從〈小雅‧大明〉一詩來探討周人翦商的牧野之戰；第二節透過〈豳風〉中的〈東山〉、〈破斧〉二詩來側面瞭解周公東征的戰事勢況；第三節則以宣王的幾場重要對外戰役來看宣王中興的實際真象。

第一節　「肆伐大商」的牧野之戰

在周文王「三分天下有其二，以服事殷。」的基礎之下〔註1〕，周人取代殷商而為天下共主的霸業，其實已經是指日可待的，周由原來是殷商臣屬的關係而經過長期地武力拓殖，已逐漸壯大成為對抗殷商一股最大勢力。周人在推翻殷人政權之前的準備，早在文王稱王後的七年之中逐步完成，「文王受命，一年斷虞芮之頌，二年伐于，三年伐密須，四年伐畎戎，五年伐耆，六年伐崇，七年而崩。」〔註2〕周文王採取的即是武力兼併的方式迫使其他外族及小國歸服，使得周人滅商的力量儲聚到最豐沛的階段，「牧野之戰」的決勝關鍵即是在前述的基礎下完成的。武王繼位時整個滅殷的時機已趨成熟，加

〔註1〕《論語‧泰伯》，《十三經注疏本》（八），臺灣：藝文印書館，頁72。
〔註2〕《史記‧周本記》：「西伯陰行善，諸侯皆來決平。於是虞、芮之人有獄不能決，乃如周。入界，耕者皆讓畔，民俗皆讓長。虞、芮之人未見西伯，皆慚，相謂曰：『吾所爭，周人所恥，何往為，祇取辱耳。』遂還，俱讓而去。諸侯聞之，曰：『西伯蓋受命之君』。」；「明年（受命二年）伐犬戎，明年（三年）伐密須。明年（四年）敗耆國。殷之祖伊聞之，懼，以告帝紂。紂曰：『不有天命乎？是何能為！』明年（五年）伐邘。明年（六年）伐崇侯虎。兒作豐邑，自岐下而徙都豐。明年（七年），西伯崩。」，臺灣：鼎文書局二十五史本，頁117～118。

上商紂的內政腐虐，殷人已漸反感，《尚書‧微子》：「小民方興，相爲敵讎。」
〔註3〕〈西伯戡黎〉：「今我民罔弗欲喪」〔註4〕，殷王在眾叛親離之下，再加
上《左傳》昭公四年所謂：「商紂爲黎之蒐，東夷叛之。」〔註5〕的外患夾擊，
給予武王建立相當的伐殷良機。武王：「以太公望爲師，周公旦爲輔，召公、
畢公之徒左右王，師修文王緒業。」〔註6〕於是「東觀兵，至於盟津。」，而
當時「諸侯不期而會盟津者，八百諸侯。」，經過這一次的軍事檢閱後，更證
明了周人在政治及軍事上已取得了替代殷人的絕對優勢，於是在「盟津之會」
後的第二年，武王「遂率戎車三百，虎賁三千，甲士四萬五千人，以東伐紂。」
〔註7〕展開了滅殷的這場著名的重要歷史戰役。

　　《詩經》中提及武王伐商的詩篇有三，〈周頌‧武〉言：

　　於皇武王，無競維烈。允文文王，克開厥後。嗣武受之，勝殷遏劉，
　　耆定爾功。〔註8〕

〈魯頌‧閟宮〉言：

　　后稷之孫，實爲大王，居岐之陽，實則翦商。至于文武，纘大王之
　　緒，至天之屆，于牧之野。「無貳無虞，上帝臨女」。敦商之旅，克
　　咸厥功。〔註9〕

此二詩大抵在歌頌文、武二王克殷的功勳，其中所謂的「勝殷遏劉」、「敦商
之旅」，指的就是牧野一戰之事。而有較爲詳細且直接描述當時周人伐商時牧
野之戰的詩篇則是〈大雅‧大明〉一詩。

　　《詩經》中周人著名的開國史詩之一的〈大雅‧大明〉，其中即有描述牧
野之戰當時戰爭的實況，〈大明〉一詩〈詩序〉云：「大明，文王有明德，故
天復命武王也。」〔註10〕，言之過於籠統。朱熹《詩集傳》言：「此亦周公戒
成王之詩」〔註11〕，但詩之內容似無關乎周公勸戒之事。糜文開、裴普賢二

〔註3〕　《尚書‧商書‧微子》，《十三經注疏本》（一），臺灣：藝文印書館，頁145。
〔註4〕　同上註，〈商書‧西伯戡黎〉，頁145。
〔註5〕　《左傳‧昭公四年》，《十三經注疏本》（六），臺灣：藝文印書館，頁731。
〔註6〕　同註2，頁120。
〔註7〕　同註2，頁121。
〔註8〕　《詩經》《十三經注疏本》（二），臺灣：藝文印書館，〈周頌‧武〉一詩見頁737。
〔註9〕　同註8，〈魯頌‧閟宮〉一詩見頁776。
〔註10〕同註8，〈大雅‧大明〉一詩及其詩序見頁540。
〔註11〕宋朱熹，《詩集傳》，臺灣：中華書局，民國71年5月臺十一版，「天位殷適，

氏言此詩「敘武王伐商經過，而以周之有天下，歸功於文王之以德受天命，並追溯及於大任大姒二母之天作之合。」〔註12〕今綜觀〈大明〉全詩其敘述之內容主體分為兩部分：第一部分是追述周德之盛，王季、文王得配太任、大姒而成嘉耦之事；第二部分即是敘述武王伐商，誓師牧野，得天之助而功成。本節討論的部份即首重在〈大明〉詩中有關牧野戰爭的內容。

此詩共分八章從第六章「篤生武王，保右命爾，燮伐大商。」起即開始敘述武王承繼天命以伐大商，第七章寫武王誓師牧野：

殷商之旅，其會如林。矢于牧野：「維予侯興，上帝臨女，無貳爾心。」

詩從殷、周二方在臨戰前的備戰狀況各自寫起，商軍集結重兵，軍旅眾多，會聚如林，洶洶肅殺之氣，一觸即發。而周人在臨戰前的誓師，表現出周人自信上帝監臨，誓言齊心協力，爭取勝利，絕無二心的勇氣及信心。《史記·周本紀》對於牧野之戰雙方之軍力有所描述說：武王有戎車三百乘，虎賁三千人，甲士四萬五千人，而紂王亦發兵七十萬以拒武王，或可提供當時戰爭實況的揣摩〔註13〕，有關牧野之戰的最早可靠資料除「利簋」銘文及《尚書·牧誓》外〔註14〕，即是《詩經·大明》一詩。

詩之第八章則完全從周人發動攻擊的場面及威勢寫起，並贊揚武王伐紂之勝利：

牧野洋洋，檀車煌煌，駟騵彭彭。維師尚父，時維鷹揚。涼彼武王，肆伐大商，會朝清明。

〔註12〕 使不挾四方」句下，頁 177。

〔註12〕 見糜文開與裴普賢合著之《詩經欣賞與研究》（三），臺灣：三民書局，民國70 年 10 月再版，頁 273。

〔註13〕 同註2，「於是武王告諸侯曰：『殷有重罪，不可不畢伐』。乃遵文王，遂率戎車三百乘，虎賁三千人，甲士四萬五千人，以東伐紂。……帝紂聞武王來，亦發兵七十萬人距武王。」頁 121、124。

〔註14〕 杜正勝在其所著《古代社會與國家》中言：「傳統關於牧野之戰的陳述多流於空疏的議論，少具體之實情。即使早期可靠的文獻也只留下〈牧誓〉一篇和〈大明〉兩章而已。〈大明〉但狀軍容之盛，係戰勝者自負昂揚之言；〈牧誓〉則是臨陣軍前的誓師，多激勵士氣的話。對於瞭解這場決定性的大戰，難免『書闕有間』之憾。但新出利簋，文字雖然簡短，卻可以補充文獻之不足。」，允晨文化，民國 81 年 10 月版，頁 317。有關「利簋」銘文與〈牧誓〉兩者之討論，可參考該書之「參、封建政治與社會」之〈牧誓〉反映的歷使史情境」一節中的「一、臨潼利簋的歷史解釋」及〈牧誓〉透露的歷史信息」兩小節（頁 311～322）中有極詳盡之討論。

廣闊的牧野平原上，堅壯高大的戰馬拖曳著明亮輝煌的戰車，衝鋒陷陣，簡單的三句詩文「牧野洋洋，檀車煌煌，駟騵彭彭。」雖然沒有將當時激烈廝殺場面的細部描寫，但是依然仍將這場戰役的浩大聲勢，以及當時殷周二軍交戰時，千軍萬馬激揚奔騰在沙場上奮勇無畏地戰鬥情景，一覽無遺地呈現出來。詩中更以特寫的方式，以鷹飛揚的雄姿來描述了周軍的統帥太師姜尚勇武指揮的形象，正由於周人有如此將帥之賢、師眾之盛以及天命的保佑，終於能夠贏得這場戰爭的勝利。《逸周書‧世俘》記載此場戰役的結果是：「凡憝國九十有九國，馘磿億有十萬七千七百七十有九，俘人三億萬有二百三十，凡服國六百五十有二。」〔註15〕，此記載或屬誇張，但不難想見當時戰事激烈之程度。

　　雖然一般學者將〈大明〉一詩和〈生民〉、〈公劉〉、〈綿綿瓜瓞〉、〈皇矣〉等五篇歸類為史詩，因為這五篇〈大雅〉中的詩作正是反映出周民族從后稷、公劉、古公亶父到文王、武王的開國史蹟，但是就〈大明〉詩中具體描繪武王伐紂過程中關鍵的牧野之戰的敘述，將它視為中國詩歌中描寫戰爭的名篇，實不為過。

第二節　「既破我斧」的周公東征

　　武王滅殷後，對殷人改採懷柔政策，封武庚、祿父以繼承殷祀，另外再分封功臣親戚以鞏固其政權。武王去世，成王即位後，立即遭遇到東方殷遺族的復國運動結合管、蔡二叔不滿周公之輔政而聯合起來叛亂，《尚書大傳》：「奄君蒲姑謂祿父曰：武王既死矣，今王尚幼矣，周公見疑矣，此百世之時也請舉事。」〔註16〕，管、蔡二叔當時的職責是相輔武庚治殷，其所以不滿周公，是因懷疑周公輔政成王時有謀權之虞，因此《周書‧金縢》：「武王既喪，管叔及其群弟乃流言於國曰：公將不利於孺子。」〔註17〕，武庚及殷人之遺族於是利用此次機會發動所謂的叛變行動。

　　《詩經》中言及此次周人東征平亂有關的詩篇有：〈豳風〉的〈鴟鴞〉、〈東山〉、〈破斧〉及〈小雅‧常棣〉、〈周頌‧小毖〉等詩作。前章在討論《詩經》

〔註15〕《逸周書》卷四〈世俘解第四十〉，見《逸周書‧竹書紀年‧越絕書》，臺灣：中華書局，民國55年3月臺一版，頁11～12。

〔註16〕《尚書大傳》卷二，《叢書集成初篇》，臺灣：商務印書館，民國26年12月初版，頁83。

〔註17〕同註3，〈周書‧金縢〉，頁188。

中的戰爭性質及起因時，已瞭解〈豳風〉的〈鴟鴞〉是周公東征平亂時，自述其艱苦爲國之詩，用來解釋其輔政的立場，排除他將不利於成王的流言，並藉以表達其對成王忠耿之心，詩中並無敘及當時東征戰爭的實況。若是要知悉周人東平亂之戰況，或可從〈東山〉及〈破斧〉二詩中去側面瞭解。

〈豳風〉中主要的二首有關周公東征平亂之詩作，一是〈東山〉，一是〈破斧〉，二者皆是當時參加這場東征平亂的征夫，歸而述懷之詩作。前者偏重於描述戰爭結束後，在濛濛寒雨的歸途中所見之情景及至家時所見所感之心情；後者則是偏重於東征之士自述其作戰艱苦，斧破斨缺而終獲勝利之詩。雖然並無當時東征戰場厮殺的場面描寫，但亦不難於二詩的字裡行間嗅到當時戰爭激烈悲壯的氣息。〈東山〉一詩在〈詩序〉及朱熹《詩集傳》的解釋中，認爲是東征三年「美周公」、「勞歸士」之作〔註 18〕，其實就全篇詩意揆之，並未有此一層意涵。

〈東山〉一詩共四章，前二章寫東征之士敘述其戰罷歸途之心情、所見之情景以及家室荒廢之狀：

> 我徂東山，慆慆不歸。我來自東，零雨其濛。我東曰歸，我心西悲。
> 制彼裳衣，勿士行枚。蜎蜎者蠋，烝在桑野；敦彼獨宿，亦在車下。
> 我徂東山，慆慆不歸。我來自東，零雨其濛。果臝之實，亦施于宇。
> 伊威在室，蠨蛸在戶。町畽鹿場，熠燿宵行。不可畏也！伊可懷也。

〔註 19〕

這兩章的詩句完全不從正面著手描寫戰爭，詩中既敘歸途時行軍寒苦之情景、及抵家時乍見家鄉室廬荒廢蕭條之狀，由此便隱約襯托出當時東征三年的艱苦戰況來。特別是首章「我東曰歸，我心西悲」，悲中寓喜，杜甫詩「喜心翻倒極」和「反畏消息來」〔註 20〕，正是此種心境的寫照。而二章之荒涼情況，梁鼓角橫吹曲〈紫騮馬歌辭〉「兔從狗竇入，雉從樑上飛」、「中庭生旅穀，井上生旅葵」〔註 21〕，也正是這種戰後破敗的淒涼景況。這種不從戰爭

〔註 18〕 〈詩序〉言：「周公東征也。周公東征三年而歸，勞歸士，大夫美之，故作此詩」，同註 8，頁 294。《詩集傳》言：「成王既得鴟鴞之詩，又感雷風之變，始悟而迎周公。于是周公東征已三年矣，既歸，因作詩以勞歸士。」，「敦彼獨宿，亦在車下」句下，同註 11，頁 94。

〔註 19〕 同註 8，〈東山〉全詩見頁 294～296。

〔註 20〕 「心翻倒極」一句見杜甫詩〈喜達行在所〉；「反畏消息來」一句見杜甫詩〈述懷〉兩詩見《杜詩鏡銓》，臺灣：華正書局，民國 68 年 5 月版，頁 308 及 310。

〔註 21〕 《宋本樂府詩集》卷二十五，臺灣：里仁書局，民國 73 台北版，頁 365。

殺戮的場面去描寫戰爭，而是從戰爭之後所帶來的淒涼、頹圮、殘破著墨，更讓人怵目驚心，尤其是當征夫返抵家園時，原先溫馨舒適的家竟變成了「果臝之實，亦施于宇。伊威在室，蠨蛸在戶。町畽鹿場，熠燿宵行。」如此瓜蔞纏蔓、蛛網密佈、地蟲橫行，竟然良田上有成群野鹿在漫步，入夜後螢火燐燐這樣的荒涼，怎麼不令人感受到戰爭的無情與殘酷。

　　詩之後兩章描寫妻子在家灑掃待歸，以及憶昔新婚戲語為樂之情景：

　　我徂東山，慆慆不歸。我來自東，零雨其濛。鸛鳴于垤，婦嘆于室。
　　洒埽穹窒，我征聿至。有敦瓜苦，烝在栗薪。自我不見，于今三年。
　　我徂東山，慆慆不歸。我來自東，零雨其濛。倉庚于飛，熠燿其羽。
　　之子于歸，皇駁其馬。親結其縭，九十其儀。其新孔嘉，其舊如之
　　何？

還歸之日，征人近鄉情怯，懷想妻子三年在家「洒埽穹窒」，「有敦瓜苦」的勤苦艱辛生活，不從一己之思念寫起而從妻子「婦嘆于室」的思己入手，與前兩章的敘述方式截然不同，這種變直抒胸臆為以人襯己的情感表達方式，可說是《詩經》閨思作品的特色之一，杜甫〈月夜〉詩「今夜鄜州夜，閨中只獨看，遙憐小兒女，未解憶長安。」〔註22〕正有此詩意味。末章寫征夫想像歸家喜悅之情猶如新婚之際，更戲語反問道：「其新孔嘉，其舊如之何？」三年生離死別的重逢，不言而喻，當然是歡愉喜勝過新婚。這種出人意表的反問方式，似諷似謔，卻又敲動還家情豔之思，此情此景又如杜甫詩「夜闌更秉燭，相對如夢寐。」〔註23〕，歡喜至極又懷有疑懼，正是久別重逢之心情寫照。清姚際恆曰：「末章駘蕩之極，真是出人意表，後人作從詩必描繪閨情，全祖之。」〔註24〕可見此詩為閨思之佳作。龍仿山言此詩：

　　通篇一悲字作線索，首章之悲，悲中有喜。二章之畏，畏亦悲也。
　　前六句皆畏景，即悲景也。三章之歎，婦之悲也。方縷洒掃，而征
　　人聿至，則又當喜。四章之嘉，有喜無悲矣。因此時之熱鬧，思前
　　日之荒涼，可喜何如，皆反對悲字著筆，不致以衰颯了局。通篇情
　　中有景，景中有情，情景兼到，漢魏人猶有其風。〔註25〕

〔註22〕同註20，杜甫〈月夜〉詩，頁293。
〔註23〕同註20，杜甫〈羌村〉詩，頁333。
〔註24〕清姚際恆著《詩經通論》，臺灣：廣文書局，民國77年三版，頁168。
〔註25〕清龍起濤《毛詩補正》卷十四，臺灣：力行書局，（光緒二十五年刻鵑軒刊本），頁747。

此詩通篇四章皆用「我徂東山，慆慆不歸。我來自東，零雨其濛。」四句以悲起興，無怪乎曹操〈苦寒行〉詩言：「悲彼東山詩，悠悠令我哀」〔註26〕，但其結局卻是悲中寓喜，可說是詩經之中有關戰爭詩中歸表達征夫思婦的第一佳作。

〈豳風〉中另一首有關周公東征的詩是〈破斧〉，〈破斧〉一詩的內容是「豳人隨周公東征之士，自述其作戰艱苦而終獲勝利之詩。」〔註27〕〈詩序〉言此詩：「破斧，美周公也。周大夫以惡四國焉。」朱熹《詩集傳》言：「從軍之士以前篇周公勞己之勤，故言此以達其意。」〔註28〕兩者之說皆非是，此詩有三章，每章六句，內容大抵相同：

> 既破我斧，又缺我斨。周公東征，四國是皇，哀我人斯，亦孔之將。
> 既破我斧，又缺我錡。周公東征，四國是吪。哀我人斯，亦孔之嘉。
> 既破我斧，又缺我銶。周公東征，四國是道，哀我人斯，亦孔之休。

〔註29〕

從當時作戰武器斧、斨、錡、銶「既破又缺」的毀損狀況來看，正如唐人邊塞詩所描繪「黃沙百戰穿金甲」般，不難想見當時東征戰事的慘烈和艱辛。戰爭所帶來的恐懼是無法用筆墨來形容的，所謂「哀我人斯」的確透露出親身參與戰場廝殺格鬥的戰士那種悲哀與無奈，金屬所製成的重兵器早已殘缺不堪，更何況是參與戰鬥的血肉之軀！周公東征三年，目的在匡正四國，所幸四國皆已臣服，從軍之士才得以解甲歸家，因此才言「亦孔之嘉」、「亦孔之將」、「亦孔是休」，從末句特別強調「嘉」、「將」、「休」來看，詩人還是慶幸戰爭的結束，戰爭中的出生入死正足以令人畏懼厭煩，從詩的內容來看，大抵是一篇經過三年身經百戰戰士所寫的詩篇。

固然從本節所討論的《豳風·東山》及〈破斧〉兩首詩中，並不能全面地知悉周公三年東征的實際情況，但所謂：「詩者，志之所之也。」從這二詩中，確也吐露了當時戰爭對於征夫思婦複雜情感的牽動，透過這樣的情感表達方式，因而間接地在詩句的字裡行間中，勾勒出當時東征三年的艱苦的戰況來，或也提供了瞭解西周當時除了外患之外的內亂戰爭情勢。

〔註26〕曹操〈苦寒行〉見《古詩源箋注》，臺灣：華正書局，民國72年8月初版，頁132。
〔註27〕朱守亮師《詩經評釋》（上），臺灣：學生書局，民國73年10月版，頁432。
〔註28〕同註11，「哀我人斯，亦孔之將」句下，頁96。
〔註29〕同註8，頁300。

第三節　「如震如怒」的宣王中興

「宣王中興」的功績史家的褒貶不一〔註30〕，依照《竹書紀年》記載宣

王：

> 三年王命大夫仲伐西戎……五年夏六月，尹吉甫帥師伐玁狁至于太
>
> 原。秋八月，方叔帥師伐荊蠻；六年，召穆公帥師伐淮夷，王帥師
>
> 伐徐戎，皇父休父從王伐徐戎次于淮……七年……，王命樊侯仲山
>
> 甫城齊。〔註31〕

宣王的中興事業於此達到了高峰。但是《竹書紀年》更記載著許多宣王的失

政與軍事行動的敗績如：宣王二十九年，因不修藉田禮於千畝，王政復亂；

三十三年，伐太原之戎不克；三十八年王師及晉穆侯伐條戎、奔戎，王師敗

逋；三十九年，伐姜戎戰于千畝而敗逋；四十年料民於太原；四十一年王師

敗于申等事件，又使得朝政復於頹敗，導致傳位幽王後，終致潰崩。若是想

從《史記・周本紀》當中去對宣王中興做一番瞭解，更是無從著手，因為〈周

本紀〉中僅有寥寥數語敘及宣王中興之業：

> 宣王即位，二相輔之脩政，法文、武、成、康之遺風，諸侯復宗周。

其餘即是對於宣王負面之評價：

> 宣王不脩籍於千畝，虢文公諫曰不可，王弗聽。三十九年，戰於千
>
> 畝，王師敗績于姜氏之戎。宣王既亡南國之師，乃料民於太原。仲
>
> 山甫諫曰：「民不可料也。」宣王不聽，卒料民。〔註32〕

所謂「料民」就是征發正卒以外的人民服兵役，周代征發分別為正卒及羨卒，

〔註30〕宣王之政績，褒貶評價不一，如：《左傳》昭公二十六年，謂宣王之時，諸侯
　　　　干政；《列女傳》記載宣王晏起，不勤朝政，後受姜后之諫，終於感悟；《國
　　　　語・周語》載宣王不籍千畝與料民於太原失德之事等等，與〈詩序〉所言揄
　　　　揚宣王功業之事實大相逕庭。

顧炎武《日知錄》卷三〈變雅〉條中：「〈六月〉、〈采芑〉、〈車攻〉、〈吉日〉，宣王中
　　　　興之作。何以為變雅乎？〈采芑〉《傳》曰：『言周室之強，車服之美也。』
　　　　言其強美斯劣矣！觀夫鹿鳴以下諸篇，其於君臣、兄弟、朋友之間，無不曲
　　　　當，而未嘗有夸大之辭。〈大雅〉之稱文武，皆本其敬天誠民之意，至其伐商
　　　　之功，盛矣！大矣！不過曰『會朝清明』而止。然則宣王之詩，不有侈於前
　　　　人者乎？」，臺灣：臺灣商務印書館，民國67年6月臺一版，頁15（第一冊
　　　　下編）。

〔註31〕《竹書紀年》卷下，，該書收錄在《逸周書・竹書紀年・越絕書》合訂一冊
　　　　中，臺灣：中華書局，民國55年3月臺一版，頁9。

〔註32〕同註2，以上所引《史記・周本紀》，見該書頁144～145。

一家兄弟雖多，除一人為正卒之外，其餘為羨卒，正卒是用來擔任戎事之役的，宣王因為南國之師慘敗，兵員折損過多，因此有「料民於太原」的征發行動，也就杜正勝在《編戶齊民——傳統政治社會結構之形成》中所說的「擴大征兵」。〔註33〕

　而「宣王中興」只有在《漢書‧匈奴傳》中才有這樣的說法：

> 至懿王曾孫宣王，興師命將以征伐之，詩人美大其功曰：「薄伐玁狁，至於太原」、「出車彭彭」、「城彼朔方」是時四夷賓服，稱為中興。

〔註34〕

　其實西周宣王時代的武功極為興盛，其重要的戰役包括征淮夷、伐玁狁、討徐方、破西戎。這是西周時代對外發動戰爭最為頻繁的時代，在《詩經》中保存「宣王中興」的史料最為詳盡，其中的重要篇章全部集中在雅詩裡。根據糜文開、裴普賢二氏之研究採納各家之說，歸結出宣王中興重要史詩十二篇並加以繫年：一、〈大雅‧雲漢〉；二、〈小雅‧六月〉〈小雅‧出車〉〈小雅‧采薇〉；三、〈大雅‧崧高〉〈小雅‧黍苗〉〈大雅‧烝民〉〈大雅‧韓奕〉；四、〈小雅‧采芑〉〈大雅‧江漢〉〈大雅‧常武〉；五、〈小雅‧車攻〉〔註35〕。這十二篇的史詩內容如下：〈小雅‧出車〉是歌頌宣王命南仲征伐玁狁之詩；〈小雅‧采薇〉亦是歌頌宣王征伐玁狁之詩；〈小雅‧六月〉是歌頌宣王命吉甫征伐玁狁之詩；〈大雅‧崧高〉宣王封元舅申伯於謝，命召伯虎為之經營，築城建廟，以固南疆之詩；〈大雅‧烝民〉宣王命樊侯仲山甫為齊國築城於東方，充實國力之詩；〈大雅‧韓奕〉宣王經略中原，命韓侯為北國之伯的詩；〈小雅‧采芑〉是既伐玁狁，宣王命方叔南征荊蠻的詩；〈大雅‧江漢〉宣王命召虎平淮夷之詩；〈大雅‧常武〉宣王自將征服淮北徐夷之詩；〈大雅‧雲漢〉宣王祈雨救災之詩；〈小雅‧車攻〉宣王中興復會諸侯於東都雒邑，因而田獵的詩；〈小雅‧黍苗〉宣王封申伯於謝命召穆公代為經營，時人美之的詩。除〈大雅‧雲漢〉外，幾乎每一首詩都跟戰爭有著相當密切的關係，並且保存著相當豐富的宣王中興的史料。

　在這些篇章中所記載的戰爭對象包括玁狁、淮夷、徐夷、荊蠻等外族，都

〔註33〕見杜正勝《編戶齊民——傳統政治社會結構之形成‧第二章第一節，擴大征兵》，聯經出版事業公司，民國79年3月初版，頁50。

〔註34〕《漢書‧匈奴傳》，臺灣：鼎文書局二十五史本，頁3744。

〔註35〕糜文開、裴普賢合著《詩經欣賞與研究》（四）臺灣三民書局，民國73年1月初版，頁419。

是一種民族禦侮的戰爭，本文上一章第三節討論有關禦侮戰爭詩篇中已經將〈小雅〉的〈出車〉、〈采薇〉、〈六月〉等三篇抵禦玁狁侵擾的詩，詳加討論，本節即就其他詩作加以研究，藉以觀察出「宣王中興」的實際歷史眞況來。

首先討論的是〈小雅・采芑〉一詩，〈詩序〉云：「采芑，宣王南征也。」〔註36〕〈采芑〉詩是宣王命方叔將兵南征荊蠻，詩人賦采芑以美方叔，而宣王並非親征。朱熹《詩集傳》言此詩爲：「宣王之時，荊蠻背叛，王命方叔南征。軍行采芑而食，故賦其事以起興。又遂言其車馬之美，以見軍容之盛。」〔註37〕該詩由內容來看，的確是美方叔征伐荊蠻之作。本詩可以視爲一首戰爭詩，但是詩之前三章其實是寫方叔練兵習武，號令嚴明的整齊軍容，並非專寫戰爭：

> 薄言采芑，于彼新田，于此菑畝。方叔涖止，其車三千，師干之試。
> 方叔率止，乘其四騏。四騏翼翼，路車有奭。簟笰魚服，鉤膺鞗革。
> 薄言采芑，于彼新田，于此中鄉。方叔涖止，其車三千，旂旐央央。
> 方叔率止，約軝錯衡，八鸞瑲瑲。服其命服，朱芾斯皇。有瑲蔥珩。
> 鴥彼飛隼，其飛戾天，亦集爰止。方叔涖止，其車三千，師干之試。
> 方叔率止，鉦人伐鼓，陳師鞠旅。顯允方叔，伐鼓淵淵，振振闐闐。

此三章寫的均是方叔率大軍啓行在道，陳師佈陣，整練士卒，威武嚴肅的軍容，詩中並大加著墨當時軍隊車馬、服飾、旌旗之壯盛。內容敘述均偏向戰爭前奏的描繪，並未直接描寫戰場廝殺之情狀，這也就是《詩經》中有關戰爭詩篇中的一種寫作的方式。詩之末章便直接跳敘方叔平荊蠻獲勝凱旋，荊蠻畏威來服之狀：

> 蠢爾荊蠻，大邦爲讎。方叔元老，克壯其猶。方叔率止，執訊獲醜。
> 戎車嘽嘽，嘽嘽焞焞，如霆如雷。顯允方叔，征伐玁狁，荊蠻來威。

戰爭結束了，沒有兩軍對恃、殺伐格鬥的場面，而是通過稱美大軍統帥方叔來表現戰爭的性質，以及顯示出戰爭必然大獲全勝之間接描寫，在後來的史傳文學如《左傳》的若干篇章中就有《詩經》這種敘述戰爭的表現方式。尤其是末章中連續使用了一系列的狀聲詞：「戎車嘽嘽，嘽嘽焞焞，如霆如雷」，用聲音來顯現周人軍隊雷霆萬鈞，銳不可擋的氣勢，自然也可想見當時戰爭的澎湃氣勢。方玉潤評此詩云：「前三章皆言車馬旂幟佩服之盛，而進退有節，

〔註36〕《詩經》《十三經注疏本》（二），臺灣：藝文印書館，〈小雅・采芑〉一詩之〈詩序〉及其詩見，頁361。
〔註37〕同註11，〈小雅・采芑〉「簟笰魚服，鉤膺鞗革。」句下，頁116。

秋毫無犯，禽鳥不驚，是王者師行氣象。然非大將統帥有方，何能如是嚴肅乎？所以每章皆言『方叔率止』，以見節制之嚴耳。」；「故末一章，振筆揮灑，詞色俱厲，有泰山壓卵之勢，又何患其不速奏膚功也耶！」〔註38〕整首詩的氣象從容詳雅、雄武沉厲及軍容將略皆在其中。由此可知〈小雅・采芑〉一詩確實是《詩經》戰爭詩中一首相當出色的作品，與〈六月〉一詩相互輝映，一是北伐玁狁，一是南討荊蠻，同將宣王威禦遠夷、患除肘腋的中興大業寫下了忠實的記錄。

宣王時期對淮夷用兵，在《詩經》之中有〈大雅・江漢〉一詩所詠的「江漢之役」，詩中描述的是召伯虎奉宣王之命，遠征淮夷之軍事行動。〈詩序〉言此詩為：「尹吉甫美宣王也，能興衰撥亂，命召公平淮夷。」〔註39〕朱熹《詩集傳》亦言此詩為：「宣王命召穆公平淮南之夷，詩人美之。」〔註40〕全詩描寫之重點亦如同其他相關戰爭詩作一般，並未著重在戰爭場面之鋪陳，而以稱揚召公之功為詩之主體，有關平定淮夷軍事行動的實際敘述則偏重在詩的前三章：

> 江漢浮浮，武夫滔滔。匪安匪遊，淮夷來求。既出我車，既設我旟，
> 匪安匪舒，淮夷來鋪。
>
> 江漢湯湯，武夫洸洸。經營四方，告成于王。四方既平，王國庶定。
> 時有靡爭，王心載寧。
>
> 江漢之滸，王命召虎，式辟四方，徹我疆土。匪疚匪棘，王國來極。
> 于疆于理，至于南海。

〈江漢〉一詩共六章，上引為詩之前三章，前二章皆以江漢之水汹湧奔流，興起將士武夫之眾多勇猛，銳不可擋。首章兩提淮夷，點明此次用兵之對象專為討伐淮夷，又特標明「匪安匪遊」、「匪安匪舒」，更可以證明當時征伐淮夷是為消除淮夷之禍患的禦侮軍事行動。第二章則直寫「經營四方，告成于王。四方既平，王國庶定。」的軍事戰果，略去征戰的場面，是《詩經》一慣的敘述手法，《詩經鑑賞集成》分析此段指出：

〔註38〕清方玉潤，《詩經原始》（下），臺灣：藝文印書館，民國70年2月三版，頁790及793。

〔註39〕《詩經》《十三經注疏本》（二），臺灣：藝文印書館，〈大雅・江漢〉一詩之〈詩序〉及其詩見頁685。

〔註40〕同註11，〈大雅・江漢〉「匪安匪舒，淮夷來鋪。」句下，頁217。

　　這裡略去征戰場面，還出於另外一種考慮：平定邊亂，不能光靠刀
　　槍，還要靠「文治」。迴避殺伐，正與後面突出其文治之功相應合，
　　以顯示其為大德大仁之人。〔註41〕

在《詩經》有關戰爭的篇章中，其所著重的確在「文治」而非武功，因此在
此詩的末章更是大加讚揚宣王是：「明明天子，令聞不已。矢此文德，洽此四
國。」詩的第三章則是寫召公受委王命以「式辟四方，徹我疆土」，更希望能
「匪疚匪棘，王國來極。于疆于理，至於南海。」將宣王的仁政推展至周王
朝的邊陲。

　　〈江漢〉一詩既是寫周宣王臣召公虎，奉王命征討淮夷之亂，取得勝利
封功受賞。詩的重點卻沒有一處直接描繪召公虎在此次平淮戰爭中的具體表
現，也沒有敘述戰場上英勇殺敵的戰況，卻偏重在戰後宣王對召公虎的策命
及稱頌宣王的文德仁政上，顯然是有意凸顯周代政治對仁德的重視。朱熹《詩
集傳》云：「言穆公既受賜，遂答稱天子之美命，作康公之廟器，而勒王策命
之詞，以考其成。」〔註42〕，言此詩寫作的意圖是召虎平淮建功受到宣王策
命後，作器記恩銘勳以告為祭於家廟。並認為本詩與「古器物銘」「語正相類」，
現今存世之周金文辭「召伯虎簋」，本詩即為其銘文的一部份，或可以進一步
推論本詩的作者即是召公虎本人。〔註43〕

　　〈大雅‧常武〉是敘述宣王親征徐國之詩，〈詩序〉云：「常武，召穆公
美宣王也，有常德以立武事，因以為戒然」〔註44〕《朱傳》云：「宣王自將

〔註41〕周嘯天編《詩經鑑賞集成》（下），臺灣：五南圖書出版公司，民國82年版，
　　　　頁1094。
〔註42〕同註11，〈大雅‧江漢〉「矢其文德，洽此四國。」句下，頁218。
〔註43〕郭沫若認為「召伯虎簋」：「此銘所記與《大雅‧江漢》篇乃同時事，乃召虎
　　　　平定淮夷，歸告成功而作。詩之『告于成王』即此之『告慶』；詩之『錫山土
　　　　田，于周受命』即此之『余以邑訊有司，余典勿敢封』，邑即所受之土田，典
　　　　即所受之命徹冊，『勿敢封』者，謂不敢封存于天府也。詩之『作召公考，天
　　　　子萬壽』，即此之『對揚朕宗君其休，用作烈祖召公嘗殷』，考即殷之借字，
　　　　古本同音字也。『告慶』在六年四月，則出征當在五年末或六年初。據〈兮甲
　　　　盤〉王命兮甲征治淮夷之委積，有『敢不用命，即井戹伐』之語。今本《竹
　　　　書紀年》敘『召穆公帥師伐淮夷及『錫召穆公命』事在宣王六年，與本銘相
　　　　符，蓋有所本。」此器銘文及以上考釋請參閱《兩周金文辭大係考釋‧召伯
　　　　虎‧（其二）〉，日本東京文求堂書店，昭和十年8月15日印刷，頁144～145。
〔註44〕《詩經》《十三經注疏本》（二），臺灣：藝文印書館，〈大雅‧常武〉一詩之
　　　　〈詩序〉及其詩見頁691。

以伐淮北之夷,而命卿士之謂南仲為大祖兼大師而字皇父者,整治其從行之六軍,修其戒事,以除淮夷之亂,而惠此南方之國。詩人作此以美之。」。〔註45〕二者說法,清姚際恆譏其「同為腐儒之見」〔註46〕,該詩是否為召穆公所作,不得而知。但觀詩中以征徐之戰為「既敬既戒,惠此南國」,則兩者亦非為無根之談〔註47〕。此役之對象淮夷,在當時與玁狁同是兩個一再侵擾周人的心腹大患,宋嚴粲云:

> 周興西北,岐豐去江漢最遠,故淮夷最難服,從化則後孚,倡亂則先動。周人經理淮夷,用力最多。成王初年,淮夷同三監以叛,其後又同奄國以叛。伯禽就封,又同徐戎以叛。至厲王之時,四夷交侵,宣王一命吉甫,北方旋定;既命方叔伐荊蠻;其後又後命召公平淮南之夷;又命皇父平淮北之夷。蓋南方之役,至再至三,淮夷未平,則一方倡亂,天下皆危。故至淮夷平,然後四方平。此〈江漢〉、〈常武〉所以為宣王之終事,而繫之宣王〈大雅〉之末也。〔註48〕

因此〈常武〉平徐之役為宣王中興事業成就的最後功蹟,此詩亦遠異於其他戰爭詩,全詩所描寫的內容完全環繞在此次的戰役上,此詩共分六章,每章

〔註45〕同註11,「既敬既戒,惠此南國。」句下,頁218。

〔註46〕姚際恆於《詩經通論》卷十五云:「大序因謂:『有常德以立武事,因以為戒然。』案詩中極誇美王之武功,無戒其黷武意。毛、鄭亦無戒王之說。然則作序者其為腐儒之見明矣。《集傳》於末章云:『言王道甚大,而遠方懷之,非獨兵威然也。序所謂因以為戒者是也。』又其言曰:『詩中無常武字,召穆公特名其篇。』(詩序辨說);《集傳》謂:『詩人作此』;此又依序,謂召穆公作,何也?『蓋有二意:有常德以立武則可,以武為常則不可。此所以有美而有戒也。』故予謂妄序者莫若朱也。蓋喜其同為腐儒之見耳。」,臺灣:廣文書局,民國77年10月三版,頁317~318。

〔註47〕朱子解釋《詩序》「有常德以立武事,因以為戒然。」,進而引申:「蓋有二意:有常德以立武則可,以武為常則不可。此所以有美而有戒也。」並非無稽之解,因〈常武〉一詩之詩名由來自古頗有爭議,該詩之詩文之中並無「常武」二字,又因該詩有美而無戒,而又不知所謂「常德」所指為何?以致眾說紛云,但觀詩文之中有「整我六師,以脩我戎。既敬既戒,惠此南國。」、「赫赫業業,有言天子」、「王奮厥武」、「王猶允塞,徐方既來,徐方既同,天子之功。」等詩文內容所見,描寫的是宣王親征徐方之武事,一方面稱揚稱凱旋勝利之功,一方面又以敬戒為用兵之要務,不以兵毒天下,得止戈為武之義,而民獲其惠,隱以王道為常德。故朱子發揚〈詩序〉之說並無過當之處,或可為何以名為〈常武〉詩作一註腳。

〔註48〕宋嚴粲《詩緝》卷三十一,臺灣:廣文書局(影印黃梅胡今予先生所藏明嘉靖間趙府味經堂刻本),民國49年11月初版,頁12~13。

八句，除次章「命程伯休父」五字外，每句四字，結構相當整齊壯觀，詩可分三部分討論，第一部分爲首二章，寫的是宣王命將遣帥，誓師伐徐的前緒：

　　赫赫明明，王命卿士：南仲大祖，大師皇父。整我六師，以脩我戎。

　　既敬既戒，惠此南國。

　　王謂尹氏，命程伯休父，左右陳行，戒我師旅：「率彼淮浦，省此徐

　　土，不留不處。」三事就緒。

此二章記載著出師前宣王命南仲、皇父、休父三人同爲出征徐方主要統帥之事，並且鉅細靡遺地將當時的情況描述出來：宣王如何地命將、誓師，並如何地整飭告戒軍隊，指示軍事進攻的路線。從詩中言及「既敬既戒，惠此南國」、「率彼淮浦，省此徐土，不留不處。」知悉宣王更囑咐不得擾民並於平定徐方後不長據其地，正可見此一戰爭的性質應非侵伐而含有一種禦侮懲戒的意味存在。

　　第二部分敘述王師勇武強盛，威震徐方的情形：

　　赫赫業業，有嚴天子，王舒保作。匪紹匪遊，徐方繹騷。震驚徐方，

　　如雷如霆，徐方震驚。

　　王奮厥武，如震如怒。進厥虎臣，闞如虓虎，鋪敦淮濆，仍執醜虜。

　　截彼淮浦，王師之所。

　　王旅嘽嘽，如飛如翰，如江如漢。如山之苞，如川之流。綿綿翼翼，

　　不測不克，濯征徐國。

這三章在描繪戰爭的用筆上可以說是氣吞山河，千鈞萬力，是《詩經》之中描寫戰爭最爲精彩的一首，無論是寫宣王的英武雄姿，或是寫王師的作戰威力，都是讓人驚心動魄，血脈賁張。尤其詩中連用十一個「如」字來將當時整個戰爭的震懾氣勢表現出來，最是令人目眩神疑，難怪乎朱師守亮特言：

　　詩則寫王師之嚴明、威武、壯盛，特重其筆。曰「赫赫明明」，曰「赫

　　赫業業」，曰「綿綿翼翼」。又恐描繪之不足，特用十一如字，措語

　　之精，振古無倫。〔註49〕

第三部分則是詩的末章，述徐方業已臣服，王師旋歸：

　　王猶允塞，徐方既來。徐方既同，天子之功。四方既平，徐方來庭。

　　徐方不回，王曰：「還歸。」

在此章之中寫宣王平徐凱旋歸來，特別一再提及「徐方既來」、「徐方既同」、

─────────────

〔註49〕朱守亮《詩經評釋》（下），臺灣：學生書局，民國73年10月版，頁850。

「徐方來庭」、「徐方不回」，表示宣王在此一戰即將徐方徹底擊潰使其來朝稱臣的彪炳戰功，並以「王曰旋歸」一句作結，呼應第二章「率彼淮浦，省此徐土，不留不處。」更達到了原先發動此場戰爭的戰略目地。因此《詩經欣賞與研究》一書引牛運震總評此詩曰：

> 敬戒允塞，王詩無敵之本，開端拈「惠此南國」爲主，而以「王曰旋歸」終之。仁人不以兵毒天下之意，隱然可見。序謂因以爲戒，深得其旨。始則揚兵以懾之，既乃據險厚陣以克之。已克，則屯兵以待其服。既服則振旅去之。此征徐用兵次序也。挨順寫來，井井可指。雄大藏於沉渾，是軍旅詩卻無旗鼓兵戈氣。〔註50〕

因此也可以理解何以〈詩序〉會標美宣王「有常德以立武事」，而朱子更將此詩譽爲「王道之作」〔註51〕，隱然可知。

宣王中興《史記·周本紀》只記載著：「宣王即位，二相輔之脩政，法文、武、成、康之遺風，諸侯復宗周。」若非在大小雅詩之中保存著：〈小雅·六月〉、〈出車〉、〈采薇〉詠宣王征伐西北之事；〈大雅·崧高〉、〈烝民〉、〈韓奕〉、〈小雅·黍苗〉敘宣王經略中原地區之事；再加上〈小雅·采芑〉、〈大雅·江漢〉、〈常武〉詠宣王平定東南之事，其中興之事績如北逐獫狁、南討荊蠻、平定淮夷等戰役，以及吉甫、南仲等名將之戰功，則永遠無法令人理解事實之眞象。若將此十首宣王中興之詩比擬大雅〈生民〉、〈公劉〉、〈綿〉、〈皇矣〉、〈大明〉等五篇之周朝開國史詩，則其保存周代歷史之價值意義幾乎是等同，而且更爲「宣王中興」此一事實做了詳實的歷史記錄。

李澤厚在《美的歷程》一書中指出：「『詩言志』的最早意義實際上是『載道』『記事』，詩本來是一種氏族、部落、國家的歷史性、政治性、宗教性的文獻，並非個人的抒情作品。〈大雅〉和〈頌〉就帶著有這種性質和痕跡。」〔註52〕特別是將宣王中興的十首史詩集中討論，就可以明顯地看出這樣的「文獻」意義來，所以《詩經》不僅僅是有周一代的文學代表，更飽含著豐富的歷史性、政治性、宗教性的文獻價值。

〔註50〕糜文開、裴普賢二氏合著《詩經欣賞與研究》（三），臺灣：三民書局，民國7年10月再版，頁418。

〔註51〕朱熹解「王猶允塞」之「猶」字爲「道」，更言此詩「言王道甚大，而遠方懷之，非獨兵戚然也。」隱然以王道爲常德。同註11，〈大雅·常武〉「徐方不回，王曰還歸。」句下，頁219。

〔註52〕李澤厚《美的歷程》，臺灣：元山書局，民國73年11月版，頁58。

第四章　《詩經》中敘及戰爭之相關事項

　　一場戰爭的發動，其所需的兵員、車馬，武器是非常龐大的，而在戰爭發動之前的兵制徵集及戰陣訓練都是不可忽略的。在《詩經》中有關戰爭的詩篇裡，我們不難從中直接或間接地發現到敘及戰爭中所使用的車馬、兵器以及平日的田獵操習和當時的戰陣兵制，亦有敘及戰爭勝利後所舉行的慶賞典禮及獻俘儀式，都可以窺見當時戰爭的種種風貌，亦對於探討周代軍事活動有更深一層的認識。

　　本章試圖在討論《詩經》中的戰爭相關事項，逐一分類整理，以期了解當時詩人所見的戰爭器物及制度的記錄，本章即就此討論內容分為四節：第一節「器械——兵器與車馬」、第二節「制度——兵制與編伍」、第三節「軍禮——慶賞與獻俘」第四節「演練——田獵與操習」。

第一節　器械——兵器與車馬

　　「國之大事，在祀與戎。」商周時期是我國青銅器最發達的時代，因此青銅即用來鑄造當時祭祀用的禮器及戰爭所使用的兵器，周代戰爭頻仍，因此各式兵器紛出，以適應各種戰爭之需要，在《詩經》三百五篇之中，出現的兵器極多，因此藉由研究《詩經》中的兵器，或更可以瞭解當時戰場上廝殺的利器及其戰爭的情況。根據《詩經》相關詩篇中記載當時出現的武器如下：

干　：〈周南・兔罝〉：「公侯干城」

干戈：〈大雅・公劉〉：「干戈戚揚」

　　　〈周頌・時邁〉：「載戢干戈」

殳　：〈衛風‧伯兮〉：「伯也執殳」

　　　〈曹風‧候人〉：「何戈與祋」

矛　：〈鄭風‧清人〉：「二矛重英」、「二矛重喬」

　　　〈秦風‧小戎〉：「厹矛鋈錞」

　　　〈秦風‧無衣〉：「修我戈矛」、「修我矛戟」

弓矢：〈秦風‧小戎〉：「虎韔鏤膺，交韔二弓」

　　　〈齊風‧猗嗟〉：「四矢反兮」

　　　〈大雅‧抑〉：「弓矢戎兵」

　　　〈小雅‧車攻〉：「弓矢既調」、「舍矢如破」

　　　〈小雅‧吉日〉：「既張我弓」、「既挾我矢」

　　　〈小雅‧采薇〉：「象弭魚服」

　　　〈小雅‧彤弓〉：「彤弓弨兮」

　　　〈大雅‧公劉〉：「弓矢斯張」

　　　〈周頌‧時邁〉：「載櫜弓矢」

　　　〈魯頌‧泮水〉：「角弓其觩、束矢其搜」

盾　：〈秦風‧小戎〉：「蒙伐有苑，龍盾之合」

鎧甲：〈秦風‧無衣〉：「修我甲兵」

鉤援：〈大雅‧皇矣〉：「以爾鉤援」

刀　：〈大雅‧公劉〉：「鞞琫容刀」

斧斨：〈豳風‧破斧〉：「既破我斧，又缺我斨」

錡　：〈豳風‧破斧〉：「又缺我錡」

銶　：〈豳風‧破斧〉：「又缺我銶」

　　由於商周青銅兵器的項目多而繁瑣，因此研究商周青銅器的諸家在分類兵器時則或有不同，根據《故宮青銅兵器圖錄》的分類方式，該書將當時之兵器分為四類：第一類是長兵，須要安裝木柲始可完成其功能，如戈、戟、鈹、矛、大刀、殳、鉞等，當敵人在適度距離時使用；第二類是短兵，全器不須安裝木柲即可使用，如劍、刀以備短兵相接之用。第三類遠射武器，如鏃、弓形器等以攻擊遠距離的敵人；第四類防禦武器，如甲冑等〔註1〕。以此將上述《詩經》中出現的兵器如干、殳、矛、厹、戈、戟、鉞、矢、弓、盾、

〔註1〕《故宮青銅兵器圖錄》，國立故宮博務院編輯委員會編輯，民國84年，頁29。

鉤援、刀、斧、斨、錡……等等加以分門別類，均包括在此四項之中，由此可得知在當時的武器裝備上無論在遠射、格鬥、防護，乃至近距離的肉搏上，均有相當完備種類的兵器提供，而從詩文中出現如此多項的兵器的記載，更可以想見當時的確是一個戰爭頻繁時代。

在戰國以前，車戰一直是戰爭中決定勝負的主要關鍵，也是當時最主要的作戰方式，武王滅殷時的牧野之戰，其主要的戰鬥力即是「戎車三百乘」，而宣王南征荊蠻所憑藉的也是「其車三千」、「如霆如雷」的強大兵車陣容，在《詩經》中提及出現有關戰爭的兵車的詩篇如下：

〈王風・大車〉：「大車檻檻」、「大車嘽嘽」

〈秦風・小戎〉：「小戎俴收，五楘梁輈」

〈小雅・采薇〉：「戎車既駕」

〈小雅・出車〉：「我出我車」、「出車彭彭」

〈小雅・六月〉：「戎車既飭」、「元戎十乘」、「戎車既安」

〈小雅・車攻〉：「我車既攻」、「田車既好」

〈小雅・吉日〉：「田車既好」

〈大雅・大明〉：「檀車煌煌」

〈小雅・采芑〉：「其車三千」、「路車有奭」、「戎車嘽嘽」

〈大雅・皇矣〉：「與爾臨衝」、「臨衝閑閑」、「臨衝茀茀」

〈大雅・抑〉：「脩爾車馬」

〈魯頌・泮水〉：「戎車孔博，徒御無斁」

根據大陸學者高銳的《中國上古軍事史》認為：兵車，在形制上，西周基本上是沿襲商代的，仍然是獨轅（輈）、方箱、兩輪、四馬駕駛。而所謂的「戎車」、「攻車」就是在車的重要關鍵部位如輪軸、轅、軛、等部位以青銅鑄件加以保護加固或裝飾，金文稱此種兵車為「金車」。並指出周代的兵車種類增多，除供進攻用的「輕車」外，還有供防禦用的「廣車」；有圍以皮革來遮蔽矢石的「苹車」；有指揮用的「戎車」；有攻城用的「臨車」、「衝車」；有裝器物用的「輦」〔註 2〕。《詩經》中的兵車由上列的詩篇來看應該不出此一範圍，至於用來載運軍需器物或緇重的「輦車」在〈小雅・黍苗〉：「我任我

〔註 2〕見高銳著《中國上古軍事史》，北京：軍事科學出版社，1995 年 8 月第 1 版頁 81～82。

輦，我車我牛」的記載，則是以人力或牛隻拉挽的車輛。

兵車敏捷迅速而具有爆發力的動力來源是馬匹，在《詩經》之中提及馬匹的篇章相當的多，除了〈周南・卷耳〉一詩「我馬虺隤」、「我馬玄黃」、「我馬瘏矣」及〈小雅・杕杜〉「檀車幝幝，四牡痯痯」〔註3〕形容馬疲苦於征役之外，在其它篇章之中大多是以奕奕有神、昂揚奮發的姿態出現，如：〈鄭風・清人〉、〈秦風・小戎〉、〈小雅・采薇〉、〈小雅・四牡〉、〈小雅・皇皇者華〉、〈小雅・節南山〉、〈小雅・北山〉、〈大雅・抑〉、〈大雅・崧高〉、〈大雅・韓奕〉、〈大雅・烝民〉等等……。原來周代之戰爭型態即是以車戰爲主，因此車與馬的結合，即成爲周代當時最重要的戰爭工具。《詩經》中出現車馬的詩篇極多，藍永蔚在其所著《春秋時期的步兵》中有春秋時期「戰車分類」一節，以及韓國學者林奉仙在其論文〈詩經用車、馬研究（馬之部）〉中有詳細之專論可供參考〔註4〕，在此不贅述。

《詩經》中〈秦風・小戎〉是一篇舖陳兵車器械相當著名的詩作，〈詩序〉言：「小戎，美襄公也。備其兵甲，以討西戎。西戎方彊，而征伐不休，國人則矜其車甲，婦人能閔其君子焉。」〔註5〕此詩之內容並不如〈詩序〉所言如此的複雜，簡單言之，即爲「秦人西征，其婦念之之詩」，全詩僅三章，雖以婦人思念其征夫的情感爲詩的主軸，但每章前六句寫車馬之盛壯，人員之驕桀，兵器之精銳，三百篇中敘述車馬戰具之詳細，無能出其右者，後四句才寫婦人思念征夫之心情。於情思語中直敘壯盛軍容者，爲其他戍役詩篇所無，〈秦風・小戎〉一詩之全文如下：

> 小戎俴收，五楘梁輈，游環脅驅，陰靷鋈續，文茵暢轂，駕我騏馵。
>
> 言念君子，溫其如玉。在其板屋，亂我心曲。
>
> 四牡孔阜，六轡在手。騏馵是中，騧驪是驂。龍盾之合，鋈以觼軜。
>
> 言念君子，溫其在邑。方何爲期？胡然我念之？

〔註3〕《詩經》《十三經注疏本》（二），臺灣：藝文印書館版，〈周南・卷耳〉、〈小雅・杕杜〉二詩見。頁33及340。

〔註4〕藍永蔚《春秋時期的步兵》，臺灣：木鐸出版社，民國76年4月初版，「戰車分類」一節見該書頁87～98。林奉仙〈詩經用車馬研究（馬之部）〉發表在「第一屆經學（詩經）學術討論會」，可供參考。參見《第一屆經學學術討論會論文稿初稿》，臺灣：師範大學國文研究所出版，民國83年4月30日。頁657～694。

〔註5〕〈秦風・小戎〉一詩及其〈詩序〉同註3，頁236～238。

俴駟孔群，厹矛鋈錞。蒙伐有苑，虎韔鏤膺，交韔二弓，竹閉緄縢。

言念君子，載寢載興。厭厭良人，秩秩德音。

全詩首章主寫車械，二章主寫戰馬，末章主寫兵器，敘述分明，脈絡清楚。嚴粲即言：「小戎之詩，鋪陳兵車器械之事，津津然誇說不已。」〔註6〕第一章描寫兵車的裝備構造，以及其所接繫戰馬的配件，簡單而清楚地勾勒出當時戰場上用來載員衝撞追殺的兵車樣式。接下的第二章便順勢描寫配屬在兵車之前，用六轡來駕控「騏騮騧驪」四匹戰馬的結合方式。末章是描寫兵車上戰士的武器裝備：有如「厹矛鋈錞」的長兵器，也有如盾牌類防禦武器的「蒙伐」，更有用來遠射的弓具，由這些兵器及裝備的詳細記載中，不僅顯現出當時軍事活動之發達，更為有周一代的兵器車馬留下詳實的歷史考古資料。

此外根據《中國上古軍事史》中提及在西周時期，兵車結構和武器配備比較齊全的戰車，出土於山東膠縣西庵西周車馬坑，在其車箱上所遺留的兵器如下：

> 車箱左右各陳列一組武器，左邊有戈、鉤戟各一件，箭鏃十枚、鎧甲一領，右邊只有戈一柄。〔註7〕

也極為符合前述《詩經》中記載的兵器種類，由本節上述如此眾多的詩篇當中均記載著當時因戰爭戍役或是田獵操練之車馬兵器，可以想見周代當時戰爭的軍事武裝及器械的使用概況，更可以藉此窺見當時戰爭的實際風貌。

第二節　制度——兵制與編伍

所謂兵制即包括兵源的徵集與編伍，有關兵源徵集部份，《詩經》中西周之兵制基本上是繼承商朝的制度，其兵員之來源是採徵兵制，所謂的虎賁是徵集自王公貴族之子弟，甲士是從「國人」中徵集，步卒則是從庶人中徵集，廝徒則是從奴隸中徵集。〔註8〕有關兵源的徵集的部份在《詩經》本文之中並

〔註6〕宋嚴粲《詩緝》卷十二，臺灣：廣文書局（影印黃梅胡今予先生所藏明嘉靖間趙府味經堂刻本），民國49年11月初版，頁7。

〔註7〕高銳《中國上古軍事史》，北京：軍事科學出版社，1995年8月第1版，頁81。

〔註8〕黃水華在其所著《中國古代兵制》認為：「西周的兵役制度是徵兵制，但它帶有鮮明的等級色彩。周天子和諸侯的親兵（『虎賁』）是從『王族』或『公族』中徵集的，屬於貴族子弟兵。車兵稱甲士，是從『國人』（平民）階級中徵集的，步卒（步兵）是從庶人（自由民和農業百姓）中徵集的，廝徒則是從奴

未有任何篇章提及，但據《毛詩正義》在〈邶風・擊鼓〉詩「擊鼓其鏜，踊躍用兵。土國城漕，我獨南行」下云：

> 若力政之役則二十受之，五十免之。故《韓詩》說：「二十從役」、〈王制〉云：「五十不從力政」是也。戎事則《韓詩》說：「三十受兵，六十還兵」、〈王制〉云：「六十不與服戎」是也。蓋力政用力，故取丁壯之時，五十年力始衰，故早役之，早捨之；戎事當須閑習，三十乃始從役，未六十年力雖衰，戎事希簡，猶可以從軍，故受之既晚，捨之亦晚，戎事非輕於力役。〔註9〕

據此可以間接清楚地瞭解周代力役與戎事之規定，所以可認定《詩經》時代兵力的來源，是藉由徵集而來。若是服戎事者，當須閑習而要「三十從役，六十除役」；而服力役者，則因須要耗廢體力，故取從丁壯時期「二十從役，五十除役」。周代的戰爭形式既然是以車戰為主，因此其軍隊人員之編伍即以此為依準，周代的兵車是以「乘」為單位，一乘配備兵士為二十五人：其中包括甲士十人，徒卒十五人。〔註10〕但在《詩經》中提及當時兵制的詩篇如：〈魯頌・閟宮〉「公車千乘……公徒三萬」若依此計算一乘兵車應有三十人的編制才是西周的乘卒制度，據《司馬法》亦是記載著「革車一乘，士十人，徒二十人」〔註11〕與《詩經》的敘述相當吻合。

　　《詩經》中言及西周軍隊的固定編制單位是「師」，西周銘文亦經常提及當時的編制單位是「師」，〔註12〕雖然《周禮・夏官》記載當時在「師」的軍隊編制上還有「軍級」的建制：「凡制軍，萬二千五百人為軍，王六軍，大國三軍，次國二軍、小國一軍，軍將皆命卿。二千又五百人為師，師帥皆中大夫、百人為卒，卒長皆上士二十五人為兩，兩司馬皆中士。五人為伍，伍皆

隸中徵集的。」，臺灣：商務印書館，民國83年7月初版，頁8。

〔註9〕 《詩經》《十三經注疏本》（二），臺灣：藝文印書館版，頁80～81。

〔註10〕在袁庭棟、劉澤模合著的《中國古代戰爭》中認為：「西周時期軍隊以戰車為中心，一輛戰車稱為一『乘』配備戰士為二十五人（另有負責養馬服役者五人，故共為三十人），其中包括甲士十人（三名在車上，七名在車下），徒卒十五人。」，四川省社會科學院出版社，1988年4月第一版，頁10。

〔註11〕《周禮・小司徒》《鄭玄注》引《司馬法》，見《十三經注疏本》（三），臺灣：藝文印書館版，頁170。

〔註12〕據周金《小臣謎設》、《曶鼎》、《小克鼎》、《鼓𧊒簋》、《盠方彝》、《南宮柳鼎》、《禹鼎》等銘文，記載著周王室的軍隊有「西六師」、「殷八師」、「成周八師」三個名稱。

有長。」〔註13〕但在〈大雅・公劉〉詩中言及「其軍三單」以及根據〈小雅・采芑〉詩中言及「方叔蒞止，其軍三千」，〔註14〕所謂的「軍」就詩前後文義看來只是一般軍隊的泛稱，而非是一種固定的軍事編制。

所謂「禮樂征伐自天子出」，西周軍隊的指揮權集中在周王手中，諸侯國的軍隊亦必須聽從周王的統一調度，並不能擅自進行征戰。周天子所擁有軍力，據孫作雲〈小雅大東篇釋義〉介紹：西周時期「周天子直轄有三部份軍隊：一是鎬京的西六師，二是陪都的成周八師，三是駐紮在衛國的殷八師，總共二十二師」〔註15〕。但是有些學者主張周天子所擁有的強大王室軍隊僅有西六師與成周八師二支，而所謂殷八師和成周八師，其實是同一支軍隊，大陸學者陳恩林即主張此論點，並在其所著《先秦軍事制度研究》中有專節詳細討論〔註16〕，本文在此不贅述。

實際根據《詩經》中記錄有「六師」的名稱共有三首詩：

〈大雅・常武〉：「南仲太祖，太師皇父。整我六師，以修我戎。」

〈大雅・棫樸〉：「淠彼涇舟，烝徒楫之。周王于邁，六師及之。」

〈小雅・瞻彼洛矣〉：「韎韐有奭，以作六師。」〔註17〕

〈大雅・常武〉是讚美宣王親自將師伐徐，凱旋還歸之詩，詩首章「赫赫明明，王命卿士：南仲太祖，太師皇父。整我六師，以修我戎。」寫的即是宣王任命將帥整頓六師、修治兵器，為出征前做完善之準備。〈大雅・棫樸〉一詩是讚美文王能舉賢授能，綜理四方，因而天下賢士歸附。其中第三章寫的是周王出師遠征興兵的場面：「淠彼涇舟，烝徒楫之。周王于邁，六師及之。」

〔註13〕《周禮》《十三經注疏本》（三），臺灣：藝文印書館版，頁429。

〔註14〕《詩經》《十三經注疏本》（二）臺灣藝文印書館版，頁616及360。

〔註15〕孫作雲《詩經與周代社會研究》，北京：中華書局，1966年4月第一版，頁276。

〔註16〕陳恩林於其所著《先秦軍事制度研究》中舉李學勤於《郿縣李家村銅器考》一文（《文物參考資料》1957年5期）中跟據《盠方彞》銘文言：「此銘只稱『六師既八師』，可見周的軍隊只有此數。成周八師是用以壓殷人，所以謂『殷八師』和『成周八師』其實是一。王的六師駐於西，成周八師駐於故殷，故於禹鼎稱『西六師、殷八師』。」還有于省吾《略論西周金文的六師和八師及其屯田》一文（《考古》1964年3期）中言：「由於殷八師經常駐紮在成周，故也稱『成周八師』。」而認此二者之說法為正確，並詳論此問題於該書第四章西周先秦奴隸制軍事度的完備之第一節中，因該文繁多，請詳見該書頁56～62。吉林史出版社，1991年10月第1版。

〔註17〕同註3，頁691、556及478。

寫的是天子的六師軍隊，在涇水中眾兵齊楫攻進，迅飛如箭之壯盛。〈小雅・瞻彼洛矣〉一詩朱熹《詩集傳》云：「此天子會諸侯於東都以講武事、而諸侯美天子之詩。言天子至此洛水之上，御戎服而起六師也。」〔註18〕此詩首章云：「瞻彼洛矣，洛水泱泱。君子至止，福祿如茨，韎韐有奭，以作六師。」寫的是周天子檢閱著有鮮紅蔽膝戎裝士氣昂揚的六師軍隊。而〈棫樸〉的「六師及之」與〈瞻彼洛矣〉的「以作六師」，在《毛傳》中均解釋爲「天子六軍」。此所謂的「軍」亦是軍隊的泛稱，應非指正式的編制而言。因此亦可判定《詩經》時代軍隊編制的最高等級應該是「師」級。

第三節　軍禮──慶賞與獻俘

　　根據高智群在《文史》發表的〈獻俘禮研究（上）〉一文中指出：「在先秦文獻中，獻俘又稱『獻功』、『獻捷』，狹義專指獻納戰俘，廣義則兼賅一整套慶功禮。」並將「獻俘禮」的內容含括了：「廟社告祭，獻俘、作樂、宴飲、大賞等一系列慶功儀節。」〔註19〕

　　在周代和戰爭有關的祭祀禮有二方面：一是出師前的告祭儀式，一是凱旋還歸後的告祭儀式。有關周代在戰爭獻俘之儀節情形，從《禮記・王制》記載中得知：

　　　　天子將出征，類乎上帝，宜乎社，造乎禰，禡于所征之地。受命于

　　　　祖，受成于學。出征執有罪，反，釋奠于學，以訊馘告。〔註20〕

從天子出征前向上帝祖先告祭到戰勝凱旋後供獻戰利品的告祭。這是一整套周代有關戰爭禮的具體儀節。

　　出師前的告祭儀式，在《詩經》相關的詩作中，〈大雅・皇矣〉即有此記載，該詩前四章原是敘述太王、太伯、王季之德，後四章並敘及文王伐崇伐密之經過，在詩之末章即有提及這樣的祭祀：

　　　　臨衝閑閑，崇墉言言。執訊連連，攸馘安安。是類是禡，是致是附，

　　　　四方以無悔。〔註21〕

〔註18〕宋朱熹，《詩集傳》，臺灣：中華書局，民國71年5月臺十一版，頁158，「韎韐有奭，以作六師」句下。

〔註19〕《文史》期刊，第三十五輯，頁1。

〔註20〕《禮記》《十三經注疏本》（五），臺灣：藝文印書館版，頁236。

〔註21〕同註3，頁574。

此詩所言的「是類是禡」指的是兩種祭祀儀式：一是「類祭」，是在軍隊出師前在社稷處祭告上帝；一是「禡祭」，於行軍所止之處祭神。所以《毛傳》言：「於內曰類，於野曰禡。」〔註22〕而在〈周頌・桓〉一詩的〈詩序〉言及：「桓講武、類、禡也。桓，武志也。」《鄭箋》解此為：「類也，禡也，皆師祭也。」〔註23〕《孔疏》則所言較詳：

> 桓詩講武，類、禡之樂歌也。謂武王將欲伐殷，陳列六軍，講習武事，又為類祭於上帝，為禡祭於所征之地，治兵祭神，然後克紂。
> 至周公成王太平之時，詩人追述其事，而為此歌焉。〔註24〕

「類祭」的用意一方面是祈求上帝保佑能夠出師皆捷，一方面是凝聚軍隊的戰鬥意志，有宣示誓師的意味在內；而「禡祭」是怕師行所止，恐有慢其神，下而祀之，兩者皆是戰爭前所進行的祭祀儀式。

至於班師凱旋而歸時的「獻功」、「獻捷」，包含有廟社告祭，獻俘、作樂、宴飲、賞賜等儀式，在《詩經》中也有若干詩篇的記載，例如〈魯頌・泮水〉一篇即記錄了相當清楚的獻功獻囚的情形，〈魯頌・泮水〉一詩〈詩序〉言：「僖公能脩泮宮也。」〔註25〕未能明其說，《詩集傳》云：「此飲於泮宮而頌禱之辭也。」〔註26〕也意有未明，朱師守亮言此詩為：「此僖公征淮夷獲勝，群臣執俘報功於泮宮，淮夷獻寶而貢，詩人作此以頌僖公才德之詩。」〔註27〕

此詩極力頌揚魯僖公的才略、品德和威儀，詩之前三章言魯僖公既克淮夷之後，率領威武神氣的車隊，浩浩蕩蕩地到泮宮舉行頌禱。第四章則稱述魯僖公「允文允武」，既有敬慎之威儀，又有明德之修養，為民之法則。第五、六章即提到當時群臣「獻馘獻囚」的獻功儀式：

> 明明魯侯，克明其德。既作泮宮，淮夷攸服。矯矯虎臣，在泮獻馘。
> 淑問如皋陶，在泮獻囚。
> 濟濟多士，克廣德心。桓桓于征，狄彼東南。烝烝皇皇，不吳不揚。
> 不告于訩，在泮獻功。

早在西周王朝對周邊民族，經常發動掠奪性戰爭，除最重要的戰利品——作

〔註22〕同上註。
〔註23〕同註3，頁753。
〔註24〕同上註。
〔註25〕該詩及〈詩序〉，見同註3，頁767。
〔註26〕同註18，「無小無大，從公於邁」句下，頁239。
〔註27〕朱守亮《詩經評釋》，臺灣：學生書局，民國73年10月初版，頁929。

爲奴隸來源的「訊醜」和財富標誌的牲絜必須上交周王外，也讓各級貴族在征戰中分享戰爭之利，春秋時期各國亦然。第七章接敘戰勝凱旋之情況；詩之末章描寫淮夷降服歸化後，在此獻功的儀式中亦獻其珍寶以爲進貢：

> 翩彼飛鴞，集于泮林。食我桑黮，懷我好音。憬彼淮夷，來獻其琛：
> 元龜象尺，大賂南金。

因此被征服的淮夷，自然獻出其大龜、象牙、黃金等貴重的珍寶以示臣服。

除上述〈魯頌‧泮水〉的：「在泮獻馘」、「在泮獻囚」外，《詩經》中提及有關「執訊獲醜」之其他詩篇，尚有如〈小雅‧出車〉：「執訊獲醜，薄言還歸。赫赫南仲，玁狁于夷。」；〈小雅‧采芑〉：「蠢爾荊蠻，大邦爲讎！方叔元老，克壯其猶。方叔率止，執訊獲醜。」；〈大雅‧皇矣〉：「執訊連連，攸馘安安。」等詩的記載〔註28〕，在在都顯示出《詩經》時代，每有戰爭凱旋還歸時，都有所謂「出征執有罪，反，釋奠于學，以訊馘告」的告祭儀式。

有關凱旋燕飲之情形，在〈小雅‧六月〉詩之末章記載：

> 吉甫燕喜，既多受祉。來歸自鎬，我行永久。飲御諸友，炰鱉膾鯉。
> 侯誰在矣？張仲孝友。〔註29〕

此詩是寫宣王命尹吉甫伐玁狁凱旋而歸之時，吉甫燕飲慶功的情狀，經過出生入死的戰鬥歷程，不但平安歸來，更且達成使命，自然要「飲御諸友，炰鱉膾鯉。」一番。此外在《中國古代戰爭》一書提及：「在周代的青銅器銘文中，在《尚書》、《詩經》等典籍中，周王賞賜諸侯與功臣兵器一直以弓箭爲主，特別是彤弓彤矢。」〔註30〕〈小雅‧彤弓〉寫的即是天子燕請有功諸侯而賞賜以弓矢之詩：

> 彤弓弨兮，受言藏之。我有嘉賓，中心貺之。鐘鼓既設，一朝饗之。
> 彤弓弨兮，受言載之。我有嘉賓，中心喜之。鐘鼓既設，一朝右之。
> 彤弓弨兮，受言櫜之。我有嘉賓，中心好之。鐘鼓既設，一朝醻之。

〈詩序〉言此詩：「彤弓，天子賜有功諸侯也。」〔註31〕《鄭箋》言：

> 諸侯敵王所愾而獻其功，王饗禮之，於是賜彤弓一，彤矢百、旅弓矢千，凡諸侯賜弓矢，然後專征伐。」〔註32〕

〔註28〕三詩句見同註3，頁340、362、574。
〔註29〕該章同註3，頁360。
〔註30〕同註10，頁209。
〔註31〕該詩及〈詩序〉同註14，頁351。
〔註32〕同上註。

《毛詩正義》：

> 作彤弓詩者，天子賜有功諸侯，諸侯有征伐之功，王以弓矢賜之也。

〔註33〕

《左傳》文公四年：「諸侯敵王所愾，而獻其功，王於是乎賜之彤弓一、彤矢百、旅弓矢千，以覺報宴。」杜預注：

> 謂諸侯有四夷之功，王賜之弓矢。又爲歌彤弓，以明報功宴樂。

〔註34〕

由此可見，諸侯有征伐之功時，周天子則以兵器的弓矢爲榮耀的象徵物，賞賜給侯，以表彰功勳。

第四節　演練──田獵與操習

西周軍事訓練分爲兩個階段，一種則是透過學校教育專門培養貴族子弟，教育的六大內容「禮、樂、射、御、書、數」其中以射、御與軍事訓練關係最爲密切，另外一種軍事訓練則大多是藉由通過田獵的方式進行。古代狩獵之所以稱爲「田」，是起源於藉行獵而進行軍事訓練，其本字是「陣」即「陳」，陳與田二字古代相通，而田是假借後起，這種藉狩獵進行軍事訓練的活動，又稱爲「蒐」，而這些軍事訓練性質的活動通常都挑選在農隙之時舉行，所以《左傳·隱公五年》載：

> 故春蒐、夏苗、秋獮、冬狩，皆於農隙以講事也。〔註35〕

《禮記·仲尼燕居》：

> 以之田獵有禮，故農事閑也。〔註36〕

《禮記·月令·季秋》：

> 是月也，天子乃教於田獵，以習武戎，班馬政。〔註37〕

《國語·周語》：

> 王治農於籍，蒐於農隙……獮於既烝，狩於時畢。〔註38〕

〔註33〕同上註。
〔註34〕見《左傳》《十三經注疏本》（六），臺灣：藝文印書館文版，頁307。
〔註35〕同上註，頁59。
〔註36〕同註20，頁853。
〔註37〕鄭玄於下注云：「教於田獵，因田獵之禮，教民以戰法也。五戎謂五兵，弓矢、殳、矛、戈、戟也。馬政謂齊其色、度其力，使同乘也。」同註20，頁338。
〔註38〕《國語》，臺灣：漢京文化事業公司，民國72年12月初版，頁24。

大陸學者鄒昌林指出一般田獵之禮或蒐禮大日分爲三類：

> 第一類是專爲祭祀而舉行，第二類是把軍事訓練和狩獵活動合爲一
> 體舉行，第三類是專爲軍事或其他目的而舉行……由於掠奪和戰爭
> 的出現，狩獵和軍事活動就結合在一起了。作爲常規性的蒐禮，就
> 是這種結合的產物。這也是古代耕戰結合的最早起源。因爲在古代
> 人們的剩餘勞動不多，不能抽出大量的時間來進行軍事訓練，故把
> 軍事訓練揉合在生產的組織方式中。〔註39〕

因此在《國語‧晉語四》載：「以趙衰之故，蒐於清原作五軍。」、「文公即位
二年……乃大蒐於廬，作三軍」〔註40〕，這些都是爲特殊的政治軍事目的而
臨時進行的蒐禮。

狩獵一事在周代當時除一般平民是用來賴以謀求生計來源的一種經濟活
動外，貴族和統治者則將狩獵變成和娛樂相互結合的一種「練兵演武」的軍
事活動，而且進一步把田獵一事加以制度化變成一種例行性的「歲時常典」。
一方面藉由此種活動，獲取獵物用以作爲祭祀祖先的供品，另一方面也透過
大規模的田獵活動，做爲平時檢閱和訓練操習軍隊之用，甚而用來炫耀武力
和威嚇鄰邦。

《詩經》中有關狩獵的詩篇有〈召南‧騶虞〉、〈齊風‧還〉、〈齊風‧盧
令〉、〈鄭風‧大叔于田〉、〈秦風‧駟驖〉以及〈小雅‧車攻〉、〈吉日〉等詩
作。大抵國風之詩皆以稱美田獵之事或獵者爲主，並未提及田獵之所爲何事，
但其中以〈小雅‧車攻〉一詩，明顯地含有高度特殊的政治軍事意義，爲本
節討論的最佳詩例。

〈小雅‧車攻〉一詩是寫「宣王會諸侯田獵於東都之詩」，〈詩序〉言此
詩之詩旨爲：

> 車攻，宣王復古也。宣王能內脩政事，外攘夷狄，復文武之境土，
>
> 脩車馬，備器械，復會諸侯於東都，因田獵而選車徒焉。〔註41〕

說明〈小雅‧車攻〉此次出獵是利用田獵之舉以會諸侯，目的在「脩復先王
之舊典」〔註42〕，藉以炫耀武力，攝服諸侯，以鞏固周王朝爲天下之共主的

〔註39〕鄒昌林《中國古禮研究》，臺灣：文津出版社，民國81年9月版，頁84。

〔註40〕同註38，頁383、391。

〔註41〕該詩及〈詩序〉見同註14，頁366。

〔註42〕《易林》中的〈履之夫〉、〈鼎之隨〉都有此類似之記載。何以稱之「復古」
即根據《逸周書‧王會解》及《竹書紀年》的記載武王死後周公佐成王爲提

地位，《墨子・明鬼下》云：「昔周宣王合諸侯而田于圃，田車數百乘。」〔註43〕
即指的是此次田獵。〈車攻〉一詩共八章，從即將出獵而備車馬之狀寫起，至獵
畢旋歸，敘其獵事嚴肅而美之：

> 我車既攻，我馬既同。四牡龐龐，駕言徂東。
> 田車既好，四牡孔阜。東有甫草，駕言行狩。
> 之子于苗，選徒囂囂，建旐設旄，搏獸于敖。
> 駕彼四牡，四牡奕奕。赤芾金舄，會有同繹。
> 決拾既佽，弓矢既調。射夫既同，助我舉柴。
> 四黃既駕，兩驂不猗。不失其馳，舍矢如破。
> 蕭蕭馬鳴，悠悠旆旌。徒御不驚，大庖不盈。
> 之子于征，有聞無聲。允矣君子，展也大成。

全詩大寫田獵旌旗之盛，車馬之眾，射御之能，獲獵之多，所重之處即在諸
侯之「會有同繹」。首章從田獵的準備活動寫起，故以車馬發端，詩以「既攻
既同」、「四牡龐龐」來構築田獵大軍出發之前的整飭威武的氣氛。二、三章
寫當時的戰車戰馬「既好孔阜」，先後行獵於甫田和敖山二地，一路上只見戰
旗逶迤飄揚，車徒眾多聲盛，宛如戰場一般。第四章寫諸侯從獵之盛，「四牡
奕奕」寫的是戰馬的神采，「赤芾金舄」寫的是諸侯們裝備之隆盛，而重要的
是絡繹不絕，整肅有序地來會朝於東都之狀，儼然就是一場周天子的閱軍大
典。五、六章寫的是會同後盛大的田獵之狀，以及射手、御夫們「不失其馳，
舍矢如破」的矯健身手，這些部眾嫻熟的射技及御技，將來亦可想見得是戰
場上的勇猛戰士。七章寫獵畢旋歸，「蕭蕭馬鳴」、「悠悠旆旌」、「徒御不驚」
肅靜整飭的情狀，戰馬嘶鳴，戰旗飄揚，士卒靜穆的威肅場面。末章以讚美
宣王此次藉田獵以會諸侯之大功告成作結，「之子于征，有聞無聲」寫的是周
宣王一派天子雄風、王者之師的氣象，大軍過處竟是車轔馬嘯而無士卒喧譁
之聲，更可想見當時部隊的訓練有素，軍紀嚴明，偉大而雄武的戰鬥力量由
此可現。

　　　高成王的地位，曾營建雒邑為東都，成王二十五年，東都落成，成王於此大
　　會諸侯，四夷亦前來朝拜，成王藉由此次朝會後，從此鞏固周室在諸侯之間
　　的統率地位。後經厲王之世周室衰微，諸侯朝會中斷。宣王繼位，發動此次
　　田獵，即是想藉由此舉，希望能大會諸侯「修復先王舊典」攝服諸侯力圖中
　　興。

〔註43〕見王煥鑣《墨子校釋》，浙江古籍出版社，1987 年 11 月新一版，頁 247、248。

據記載此次的田獵三軍相從，戰車數百乘，宣王的精銳部隊盡出，其壯觀隆重的場面，非一般田獵可比擬。其實周宣王此次的狩獵行動，是假田獵之名而展示其天子之威，以懾服諸侯是實，全詩固然表面是在寫田獵之過程，諸侯的會同場面，但是背地裡宣王和諸侯們是以臨戰的態度來面對這場田獵，特別是宣王是隨時準備用這支精銳的獵隊，對於不克前來會同的諸侯予以討伐的。因此，詩中特別突顯王師的整肅軍容和高度戒備的行軍宿營場面，並未著力於射獵的情景描繪，清方玉潤言此詩：

> 蓋此舉重在會諸侯而不重在事田獵，不過藉田獵以會諸侯，脩復先
> 王舊典耳。昔周公相成王，營洛邑爲東都，以朝諸侯，周室既衰，
> 久廢其禮，迨宣王始舉行古制，非假狩獵不足攝服列邦，故詩前後
> 雖言獵事，其實歸重「會同有繹」、「展也大成」二句，其餘車徒之
> 盛，射御之能，固是當時美觀，抑亦詩中麗藻，其所係不在此也。

〔註44〕

相較於〈車攻〉的〈吉日〉一詩，是「美天子于西都田獵之詩」〔註45〕，描寫的則是宣王舉行的一次常規性的田獵歲典，是一場單純性質的狩獵娛樂活動。因此〈車攻〉一詩不僅是有名的一首描寫田獵的詩篇，其背後的政治軍事意義也是不可言喻的。

〔註44〕方玉潤《詩經原始》（下），臺灣：藝文印書館，民國 70 年 2 月三版，頁 797。
〔註45〕同註 27，頁 508。

第五章　《詩經》中有關戍役詩篇之內容

　　《詩經》中有不少詩篇，除了敘寫戰爭之外，還以很大的篇幅敘寫與戰爭相關的戍役內容，如征人從事戰場上的征戰，戍守從役的怨恨及思念家人的悲苦，這一類的戍役詩作，在《詩經》中形成一個特別的題材。戍役詩與所謂的行役詩基本上是有所差異的，行役詩涵蓋的範圍較戍役詩廣，凡是以戰爭相關或非相關的行役活動為描寫內容的詩作，都可算是「行役詩」。所謂的「戍役詩」指的是反映從事遠戍、征役或服傜役如修築工事、運送糧械，而長期奔波不得安息的詩歌，這些內容均與戰爭的軍事活動有密切關聯，因此如《詩經》中的〈召南・小星〉「小臣遠役自嘆命苦」之詩、〈小雅・北山〉「行役者怨勞役不均而作之詩」、〈小雅・小明〉「行役者久不得歸，詠其憂思以寄僚友」及〈小雅・綿蠻〉「此微臣苦於行役，感主其事者厚遇己，作此以美之之詩」等作品〔註1〕，因與戰爭無關，皆應歸於行役詩的範疇而非戍役詩。本章即以上述所提《詩經》中有關的戍役詩範圍，分為三個部份為討論的主要內容：第一節征戰；第二節戍守；第三節勞役。

第一節　征　戰

　　《詩經》中有關戍役詩篇中，以戰爭行動為背景而敘寫征夫征役之作品最多，泰半是以征夫的口吻，敘寫征戰時的心理狀態及情緒反應，也有反用思婦的角度切入，描寫因戰爭引發的離愁與閨思。朱東潤在《詩三百篇探故》中言：

〔註1〕〈召南・小星〉、〈小雅・北山〉、〈小雅・小明〉、〈小雅・綿蠻〉四詩之詩旨採朱師守亮之說法，見其所著《詩經評釋》（上、下），臺灣：學生書局，民國73年10月出版，頁87、610、616、692。

> 至於行役之詩，有當知者，古者有征伐之事，則其將士裹糧而景從，
> 則行役之詩，與戰爭之詩，理無二致者也。若夫大夫將命，奔走四
> 方，雖同為王事，然閔生弔死之事，多所違異，獨其傷離怨別者，
> 則無往而不同耳。〔註2〕

所謂的「行役之詩，與戰爭之詩，理無二致者也。」指的應該就是與戰爭有
直接或間接有關的「戍役詩」，而非含蓋所有行役詩的範圍。在《詩經·國風》
中有關戍役的詩篇相當地多，如：〈周南〉的〈卷耳〉和〈汝墳〉；〈召南〉的
〈草蟲〉和〈殷其靁〉；〈邶風·擊鼓〉；〈衛風·伯兮〉；〈王風〉的〈君子于
役〉、〈揚之水〉和〈大車〉；〈魏風·陟岵〉；〈唐風·鴇羽〉；〈秦風〉的〈小
戎〉〈豳風〉的〈東山〉和〈破斧〉。共計有十四首之多，其中大部份是以征
夫和思婦之間，因長年征役，而表達彼此思念的情感，做為詩作內容的主軸，
整個征戰背景，在詩中略而不談，而那種生死懸念、鋒鏑懷憂之情，則戰場
之廝殺危伏，隱然可知。《詩經·國風》中直接可見描寫征夫投入戰役的作品，
以〈邶風·擊鼓〉、〈豳風·破斧〉二詩最為顯著，〈擊鼓〉一詩雖然寫的是「衛
戍卒思歸不得之詩」，〔註3〕但從詩的前二章即可看到征夫征戰之經過：

> 擊鼓其鏜，踊躍用兵。土國城漕，我獨南行。
>
> 從孫子仲，平陳與宋。不我以歸，憂心有忡。〔註4〕

清姚際恆言此詩乃：「衛穆公背清丘之盟救陳，為宋所伐，平陳、宋之難，數
興軍旅，其下怨之而作此詩也。」〔註5〕所謂的「擊鼓其鏜，踊躍用兵」、「從
孫子仲平陳與宋」即是征夫在戍役過程中，參與戰鬥的情形。另一首〈豳風·
破斧〉，則描繪了征夫艱苦征戰的淒烈情狀：

> 既破我斧，又缺我斨。周公東征，四國是皇，哀我人斯，亦孔之將。
>
> 既破我斧，又缺我錡。周公東征，四國是吪。哀我人斯，亦孔之嘉。
>
> 既破我斧，又缺我銶。周公東征，四國是遒，哀我人斯，亦孔之休。
>
> 〔註6〕

隨著周公東征三年的征夫，在詩中直接透露出當時戰爭的慘烈之狀，堅銳的

〔註2〕朱東潤，《詩三百篇探故·詩心論發凡》，該書收錄在《詩經今注·詩三百篇
探故》中，臺灣：漢京文化事業，民國73年2月版，頁116。

〔註3〕同註1，頁112。

〔註4〕《詩經》《十三經注疏本》（二），臺灣：藝文印書館，頁80～81。

〔註5〕清姚際恆，《詩經通論》，廣文書局，民國77年10月三版，頁55。

〔註6〕同註4，頁300。

青銅兵器，因為戰鬥砍劈的激烈，已經是破缺敗殘，更何況是血肉之軀的征夫！所以三章連用「哀我人斯」的「哀」字，表達出征夫內心對於投身沙場的無奈與悲傷。

在〈小雅〉詩篇當中亦有相當數量關於戍役的詩作，如〈四牡〉、〈采薇〉、〈出車〉、〈杕杜〉、〈祈父〉、〈黍苗〉、〈漸漸之石〉、〈何草不黃〉等八首詩作，而其中有直接描述征夫從事征戰的詩篇是〈采薇〉、〈出車〉、〈祈父〉、〈漸漸之石〉、〈何草不黃〉等五首。

〈采薇〉一詩雖然寫的是「戍守之人還歸自詠之詩」〔註7〕，但在征夫回憶起這一場所謂「靡室靡家，玁狁之故」周朝對外民族禦侮的戰爭時，從詩之第四章，即可見到當時征夫在戰場上的激戰情況：

彼爾維何？維常之華。彼路斯何？君子之車。戎車既駕，四牡業業。
豈敢定居？一月三捷。

駕彼四牡，四牡騤騤。君子所依，小人所腓。四牡翼翼，象弭魚服。
豈不日戒？玁狁孔棘。〔註8〕

一月內連續三場激戰，戰場上車馬的衝撞廝殺，士卒則在兵車的掩護下挺進戰鬥，這樣情勢危急的激烈戰鬥，就是當時征夫們在戰場的生活寫照。

〈出車〉一詩則是「征玁狁之將佐，還歸後自敘之詩。」〔註9〕寫的也是奉命出征玁狁的戰爭實況，詩之二、三章言：

我出我車，于彼郊矣。設此旐矣，建彼旄矣。彼旟旐斯，胡不旆旆！
憂心悄悄，僕夫況瘁。

王命南仲，往城于方。出車彭彭，旂旐央央。天子命我，城彼朔方。
赫赫南仲，玁狁于襄。〔註10〕

在朔北的荒野上，一片戰旗飄揚，兵車滾滾，戰場上廝殺的沸騰由此可知，這也是一場周人對抗玁狁邊族的戰爭。征夫在此戰役中，其奮勇殺敵的激烈戰果，雖然是「執訊獲醜」、「玁狁于襄」；但從「僕夫況瘁」的情況來看，這一場征戰應該是相當艱辛和慘烈的。

〈祈父〉一詩，屈萬里認為：「此詩當是王近衛之士，而調任邊疆作戰者所

〔註7〕同註1，頁464。
〔註8〕同註4，頁333～334。
〔註9〕同註1，頁468。
〔註10〕同註4，頁338～339。

作」〔註11〕；朱熹《詩集傳》言此詩是「軍士怨於久役，故呼祈父而告之。」
〔註12〕由詩的內容來看，應是一首周王近衛之士，因徵調失常，久役邊疆作戰，
不能安居養親之詩：

> 祈父！予，王之爪牙。胡轉予于恤？靡所止居。
> 祈父！予，王之爪牙。胡轉予于恤？靡所底止。
> 祈父！亶不聰，胡轉予于恤？有母之尸饔。〔註13〕

周王近衛爪牙之士，原本應該駐守在王室禁宮，卻被調派遠征，轉戰各地，
久役而不得終養親母，難道要等到歸而陳饔以祭，才得以除役。身在戰場心
繫親人，若戰死沙場，則恐天人永隔，綿綿長恨，這種憂懼和悲傷恐是所有
戰場上征夫的一致心聲。

〈漸漸之石〉與〈何草不黃〉二詩，皆是「征夫怨行役勞苦之詩」〔註14〕，
〈漸漸之石〉是描寫征夫東征作戰期間，跋山涉水，歷經險遠，又遇雨途泥，
煩悶厭苦的情狀。在山川深險的戰場上，征夫們各個疲憊不堪，大雨又滂沱地
下著，如此艱辛無朝旦之暇地征討，難怪征夫要發出「武人東征，不皇朝矣」、
「不皇出矣」、「不皇他矣」這般無奈的哀怨聲音了。〈何草不黃〉一詩寫的是征
夫遠離家鄉，征戰四方，無暇休息，看到荒野戰場上的景物，不禁悲從中來，
而發出「何草不黃？何日不行？何人不將？」、「何草不玄？何人不矜？哀我征
夫，獨為匪民？」以及「哀我征夫，朝夕不暇！」這樣一連串的疑惑和怨懟至
極之語來。

由〈國風〉及〈小雅〉諸篇有關戍役詩作中，可以相當清楚地瞭解征夫
當時在戰場上的艱苦奮戰，出生入死，跋涉千里的情景。那種身心的疲憊困
頓，以及離鄉遠親的孤獨恐懼，是非經戰亂者可以切膚體察得知的。

第二節　戍　守

另外一類的戍役詩作，則是表達出征夫從役在外、戍守邊地、歸期難斷

〔註11〕屈萬里《詩經釋義》，臺灣：中國文化大學出版部，民國79年，頁234。
〔註12〕宋朱熹《詩集傳》，臺灣：中華書局，民國71年5月臺十一版，「祈父，予王
　　　　之爪牙。」句下註，頁122。
〔註13〕同註4，頁377～378。
〔註14〕〈漸漸之石〉為：「東征將士，怨行役勞苦之詩」，〈何草不黃〉為：「征夫怨
　　　　恨行役勞苦之詩」，同註1，頁696及701。

的悲怨情緒。這種情感特徵，自然就形成所謂非戰和征怨的基調，有關這部份的情感特徵，本文第六章即有較深入的剖析。征夫對戰爭的態度上，無論是投身戰場與敵人作殊死之戰，或是遠戍他地，遙望家鄉，其實內心的焦愁苦悶與恐懼，都是相同的。朱東潤亦認為：

> 自兵士之立場論，則不特馬革裹屍，為人生之至慘，即荷戈戍邊，亦不勝其傷離怨別，此則徵之《詩》三百五篇而古今詩人之心理可以畢見者也。〔註15〕

其實參與實際的征戰行動，或許因「王事靡盬」、「不遑啓居」之故，倒是憂心無暇、怨嘆時短；而遠別家室，久戍邊疆，再逢時序變遷，最易勾起征夫的思歸情愁。〈國風〉中的戍役詩，泰半是征夫假藉家鄉等待的妻子之口吻，敘述其思念懷想、倚門盼歸之情，如〈周南〉的〈卷耳〉和〈汝墳〉；〈召南〉的〈草蟲〉和〈殷其雷〉；〈衛風・伯兮〉；〈王風・君子于役〉等詩皆是。而在〈王風・揚之水〉這篇詩作中，就特別將征夫戍守戰地、更調頻煩、轉戍無定的煩悶心情表現在詩句當中

> 揚之水，不流束薪。彼其之子，不與我戍申。懷哉懷哉！曷月予還歸哉！
>
> 揚之水，不流束楚。彼其之子，不與我戍甫。懷哉懷哉！曷月予還歸哉！
>
> 揚之水，不流束蒲。彼其之子，不與我戍許。懷哉懷哉！曷月予還歸哉！〔註16〕

〈詩序〉言此詩為：「刺平王也。不撫其民，而遠屯戍於母家，周人怨思，作此詩。」朱熹《詩集傳》云：「平王以申國近楚，數被侵伐，故遣畿內之民戍之。而戍者怨思，作此詩也。」〔註17〕清姚際恆並不同意此二者之說法〔註18〕，

〔註15〕 同註2，頁115。

〔註16〕 〈王風・揚之水〉一詩及下引該詩之〈詩序〉見同註4，頁150。

〔註17〕 同註12，「懷哉懷哉！曷月予還歸哉！」句下，頁44。

〔註18〕 清姚際恆認為：「據〈序〉謂：『刺平王使民戍母家，其民怨之，而作此詩。』《集傳》因謂：『申侯為王法必誅』，及謂：『平王與申侯為不共戴天之仇』。此等語與詩旨絕無涉，何曉曉為？然據二、三章言「戍甫」、「戍許」，則〈序〉亦恐臆說。申侯為平王母舅，甫、許則非，安得實指為平王及謂戍母家乎？孔氏解之曰：『言甫、許者，以其同出四岳，俱為姜姓；既重章以變文，因借甫、許以言申，其實不戍甫、許也』。按詩于閭文自多變換，戍甫、戍申乃實事也，亦可變換，然耶否耶？吾不得而知之也。」，見同註5，頁95。

糜文開與裴普賢二氏認為此詩是：

> 東周初年，楚國日漸強大，漸有北侵中原，問鼎周室之野心。申、
> 甫、許三國為東都洛陽南方之屏障，桓王、莊王時，發王畿之民，
> 遠戍三國，久不得歸，戍人思念家室，見流水而感歎如此。〔註19〕

此詩很巧妙地利用自然景物，興中而帶比，讓戍守的征夫發出長期積壓心中
的怨恨。低淺激揚的河水，連一束荊材都無法帶走，征夫面對眼前的事物，
便聯想到自己的命運就如同這束荊材一般，流動的河水就如同遙遙無期的戍
期，永遠無法讓自己早日還鄉與家人團聚，王畿之民卻輾轉調戍，由申而甫、
由甫而許，不知曷年曷月能還歸家鄉，久役不代、困守戍地，的確讓戍守的
征夫不得不再三發出「懷哉懷哉！曷月予還歸哉」的絕望心聲。宋歐陽修言：
「據詩三章，周人以出戍不得更代而怨思爾」又「激揚之水，其力弱，不能
流移於束薪。猶東周政衰，不能召發諸侯，獨使周人遠戍，久而不得代爾。」
〔註20〕將揚之水比喻成「政逐微弱」的東周，亦有其見解之處。

　　另外在〈小雅・采薇〉一詩之前三章，同樣也是透過自然景物的觸發生
情，寫出征夫遠別家室、久戍邊疆、歲暮望歸、憂思日深的心情：

> 采薇采薇，薇亦作止。曰歸曰歸，歲亦莫止。靡室靡家，獫狁之故。
> 不遑啟居，獫狁之故。
> 采薇采薇，薇亦柔止。曰歸曰歸，心亦憂止。憂心烈烈，載飢載渴。
> 我戍未定，靡使歸聘。
> 采薇采薇，薇亦剛止。曰歸曰歸，歲亦陽止。王室靡盬，不遑啟處。
> 憂心孔疚，我行不來。〔註21〕

周朝為了防禦當時的北方大敵獫狁，於是集結駐守著大批的兵力在北方邊境
上，以防止獫狁的入侵。當時在邊地戍守的征夫，在物資缺乏的荒原裡，採
集野菜作為食物，從薇菜的發芽、成苗，到粗壯那樣的「薇亦作止」、「薇亦
柔止」、「薇亦剛止」的植物，自然成長變化中感受到「歲亦莫止」、「歲亦陽
止」的時序變換，轉眼之間，就在艱苦的邊地要塞滯守了一年的歲月。「不遑
啟居」、「不遑啟處」的軍旅生活，造成了移防頻仍「我戍未定」的不安和家

〔註19〕糜文開、裴普賢二氏合著，《詩經欣賞與研究》，臺灣：三民書局，民國71年
　　　　4月六版，頁160。
〔註20〕宋歐陽修《詩本義》，見《四庫善本叢書・經部》，臺灣：藝文印書館影印本，
　　　　卷三，頁10。
〔註21〕同註4，頁332～333。

人無從探問「靡使歸聘」的失望，再加上戍守邊地「載飢載渴」的艱困生活，難怪久戍不歸的征夫，要發出「心亦憂止」、「憂心烈烈」、「憂心孔疚」煎熬的心聲了。

〈揚之水〉與〈采薇〉兩首詩的寫成時間不同，前者是在征夫戍守服役期間，歸期無望的心態下寫成，全詩充滿了無奈和絕望的疑惑。而後者是邊塞戍卒在歸途中，對於當時戍守出征情景的回顧與哀怨，但兩者對於戰爭戍役所產生的情感基調是一致的，對於親人家鄉的想念、輪戍更迭的無奈、歸期遙遙無望的憂心，以及艱辛困頓的軍旅生活，這些有關於戰爭與戍役的情感特徵，都有著詳細的描寫，正是此類詩作的精髓所在，是值得深入研究的一個文學面向。

第三節　勞　役

《詩經》中描寫有關當時百姓服勞役的詩作有：〈大雅〉：〈綿〉、〈烝民〉；〈小雅〉：〈黍苗〉、〈鴻雁〉、〈大東〉以及〈國風〉：〈邶風‧擊鼓〉、〈豳風‧七月〉，在這七首詩中，可以約略看到有周一代當時的勞役內容。其中〈大東〉一詩寫的是「傷東國役頻賦重，人民勞苦，而怨西人驕奢之詩」；〈七月〉一詩中言：「嗟我農夫，我稼既同，上入執宮功。」〔註22〕與戰爭戍役無關，其他與戰爭相關之戍役詩篇裡，首先討論〈邶風‧擊鼓〉一詩，詩的首章言：

擊鼓其鏜，踴躍用兵，土國城漕，我獨南行。〔註23〕

《鄭箋》解爲：

此言眾民皆勞苦也，或役土功於國，或修理漕城，而我獨見使從軍

南行伐鄭，是尤勞苦之甚。〔註24〕

根據《禮記‧王制》中記載，周代的力役與戎事規定：「五十不從力政，六十不與服戎」〔註25〕。所謂「力政」，指的是城郭道渠之役，「戎事」則是從軍爲士卒。〈擊鼓〉詩中所言之「土國城漕」，即是上述之「力政」，也就是運用當時駐防之兵力，投入修築城垣的防禦工程。杜正勝在其所著的《周代城邦》

〔註22〕「嗟我農夫，我稼既同，上入執宮功。」指的是農人於農事之餘，則服勞役執宮室之事。

〔註23〕同註4，頁80。

〔註24〕同上。

〔註25〕《禮記》《十三經注疏本》（五），臺灣：藝文印書館，頁264。

中提及周民族的武裝殖民運動，認爲：

> 殖民營國之要務是建立軍事據點，以統治土著民族，古書名之曰
> 「城」。因爲四下統治的都是懷抱敵意的異民族，周人統治者屬少數
> 民族，不得不以堅固的城堡自保，以強悍的武力鎮壓。〔註26〕

在其另一著作《古代社會與國家》中，亦提及「國」與「城」、「邦」之間的關連：

> 國即「或」，甲骨、金文作或，從囗從戈，囗也是城牆，戈是武器，
> 即持干戈保衛城牆及城內人群的意思。《左傳》之中凡提及「國」者，
> 多指國君所在之都城而言，所以文字學家說：古代「國」皆訓作「城」
> （李孝定《集釋》周法高《詁林》）……邦，金文從丰從邑，丰，文
> 獻多寫作「封」，以手植樹，樹林的界線古人謂之「封疆」，界線內
> 包含有城牆聚落，整個大範圍就是「邦」。中國古代國家的封疆多利
> 用天然的山河森林界線，遇到空曠平野的地方才修築土隄，隄上種
> 樹作藩籬以阻隔內外。……封疆內所建的城，便稱作「國」。〔註27〕

因此建築城垣，是一種具有軍事和政治雙重意義的活動，有關周人築城的記載，周初猶少見，至於西周晚期的築城資料，大多見於《詩經》，而且多半築城是和征伐、防禦有直接密切的關連。《詩經》中最早的築城事蹟在〈大雅·綿〉詩中，就有詳細之記載：

> 乃召司空，乃召司徒，俾立室家，其繩則直，縮版以載，作廟翼翼。
> 捄之陾陾，度之薨薨，築之登登，削屢馮馮。百堵皆興，鼛鼓弗勝。
> 迺立皋門，皋門有伉；迺立應門，應門將將。迺立冢土，戎醜攸行。
>
> 〔註28〕

司空掌營建之事，司徒掌徒役之事，此段詩句，即在描寫周太王古公亶父遷都岐下，築建城垣、宮室及宗廟的情況。雖然在整首詩中，並未見到任何徵調力役的記載；但從其築城的過程看來，的確需要大量的人力資源，而這些人力資源在當時的社會環境下，應是運用徵調方式召集而來的。

西周末年，北方如〈小雅·六月〉一詩所云：「玁狁孔熾，我是用急」、「整

〔註26〕註26：杜正勝，《周代城邦》，臺灣：聯經出版事業，民國70年8月修訂版，頁24。

〔註27〕註27：杜正勝，《古代社會與國家》，臺灣：允晨文化公司，民國81年10月版，頁546。

〔註28〕同註4，頁548～549。

居焦穫，侵鎬及方，至于涇陽。」〔註29〕宣王乃命南仲征伐玁狁，並且築城以禦。〈小雅・出車〉中即有記載如下：

> 王命南仲，往城于方。出車彭彭，旂旐央央。天子命我，城彼朔方。
>
> 赫赫南仲，玁狁于襄。〔註30〕

由此詩所敘當時的戰爭情況可知，跟隨南仲前往朔方討伐玁狁的征夫，一方面要與玁狁作正面的殊死決戰，一方面要築城加強防禦工事，足見當時征夫戍役時任務的艱辛與煩重。

宣王時代的韓侯守韓，在〈大雅・韓奕〉詩中也提及當時加大加高城牆，加深城池的建築工事：「溥彼韓城，燕師所完」、「實墉實壑」，〔註31〕為的也是做為周王朝防禦北方戎狄的屏障。同時期的召伯虎為申侯營築謝城，以戍南疆，所以〈大雅・崧高〉言：「于邑于謝，南國是式」、「申伯之功，召伯是營，有俶其城。」〔註32〕而〈小雅・黍苗〉一詩，同樣是敘述申伯改封於謝邑時，召伯為之修城，而被徵召之征民美召穆公虎經營謝邑成功之詩。朱熹《詩集傳》言此詩為：

> 宣王封申伯於謝，命召穆公往營城邑，故將徒役南行，而行者作此。
>
> 〔註33〕

明季本《詩說解頤》言此詩：

> 宣王時以謝為荊徐要衝之地，封申伯於此，以鎮撫南國。因平淮之後，召穆公在江漢，先使營謝而南行之士將歸，故作此詩以美其成功。〔註34〕

若以詩中明言「召伯有成，王心則寧」、「我行既集，何云歸哉。」則可見誠如季本所言，此詩之作，應在謝邑浚成之後，而築城所動員的役夫，大部份應該是平淮待歸的兵卒就近徵調而來。全詩之內容如下：

> 芃芃黍苗，陰雨膏之。悠悠南行，召伯勞之。
>
> 我任我輦，我車我牛。我行既集，蓋云歸哉！

〔註29〕同註4，頁357及359。

〔註30〕同註4，頁339。

〔註31〕同註4，頁683。

〔註32〕同註4，頁671及672。

〔註33〕同註12，「悠悠南行，召伯勞之。」句下頁170。

〔註34〕明季本，《詩說解頤》，見《景印文淵閣四庫全書》（經部・七三・詩類），臺灣：商務印書館，頁79之265。

我徒我御，我師我旅。我行旣集，蓋云歸處！

蕭蕭謝功，召伯營之；烈烈征師，召伯成之。

原隰旣平，泉流旣清。召伯有成，王心則寧。〔註35〕

詩之首章以陰雨膏潤黍苗興起，寫召公慰勞當時營築謝城行役之人；二、三章義同，寫行役之眾編伍、挽車、駕車、載土、築城等情景；四、五章則讚美召公營謝城之事功。孫作雲在《詩經與周代社會研究》中，認爲〈小雅·黍苗〉是「申伯改封於謝，召伯爲之修城時，被徵發的農奴所作的歌」，並且認爲這是詩經中反戰詩的一部份〔註36〕。這樣的解釋，尤其是關於「農奴」部份，在此採保留態度。但是在周代這種徵召勞役的力役之徵，應該是相當普遍的，《詩經》中有許多詩作是傾訴著征戍勞役之苦，而此〈小雅·黍苗〉，卻以讚美召公經營謝城功成的事蹟，較爲特殊。

〈小雅〉中另外有一首也是提及戍役中修城之勞役事項，〈鴻雁〉一詩，即是從怨訴徭役痛苦的角度來敘寫，〈鴻雁〉詩之詩序言：

鴻雁，美宣王也。萬民離散，不安其居，而能勞來還定安集之，至於矜寡，無不得其所焉。〔註37〕

朱熹《詩集傳》亦云：

周室中衰，萬民離散，而宣王能勞來還定安集之，故流民喜之而作此詩。〔註38〕

一般解〈鴻雁〉詩者皆從此二說來詮釋，但也有從「詛咒徭役或者說是傾訴徭役痛苦，抒發內心不平」、「詩中抒情的主人公就是應征服役的民夫」〔註39〕的角度來解釋，〈鴻雁〉一詩共分三章：

鴻雁于飛，蕭蕭其羽，之子于征，劬勞于野。爰及矜人，哀此鰥寡。

鴻雁于飛，集于中澤，之子于垣，百堵皆作，雖則劬勞，其究安宅。

鴻雁于飛，哀鳴嗷嗷，維此哲人，謂我劬勞，維彼愚人，謂我宣驕。

〔註40〕

〔註35〕同註4，頁513～514。

〔註36〕孫作雲，《詩經與周代社會研究》，北京：中華書局，1966年4月1版，頁116。

〔註37〕同註4，頁373。

〔註38〕同註12，「爰及矜人，哀此鰥寡。」句下頁119。

〔註39〕見《詩經鑑賞集成》（下），臺灣：五南圖書出版公司，民國83年1月初版，頁660。

〔註40〕同註4，頁373～374。

陳子展《詩經直解》言:「詩謂亂後災餘,政府救濟流民,徵召流民修築城垣,有如後世之所謂以公代賑者也。」〔註41〕認爲詩中首章:「以鴻雁肅羽,興子之于征,少壯者行而及於矜人鰥寡矣。詩蓋言盡驅飢民以行也。」又引周制《禮記‧王制》:「用民之力,歲不過三日。」〔註42〕;《周禮‧均人》:「凶禮則無力政」〔註43〕及《周禮‧鄉大夫》「國中貴者、賢者、賢者、服公事者、老者、疾者皆可捨。」〔註44〕,認爲「詩之子于征、于垣,爰及矜人鰥人,自非凶年饑歲,民命倒懸,安得採此緊急綽措施邪?」確有其獨到見解之處。若此,則被徵役之流民不但非「美宣王」、「喜之而作此詩」更非「歌頌使臣安撫流民之詩」,而是流民在飽受離亂饑苦之禍,還須負起沈重築城的力量,難怪有哀鴻遍野嗷嗷哀苦之聲。

最後討論〈大雅‧烝民〉一詩,〈詩序〉言此詩是:「尹吉甫美宣王也。任賢使能,周室中興焉」〔註45〕,詩序之說牽附迂曲,觀該詩內容,實應如《詩集傳》所云:「宣王命樊侯仲山甫築城於齊,而尹吉甫作詩以送之」〔註46〕,該詩之前六章寫仲山甫之才德及任事之勤,全爲稱頌之讚辭。詩末之第七、八二章,才將作此詩之事由及動機明白寫出:

> 仲山甫出祖,四牡業業,征夫捷捷,每懷靡及;四牡彭彭,八鸞將將。王命仲山甫:「城彼東方。」

> 四牡騤騤,八鸞喈喈。仲山甫徂齊,式遄其歸。吉甫作誦,穆如清風。仲山甫永懷,以慰其心。〔註47〕

由此可知:周宣王派大臣仲山甫到齊地築城、平亂,鞏固東方邊防,臨行時,尹吉甫作此詩相贈。由「四牡業業,征夫捷捷」的詩句來看,原本用來作戰戍役的征夫,亦是提供建築城垣防禦的主要兵力。因此有周一代征夫所擔負的不僅僅只是拓土、禦外、戍守的軍事任務,還需擔負起建築當時用來做爲防禦鎮戍的城垣工事之繁重勞役,也難怪乎《詩經》中相關於戍役之詩作,大抵皆顯露出悲怨的情感基調來。

〔註41〕陳子展所著《詩經直解》,上海:復旦大學出版社,1983年10月1版,頁607。
〔註42〕同註25,頁247。
〔註43〕《周禮》《十三經注疏本》(三),臺灣:藝文印書館,頁210。
〔註44〕同上註,頁180。
〔註45〕同註4,頁674。
〔註46〕同註12,「保茲天子,生仲山甫。」句下頁214。
〔註47〕同註4,頁676~677。

至於〈國風〉〈鄘風·定之方中〉一詩，亦敘及有關築城之事，〈詩序〉
言：

> 定之方中，美衛文公也，衛為狄所滅，東徙渡河，野處漕邑。齊桓
> 公攘戎狄而封之。文公徙居楚丘，始建城市，而營宮室，得其時制，
> 百姓說之，國家殷富焉。〔註48〕

該詩確為「美衛文公建國」之詩，但其詩文之中並未提及有關徵民戍役之事，
故無法於本文中詳加討論。但詩中敘及衛文公當時建國之際，占天時、審地
宜、築城作宮植樹之過程〔註49〕，或可做為上述各詩篇及春秋時期築城方式
之參考。

〔註48〕同註4，頁114。
〔註49〕該詩之一、二章言：「定之方中，作于楚宮。揆之以日，作于楚室。樹之榛栗，
　　　　椅桐梓漆。爰伐琴瑟。升彼虛矣，以望楚矣。望楚與堂，景山與京。降觀于
　　　　桑。卜云其吉，終然允臧。」同註4，頁115～116。

第六章 《詩經》中戰爭與戍役詩所表現之情感特徵

　　《詩經》一書結集了兩千五百年前，從西周初期至東周春秋中期，約五百年間的詩歌創作。然而無論是西周抑是東周初年，二個時代均經歷無數的戰爭，就當時而言，無論是征伐、平亂、禦侮、勤王，抑是對外族的抵抗，在在都不惜發動戰爭。就在此戰爭頻仍的時代之下生活的百姓而言，其對戰爭所引發的愛惡情感，是一個值得探討的主題。

　　在三百零五篇當中，直接或間接描寫並提及當時有關戰爭及戍役的詩篇，其實並不如一般學者所認為的少。固然其中詩句「文辭質樸含蓄，偏向於生活與情感上的描寫，很少直揭戰爭的罪惡，批判戰爭的殘酷。」〔註1〕但是若將這些相關於戰爭或戍役的詩篇加以整理分析，不難於其中探究出當時對於戰爭及戍役的種種情感特徵。

　　本文以下即從：「愛國與非戰」、「閨思與征怨」、「懷鄉與喜歸」三方面，來逐一分析探討詩經有關戰爭與戍役詩篇中所表現之情感特徵。

第一節　愛國與非戰

　　《詩經》裡涉及任何有關戰爭的詩篇作品，其中所表現出的創作態度多半呈現的是一種愛國與非戰的兩極心態。固然例如在〈衛風‧伯兮〉、〈秦風‧小戎〉、〈秦風‧無衣〉、〈小雅‧六月〉、〈小雅‧出車〉等詩中充滿著相當熱烈而且高亢的愛國情感特徵；但是相對地卻在更多如〈王風‧揚之水〉、〈唐

〔註 1〕 洪贊《唐代戰爭詩研究》，臺灣：文史哲出版社，民國 76 年 10 月初版，頁 12。

〈風‧鴇羽〉、〈小雅‧四牡〉、〈小雅‧采薇〉等詩篇中透露出種種當時人民對於戰爭的厭惡思想，甚者凡是提及戰爭及戍役時，泰半用充滿悲傷爲主調的方式，來詮釋其籠罩在死亡陰影下的非戰思想。

一、愛 國

首先就從詩經中所呈現出來的愛國精神加以探討，在〈國風〉中尤以〈秦風‧無衣〉一詩表現得最爲激昂慷慨。雖然在〈詩序〉的解釋上，傳統地套上諷刺的說法：

> 無衣，刺用兵也。秦人刺其軍好攻戰，亟用兵而不與民同欲焉。〔註2〕

但就詩文本身通篇的內容來解讀：

> 豈曰無衣，與子同袍。王于興師，修我戈矛，與子同仇。
>
> 豈曰無衣，與子同澤。王于興師，修我矛戟，與子偕作。
>
> 豈曰無衣，與子同裳。王于興師，修我甲兵，與子偕行。〔註3〕

通篇有著奮勇效忠、矢志戮力、併肩作戰的高昂愛國精神，並無任何諷刺用兵之意，宋朱熹《詩集傳‧序》此：

> 秦人之俗，大抵尚氣概、先勇力、忘生輕死、故其見於詩如此。〔註4〕

這種所謂「尚氣概、先勇力、忘生輕死」的精神，應可算是一種忠貞愛國的情操表現。袁梅在其《詩經譯註》中認爲〈秦風‧無衣〉是一首「激昂慷慨之軍歌」，反映的是「人民積極響應國家號召，同仇敵愾，奮起參加正義的衛國戰爭」。〔註5〕

另一首同樣表現愛國情操的詩篇是〈衛風‧伯兮〉，所不同的是透過征夫之妻的心情來表現對國家的摯愛。〈衛風‧伯兮〉一詩，〈詩序〉和《鄭箋》的解釋，均認爲此篇是婦人爲其君子久役未歸、過時不返而思念之詩。

> 刺時也。言君子行役，爲王前驅，過時而不反焉。〔註6〕

〔註2〕《詩經》《十三經注疏本》（二），臺灣：藝文印書館，頁244。

〔註3〕同上註。

〔註4〕宋朱熹《詩集傳》，臺灣：中華書局，民國71年5月臺十一版，頁79。

〔註5〕袁梅《詩經譯註》，齊魯書社，1985年1月，見引言，頁44。並於〈秦風‧無衣〉詩下言及此詩：「反映了古代人民以愛國精神參加正義的衛國戰爭的思想情感。爲了抗擊共同的敵人，團結一致，並肩戰鬥，表現了敵愾同仇，同生死共甘苦的友誼。」，頁344。

〔註6〕同註2，頁139。

衛宣公之時，蔡人、衛人、陳人從王伐鄭，伯也爲王前驅久，故家

人思之。〔註7〕

陳子展在《詩經直解》中據此解此詩爲「婦人爲其君子于役未歸，深感苦痛

而作，詩意自明。」〔註8〕但從詩文的首章的敘述來分析：

兮揭兮，邦之桀兮，伯也執殳，爲王前驅。〔註9〕

在婦人的心目中，丈夫的英勇雄姿，執兵器爲從王伐鄭之先鋒，敘述之間，

頗有驕矜自得的神情，雖然她自從丈夫出征之後便：

自伯之東，首如飛蓬，豈無膏沐，誰適爲容。

再也沒有心情妝扮自己，因此不免在詩文中透露出一種「願言思伯，甘心首

疾」、「願言思伯，使我心痗」的深切思念情緒，但卻是一種心甘情願甜蜜的

思念。朱師守亮評釋此詩言：

全詩不僅無一怨言，且有自詡其夫爲邦之英傑，執兵器爲王前驅，

而生驕矜榮幸之感。蓋情摯意切，故別後未嘗有容飾。思心爲勞，

雖至首疾心痗，亦心甘情願也。〔註10〕

此詩即透過對征夫摯愛的思念，從其妻子自詡的口吻以及其情摯意切、心甘

情願的態度上，隱約間也相當地表達了一種愛國情操。

　　另外，在〈秦風‧小戎〉詩中所表現出的是秦國婦女也能爲國先公後私，

表現出婦女愛國之崇高精神。〈秦風‧小戎〉之〈詩序〉言：

美襄公也，備其兵甲以討西戎，西戎方彊而征伐不休，國人則矜其

兵甲，婦人能憫其君子焉。〔註11〕

詩之內容並無美襄公之語，但此詩言車馬甲兵之制詳細，爲歷來考證當時兵

器車馬之重要文獻資料。朱熹《詩集傳》言此詩：

西戎者，秦之臣子所與不共戴天之仇也。襄公上承天子之命，率其

國人往而征之，故其從役者之家人，先夸車甲之盛如此，而后及其

私情，蓋以興義師，則雖婦人亦知勇於赴敵而無所怨矣。〔註12〕

〈秦風‧小戎〉這首詩的作者是以從征者的妻子來贊揚夸飾當時駟馬之壯、

〔註7〕同上註。

〔註8〕陳子展《詩經直解》，上海：復旦大學出版社，1983年第一版，頁193

〔註9〕同註2，頁139

〔註10〕朱守亮《詩經評釋》，臺灣：學生書局，民國73年10月初版，頁199。

〔註11〕同註2，頁236。

〔註12〕同註4，〈秦風‧小戎〉詩第一章下註，頁75。

兵車之盛的軍容,並且給與那些慷慨赴戰的丈夫鼓勵和支持,最後才抒寫對征夫的思念之情。如此先公後私的精神,可以說是當時秦國婦女對於戰爭的支持和愛國精神的完全體現。詩中三言「言念君子」,語固激動而「亂其心曲」,然最後亦表達了希望他那「厭厭良人」,能夠早日建立功業,帶回「秩秩德音」。固然有人認為此詩語帶悲怨,但從全詩中費盡筆墨誇耀兵車裝備之精良,為其他思念征人之詩所無,所以不能全以一般閨怨詩相看待。

陳啟源《毛詩稽古篇》云:「然襄公以義興師,民心樂戰,故子孫得收其成功耳。小戎一詩實秦業興盛之本。」〔註13〕,嚴燦《詩緝》亦云:「小戎之詩,鋪陳兵車器械之事,津津然夸說不已。以婦人閔其君子,而猶有鼓勇之意,其真秦風也哉!」〔註14〕兩者均能體驗出〈秦風・小戎〉一詩中鼓勇樂戰的愛國情操。

至於〈鄘風・載馳〉一詩,在陳鐵鑌〈論詩經中的愛國思想〉及林祥徵〈詩經中的愛國精神〉文中〔註15〕,皆認為是《詩經》中具有愛國思想的作品,根據〈詩序〉的說法〈載馳〉一詩是:

> 許穆夫人作也。閔其宗廟顛覆,自傷不能救也。衛懿公為狄人所滅,國人分散,露於漕邑。許穆夫人閔衛之亡,傷許之小,力不能救,思歸唁其兄,又義不得,故賦是詩也。〔註16〕

在《左傳・閔公二年》亦載有此事:

> 冬十二月,狄人伐衛,衛懿公好鶴,鶴有乘軒者。將戰,國人受甲者皆曰:「使鶴,鶴實有祿位,余焉能戰?」……及狄人戰于熒澤,衛師敗績,遂滅衛。……立戴公,以廬于曹。許穆夫人賦〈載馳〉。

〔註13〕 見清陳啟源《毛詩稽古篇》卷七,頁4,台灣商務印書館(景印文淵閣庫全書第八十五冊,經部七九,頁85之429)。

〔註14〕 宋嚴粲《詩緝》卷十二,臺灣:廣文書局(影印黃梅胡今予先生藏明嘉靖間趙府味經堂刻本),民國49年11月初版,頁7。

〔註15〕 陳鐵鑌在〈論詩經中的愛國思想〉一文中認為:「在《詩經》裡突出地表現統治階級愛國思想的詩篇要算是〈衛風〉(應為〈鄘風〉)中的〈載馳〉了。作者是許穆夫人。她是我國古代文學史上第一個愛國女詩人。」見《錦州師範學院學報》(哲學社會科學版),1980年第三期,頁31。

林祥徵〈詩經中的愛國精神〉一文中亦提及:「對祖國的愛,對故鄉的愛,無疑是一種崇高的感情。『千古英雄,愛國同懷赤子之心。』春秋時期的許穆夫人用她崇高的感情寫下〈鄘風・載馳〉這首詩。」見《山東師大學報》(哲學社會科學版),1985年第二期,頁71。

〔註16〕 同註2,頁124～125。

齊侯使公子無虧帥車三百乘,甲士三千人以戍曹。〔註17〕

此詩之內容的確是許穆夫人閔其宗廟顛覆,自傷不能救之之詩。但不能視為愛國之詩作,因許穆夫人為衛戴公之同母女弟,雖嫁與許國穆公,但衛國為其母國,為狄所滅,自然要挺身而出,求請齊國出兵救衛。此為親情而非公義明矣!若強加曲解為愛國詩作,或推者崇許穆夫人為一愛國女詩人,則或有過於稱譽之處。

二、非 戰

周代已經是一個完全過著農業生活的社會,農業社會一般都有著安土重遷、習於安定和平的特徵,而戰爭所帶來的破壞毀滅,致使人民必須被迫遠離土地及其親人。因此,在大部分《詩經》有關戰爭與戍役的詩篇之中,如果從若干征夫的怨懟、苦悶、思鄉與懷歸,或是對於死亡傷殘的恐懼,以及親人妻子的思念擔憂來解讀,那麼每一詩篇當中或多或少的都有滲雜著所謂「我心傷悲,莫知我哀」的「非戰」或「反戰」情緒。誠如楊牧在〈古者出師──詩經裡的戰爭〉一文中,特別強調《詩經》中的「非戰」情緒,他認為《詩經》之為中國文學源頭的詩篇:「關於戰爭的描述和反戰情緒的渲洩,其一貫的認知標準昭然若揭。」更指出:

> 詩經裡涉及征戰行動的作品,幾乎都是反戰情緒的渲染和發洩,或正面以怨懟哀歎出之,或側面以文章辭藻的安排來反映,從小規模的征夫思婦心情,到大規模的所謂遣戍役和勞還旋的志向,處處流露出這一份情緒,見於征人厭戰的疲憊,思婦的心神懸疑和專業詩人的修辭操縱。〔註18〕

如果按照這樣的認知標準,來審視《詩經》有關戰爭與戍役的詩篇,則有相當大比例的作品內容,都是有著厭惡戰爭的「非戰」心理,這其中甚至包括前文所提的如:〈衛風‧伯兮〉、〈秦風‧小戎〉二首激揚慷慨的詩作在內。但是如果是用如此單一的觀點來分類,則無法充分瞭解當時《詩經》有關戰爭與戍役詩篇中所表現之複雜的情感特徵。

在詩經中有關征怨和閨思的作品中,我們可以在〈唐風‧鴇羽〉及〈邶風‧擊鼓〉二詩中感染得到相當大的「非戰」情緒之表達。〈唐風‧鴇羽〉一

〔註17〕《左傳》《十三經注疏本》(六),臺灣:藝文印書館,頁190～191。
〔註18〕該文見《聯合文學》,1985年7月,一卷九期,頁10。

詩之內容誠如朱熹《詩集傳》所言：

> 民從征役而不得養其父母，故作此詩。〔註19〕

今細觀此詩之內容：

> 肅肅鴇羽，集於苞栩，王室靡盬，不能藝稷黍，父母何怙。悠悠蒼
> 天，何其有所。
>
> 肅肅鴇翼，集於苞棘，王室靡盬，不能藝黍稷，父母何食。悠悠蒼
> 天，曷其有極。
>
> 肅肅鴇行，集於苞桑，王室靡盬，不能藝稻粱，父母何嘗。悠悠蒼
> 天，曷其有常。〔註20〕

詩僅三章，每章上二句皆以肅肅群鴇所棲難安起興，其後則三呼父母及悠悠
蒼，極為悲愴無奈。戰爭帶來的苦難，不僅僅是征夫個人而已，征夫被長期
征調，人力空乏，土地的荒廢，致使農作物無法收穫，所以詩中特別再三指
責「王事靡盬」、「不能藝黍稷稻粱」，使得征夫不能盡人子之孝，因此擔憂「父
母何怙」、「父母何食」、「父母何嘗」。但是無止盡的役期，最後也只能呼訴蒼
天以舒久役之悲痛。故方玉潤言此詩：「始則痛居處之無定，既則念征役之何
極，終則恨舊樂之難復，民情至此，咨怨極矣。」〔註21〕，全詩並無激情怨
懟之語，但征夫厭惡戰爭的「非戰」情緒已昭然若揭了。

〈邶風‧擊鼓〉是一首戌卒思歸不得而絕望之詩，〈詩序〉言：

> 擊鼓，怨州吁也。衛州吁用兵暴亂，使公孫文仲將，而平陳與宋。
> 國人怨其無禮也。〔註22〕

詩中並無言及〈詩序〉所云之「用兵暴亂」及「怨其無禮」的內容，朱熹《詩
集傳》言此詩：

> 衛人從軍者自言其所為，因言衛國之民，或役土公於國，或築城於
> 漕，而我獨南行，有鋒鏑死亡之憂，危苦尤甚也。〔註23〕

細讀詩之內容實如此言，即是兵士苦於征戰戌役，不滿久役不歸而懷憂失望
之作：

> 擊鼓其鏜，踊躍用兵。土國城漕，我獨南行。

〔註19〕同註4，〈唐風‧鴇羽〉詩第一章下註，頁71。
〔註20〕同註2，頁224。
〔註21〕清方玉潤《詩經原始》(上)，臺灣：藝文印書館，民國70年2月三版，頁571。
〔註22〕同註2，頁80。
〔註23〕同註4，〈邶風‧擊鼓〉詩第一章下註，頁18。

　　從孫子仲，平陳與宋。不我以歸，憂心有忡。

　　爰居爰處？爰喪其馬？于以求之？于林之下。

　　死生契闊，與子成說。執子之手：「與子偕老」。

　　于嗟闊兮，不我活兮。于嗟洵兮，不我信兮。〔註24〕

詩首二章說明出征不得歸之緣由；三章寫其喪失戰鬥意志，於林中求其走失之；末二章憶及當初分別時與妻之許諾，因戰爭之故而不能實現和心愛的妻子信守「死生契闊」、「與子偕老」的約定，邊防戍遠，歸期永斷所帶來的痛苦和絕望，使得征夫仰天哭號：「于嗟闊兮，不我活兮。于嗟洵兮，不我信兮。」如此愴懷絕望的心情，可以想見征夫的內心，是如何地痛恨和厭惡這場戰爭，通篇中並無任何咒罵戰爭的詩句，但是「非戰」的情緒卻隱然地浮現其中。因此陳子展在《詩經直解》中認爲〈邶風・擊鼓〉一篇「詩主個人訴苦，實反映當時兵民對於非正義戰爭之厭惡心理」。〔註25〕

第二節　閨思與征怨

　　上節所述的非戰情緒，大多表現在有關戰爭與戍役詩中征怨與閨思的情感上，所以思婦與征夫之怨，就成了當時有關戰爭與戍役詩歌的重要題材。朱熹《詩集傳・序》：「凡詩之所謂風者，多出於里巷歌謠之作，所謂男女相與詠歌，各言其情者。」〔註26〕固然在風詩之中，如〈周南・關雎〉之中詠君子求淑女；〈鄭風・狡童〉、〈鄭風・褰裳〉中打情罵俏等男女戀歌式的詩篇爲數不少，但也有許多詩篇是在表現及描寫出征丈夫與家鄉妻子兩者之間相互思念的情感。而這些詩篇與男女戀歌式的詩篇相較起來，更加深切凄楚而感人，更開後來詩歌史上「邊塞詩」、「閨怨詩」中以此爲題材的先河。

一、閨　思

　　《詩經》中有關戰爭閨思之作多集中在風詩中，如〈周南・卷耳〉、〈召南・殷其靁〉、〈衛風・有狐〉、〈王風・君子于役〉等作，都是婦人懷念征夫之詩。而在雅詩中則僅有〈小雅・杕杜〉一詩是以此爲題材的作品。

〔註24〕同註2，頁80。

〔註25〕同註8，頁95。

〔註26〕同註4，《詩集傳・序》，頁2。

〈周南‧卷耳〉一詩描寫婦人於採集卷耳之際，念夫行役，設想丈夫馬疲僕病、登山望鄉之情景：

> 采采卷耳，不盈頃筐。嗟我懷人，寘彼周行。
>
> 陟彼崔嵬，我馬虺隤。我姑酌彼金罍，維以不永懷。
>
> 陟彼高岡，我馬玄黃。我姑酌彼兕觥，維以不永傷。
>
> 陟彼砠矣，我馬瘏矣。我僕痡矣，云何吁矣！〔註27〕

〈詩序〉言此詩：

> 卷耳，后妃之志也。又當輔佐君子，求賢審官，知臣下之勤勞；內
>
> 有進賢之志，而無險詖私謁之心，朝夕思念，至於憂勤也。〔註28〕

后妃之說，實爲附會曲解，朱熹《詩集傳》言此詩爲：「后妃以君子不在而思念之故賦此詩」〔註29〕，但細解此詩實爲閨人一往情深，設想其夫於征役之際，在極端疲憊與困頓後，猶跋涉登高以望故鄉，懷想妻子飲酒自寬的情狀。詩之首章藉著採擷野菜的閨妻，因懷想遠方久別的征夫，以致無法採滿一淺筐寫起，後三章則是以懷人者即詩中之閨婦，想像其所懷之人思念自己入詩，以解一己懷思之苦。雖是憑空設想，但其愁苦之思，恍惚之情，卻蘊含著無盡的俳惻纏綿，道盡當時因征戍而引發的閨思情愁。

另外在國風詩中，此類寫閨思之作尚有：〈召南‧殷其靁〉爲婦人聞雷鳴，感風雨將至，興起懷念從役在外的征夫之詩〔註30〕；〈衛風‧有狐〉寫婦人因天冷而憂其征夫無衣禦寒之詩〔註31〕；〈王風‧君子于役〉寫婦人日暮見禽畜歸宿，卻不見久役于外的征夫還歸之詩〔註32〕，這些都是《詩經》中膾炙人口的著名詩作。

〈小雅‧杕杜〉一詩則以孤特之杕杜起興，敘閨人思征夫當歸而未歸，乃藉卜筮占之，信其將歸，以舒一己思念之情深：

> 有杕之杜，有睆其實。王事靡盬，既嗣我日。日月陽止，女心傷止。
>
> 征夫遑止。
>
> 有杕之杜，其葉萋萋。王事靡盬，我心傷悲。卉木萋止，女心悲止。

〔註27〕同註2，頁33。
〔註28〕同註2，頁33。
〔註29〕同註4，〈周南‧卷耳〉詩「寘彼周行」下註，頁3。
〔註30〕同註2，頁58。
〔註31〕同註2，頁140。
〔註32〕同註2，頁148。

　　征夫歸止。

　　陟彼北山，言采其杞。王事靡盬，憂我父母。檀車幝幝，四牡痯痯。

　　征夫不遠。

　　匪載匪來，憂心孔疚。期逝不至，而多爲恤。卜筮偕止，會言近止，

　　征夫邇止。〔註33〕

此詩無論從風格或內容來看，均與前述的幾首〈國風〉中表達閨思的詩篇幾乎完完全全相同，因歸期渺渺絕望無助之際，竟因思念過切而入於幻想，只好藉著占卜的安慰，由悲轉喜，將希望寄託於未可確定的將來，其憂心與憔悴、期盼與煎熬，又有過之而無不及。

　　在《詩經》中這種征夫因征戍在外，而「婦歎於室」的閨怨作品，泰半皆是由男性的詩人，設身處地的更換角色，模擬征夫之妻的口吻，描寫思婦獨守空閨之懸想與憂思。其中最常慣用的描寫方式，即是藉由日常生活中的尋常事物起興，進而觸起引發內心的情感世界，或於采采野菜之際、或於風雨雷電將作之時、或因天寒而感傷、或見禽畜歸宿而生情，國風多爲民間歌謠，其所歌所詠者亦多爲民間之風土民情、社會動態。因此在閱讀這些閨思作品時，固然不一定是每個人都有的一般尋常經歷，但由於所描寫的景物以及所觸動的情感，都是社會大眾所熟悉的，所以都能感同身受，雖非征夫思婦，亦能夠透過這類閨思的作品，懷想周代當時因戰爭離亂的時代中閨婦對於征夫那種輾轉恍惚的長期懸念與擔心懼怕。

二、征　怨

　　在本文的第一節中已提及《詩經》裡涉及有關戰爭的詩篇作品，其中所表現出的創作態度多，半呈現的是一種愛國與非戰的兩極心態。在某些詩中，雖然充滿著相當熱烈而且高亢的愛國情感特徵；但也有許多詩篇透露出種種當時人民對於戰爭的厭惡思想，因此所謂的「征怨」詩，也大量出現在《詩經》三百篇裡。

　　在雅詩中，以〈小雅〉中的〈漸漸之石〉、〈何草不黃〉二例來析探當時征夫怨忿戰爭的沉重情感，〈小雅·漸漸之石〉一詩是周王朝東征將士怨歎征戰不息、勞苦無訴之作：

〔註33〕同註2，頁340。

漸漸之石，維其高矣。山川悠遠，維其勞矣。武人東征，不皇朝矣。

漸漸之石，維其卒矣。山川悠遠，曷其沒矣。武人東征，不皇出矣。

有豕白蹢，烝涉波矣。月離于畢，俾滂沱矣。武人東征，不皇他矣。

〔註34〕

〈詩序〉云此詩為：「下國刺幽王也。戎狄叛之，荊舒不至，乃命將帥東征，役久病於外，故作是詩也。」有關刺幽王、戎狄叛之、荊舒不至及將帥東征等說法，並實無憑據。而朱熹《詩集傳》云：「將帥出征，經歷險遠，不堪勞苦，而作此詩也。」〔註35〕從詩的本文來分析，此詩共三章：前二章是形容征夫出征在外，因受山川阻途之苦，跋涉艱辛而無朝旦之暇；後一章則以日常負塗曳泥之家豕，因大水暴漲，涉波白足，用來形容當時東征武人在大雨滂沱的惡劣險境中，艱苦行役的淒慘情狀。整首詩是以征途所見之淒涼景況，來喻託征夫對戰爭的怨懟和無奈，眼前是嶄嶄峻山的險惡，腳下是崎嶇漫長的征途，已經是疲憊交加，心生厭苦煩悶，而偏偏又遇到滂沱大雨，泥濘不堪，霑體塗足，更益增其內心之忿怨與不願。另一方面從詩中感慨的語句中，更加顯現出征夫的哀嘆和絕望，如「維其高矣」、「維其勞矣」、「不皇朝矣」；「維其卒矣」、「何其沒矣」、「不皇出矣」；「俾滂沱矣」、「不皇他矣」，征夫在面對這種窮山惡水而征役無期的情狀下，也只能發出這樣一長串莫可奈何的哀怨之氣，將周王朝東征將士怨歎征戰不息，勞苦無訴之情，在這八個「矣」字的哀怨聲中表露無遺。

另一首〈小雅‧何草不黃〉詩作，亦是描寫征夫苦於征役之詩。〈詩序〉言此詩為：「下國刺幽王也。四夷交侵，中國背叛，用兵不息，視民如禽獸，君子憂之，故作是詩。」〔註36〕朱子《詩集傳》言：「周室將亡，征役不息，行者苦之，故作此詩。」〔註37〕這首詩與前首〈漸漸之石〉相較起來，全詩更是充滿著悲忿的口氣，道出苦於戰爭的悲怨。

〈何草不黃〉一詩共四章，以曠野之中的動植物為比喻，道出征夫怨恨行役勞苦之心聲：

何草不黃？何日不行？何人不將？經營四方。

〔註34〕同註2，頁523。

〔註35〕同註4，〈小雅‧漸漸之石〉詩「不遑朝矣」下註，頁173。

〔註36〕同註2，頁527。

〔註37〕同註4，〈小雅‧何草不黃〉詩「經營四方」下註，頁174。

> 何草不玄？何人不矜？哀我征夫，獨爲匪民？
>
> 匪兕匪虎，率彼曠野；哀我征夫，朝夕不暇！
>
> 有芃者狐，率彼幽草；有棧之車，行彼周道。〔註38〕

詩之首章即以百草皆黃，秋風淒緊的蕭殺景色，突顯出征夫悲怨的心情基調，由於兵荒馬亂、轉戰四方的征伐生活，已經讓征夫有無暇休息的怨懟，進而發出「何日不行」、「何人不將」的埋怨與質問。第二章接著即以從役過時而不得歸的哀傷心情，來怨訴戰爭造成夫婦的睽隔分離，而感到「哀我征夫」、「獨爲匪民」的悲痛。三、四兩章則以曠野之動物爲況，言一己非是虎兕野獸，而卻竟日奔走於曠野之中，不得休息；就算是幽草中的狐狸至少尚有棲身之處，而「哀我征夫」、「朝夕不暇」，此情此景的確令人感受到戰爭帶來的愁怨。方玉潤《詩經原始》言此詩：

> 夫征役不息，終歲往來，以至何草不黃矣。而經營四方者，猶未有已時耶！即至草色皆枯，由黃而玄，而征行仍如故也、且也。曠野之間無非虎兕，幽草以內盡是芃狐，此何如荒涼景象乎？哀我征夫，朝夕不暇，乘此棧車，行彼周道，是虎兕芃狐相率而爲群也。其幸而不至爲惡獸所噬者亦幾希矣。嗟嗟我征夫也，獨非民哉！胡爲遭此亂離，棄其室家，幾至無人不鰥也哉！蓋怨之至也。〔註39〕

陳子展《詩經直解》言此詩爲「征役不息，征夫愁怨之作。此屬於亂世之音，亡國之音一類作品。」〔註40〕的確在〈何草不黃〉一詩中我們聽到了當時因戰爭之故而滿腔悲怨的征夫之心聲。

然而在《詩經》中有關戰爭的詩篇當中，言及征夫與思婦之間因戰爭久役而相隔兩地的情感相思，其實是充滿著「公義與私情矛盾」的心理狀態和感情。征戰與戍役避免不了的是親情遠隔、骨肉分離及死亡傷殘的陰翳，因此在許志剛《詩經勝境及其文化品格》一書中，解讀《詩經》之中的「公義與私情」認爲：

> 王事窘急之感和個人私情之嘆交織在一起，構成詩歌抒情的基調，表現出不願征戰卻又不能不從軍征戰的心情。〔註41〕

〔註38〕同註2，頁527。

〔註39〕同註21，頁1014～1015。

〔註40〕同註8，頁851。

〔註41〕許志剛《詩經勝境及其文化品格》，臺灣：文津出版社，民國82年12月初版，頁95。

就是在這種心情之下，如同《公羊傳‧哀公三年》所言「不以家事辭王事，以王事辭家事」的精神投入戰爭。在《詩經》諸篇之中敘及有關戰爭所引發的戍役詩中，所表達的情感多半是矛盾衝突的，在沉重的徭役和兵役壓迫下「夙夜在公」、「王室靡盬」一類發自社會下層的抱怨，風雅中屢有所見。使得當時的百姓生活在戰爭的陰影下，而思夫曠婦則成爲當詩歌的重要題材，也流露出當時人民的眞實情感。

第三節　懷鄉與喜歸

一、懷　鄉

　　戰爭引發的征怨和閨思，固然令人厭惡和懼怕，但在歷經過生離死別後的長期擔憂懸念下，征夫還歸一種喜悅和悲傷的複雜心情湧現，這種情感特徵也是《詩經》中一個重要的描寫題材。當一個征夫遠戍他地，離鄉背井，在長期的征戰生涯中，其足堪慰藉沙場上血腥殺戮、死殘陰靄的悚懼心靈的，就是遙想懷念家鄉的一切，包括鄉土的一草一木，父母、親人、妻子，也惟有如此懷鄉的慰藉，才能夠支撐他們孤獨疲憊的身心而繼續戰鬥。

　　〈魏風‧陟岵〉一詩，是一首行役征夫思念家鄉父母親人之詩，〈詩序〉言：

> 孝子行役，思念父母也。國破而數侵削，役乎大國，父母兄弟離散，而作是詩也。〔註42〕

與詩旨大致吻合。詩云：

> 陟彼岵兮，瞻望父兮。父曰「嗟！于子行役，夙夜無已，上愼旃哉！猶來，無止。」
>
> 陟彼屺兮，瞻望母兮。母曰「嗟！于季行役，夙夜無寐，上愼旃哉！猶來，無棄。」
>
> 陟彼岡兮，瞻望兄兮。兄曰「嗟！于弟行役，夙夜必偕，上愼旃哉！猶來，無死。」〔註43〕

此詩由征夫登高望鄉，思念親人寫起，透過遙遠家鄉親人手足對征人思念的設想，來表現出征人懷鄉的悲切，其中有嗟嘆、叮嚀、盼望、愛憐，思歸不

〔註42〕同註2，頁209。
〔註43〕同註2，頁209。

得的淒楚辛酸。所謂「筆以曲而愈達，情以曲而愈深」如此淒切的思鄉之情，透過遙遠家鄉親人手足對征人思念的設想來表現，與古詩中「悲歌可以當泣，遠望可以當歸，思念故鄉，鬱鬱纍纍」的情懷，有異曲同工之悲。全詩所流露出絕望中的深切思念，父母兄弟之間生死遠隔的情感，讀之眞令人嗚咽斷腸，同聲一哭。

〈小雅‧采薇〉爲一首戍守之人還歸自詠之詩，通篇皆以舒發征夫戍守在外，屢屢思念其家亟欲歸之的懷鄉情緒。雖然此詩爲採追憶之手法表現，但是寫其當時遠別家室，久戍邊疆，歲暮思歸之心情，悲壯而淒婉。〈詩序〉云：

> 采薇，遣戍役也。文王之時，西有昆夷之患，北有玁狁之難，以天子之命，命將率遣戍役，以守衛中國，故歌采薇以遣之，出車以勞之，杖杜以勤歸也。〔註44〕

此詩是否爲文王之時伐玁狁之作，誠屬可疑。〔註45〕方玉潤云：「小序集傳皆以爲遣戍役而代其自言之作，唯姚氏謂戍役還歸詩也。蓋以詩中明言：日歸日歸及今我來思等語，皆既歸之詞，非方遣所能逆料者也。」〔註46〕因此〈采薇〉一詩應如王靜芝所謂：「此戍守之人還歸自詠」之詩。〔註47〕

〈采薇〉詩之前三章言戍守者有捨其室家之悲、不得音信之憂、不遑啓處之勞及載飢載渴之苦：

> 采薇采薇，薇亦作止。曰歸曰歸，歲亦莫止。靡室靡家，玁狁之故。
> 不遑啓居，玁狁之故。

〔註44〕同註2，頁331。

〔註45〕清方玉潤《詩經原始》言：「至作詩世代或以爲文王時，或以爲宣王時，更或謂季歷時，都不可攷。集傳、姚氏同駁大序，謂文王時之非，而亦不能定其爲何王……大抵遣戍時世難以臆斷，詩中情景不啻目前，又何必強不知以爲知耶？」同註21，頁739。姚際恆《詩經通論》言：「此不知何王之世。大序謂文王，文王無伐玁狁事，《辨說》已駁之。或謂宣王，然與〈六月〉又不同時。或謂季歷，益妄。」廣文書局，民國77年10月三版，頁181。
但根據屈萬里在其所著《詩經釋義》中言：「玁狁一名，西周中葉以後始有之，殷末及周初稱鬼方，（王國維有說，見所著鬼方昆夷玁狁考）。詩中屢言玁狁，知此乃西周中葉以後之詩；舊謂作於文王時者，非也。以出車及六月諸詩證之，此蓋作於宣王之世。」，臺灣：中國文化學院出版部，民國69年9月新一版，頁209。

〔註46〕同註21，頁739。

〔註47〕見王靜芝所著《詩經通釋》，臺灣：輔仁大學文學院，民國70年10月八版，頁347。

> 采薇采薇，薇亦柔止。曰歸曰歸，心亦憂止。憂心烈烈，載飢載渴。
> 我戍未定，靡使歸聘。
>
> 采薇采薇，薇亦剛止。曰歸曰歸，歲亦陽止。王室靡鹽，不遑啓處。
> 憂心孔疚，我行不來。〔註48〕

詩之四、五兩章則述將帥車馬之盛，而自己卻因戍役之故而處於經常備戰、奔波不定的勞苦狀況之中：

> 彼爾維何？維常之華。彼路斯何？君子之車。戎車既駕，四牡業業。
> 豈敢定居？一月三捷。
>
> 駕彼四牡，四牡騤騤。君子所依，小人所腓。四牡翼翼，象弭魚服。
> 豈不日戒？玁狁孔急。

〈采薇〉一詩膾炙人口的詩句，尤其是詩中景物的描寫，歷來就對後代文學創作產生極大的影響，特別是詩之末章「昔我往矣，楊柳依依。今我來思，雨雪霏霏。行道遲遲，載渴載飢。我心傷悲，莫知我哀！」情景交融之境實為絕唱。陳子展《詩經直解》推崇此詩「歷漢、魏、南朝至唐，屢見詩人追摹，而終有弗逮。」〔註49〕

二、喜 歸

　　戰爭結束而還歸之際，那種闊別家園乍時即將重逢的情緒，是極為錯綜複雜而有喜有悲的。喜的是睽隔已久、朝暮懸念的親人重逢及鄉園的回歸；悲的是人事的滄桑及軍旅跋涉征戰的悲苦回憶，《詩經》中也有極為出色的篇章來描寫戰爭之後還歸的心情。在〈豳風〉中就有〈東山〉、〈破斧〉兩篇描寫當征人歸鄉時欲喜還悲的心情：〈東山〉一詩是寫隨周公東征之戰士，還歸述懷之詩；〈破斧〉一詩亦是豳人隨周公東征，自述其作戰艱苦而終於獲勝旋歸之詩。

　　〈豳風・東山〉一詩分四章，每章皆以「我徂東山，慆慆不歸。我來自東，零雨其濛。」四句開端，寫出當時還歸時陰雨綿織的凄涼景象，用以突顯征人難以言喻的悲傷心情。詩中既敘歸途時行軍寒苦之景、及抵家時乍見家鄉室廬荒廢蕭條之狀；接著描寫見妻子在家時灑掃待歸之情，並憶及當初與妻新婚之旖旎往事，如此悲喜交集的複雜心情。特別是末章：

〔註48〕同註2，頁332。
〔註49〕同註8，頁542。

我徂東山，慆慆不歸。我來自東，零雨其濛。倉庚于飛，熠燿其羽。

之子于歸，皇駁其馬。親結其縭，九十其儀。其新孔嘉，其舊如之

何？〔註50〕

姚際恆評此曰：「末章駘蕩之極，直是出人意表。後人作從軍詩必描畫閨情，全祖之。」〔註51〕固然詩中描述過去行軍作戰時野地露宿蜷曲車下的艱辛，戰亂之後家園荒蕪的淒涼景象以及妻室在家勤苦艱辛的等待，都是以一「悲」字作為連串，但是末章卻以回憶三年前新婚燕爾的歡樂幸福場面，久別勝新婚，征罷歸來，那種有幸生還重聚首的欣喜，完完全全一掃所有的悲傷陰霾，轉而變成一種快樂與幸福。這種「以悲寫喜」的方式，正是表達征夫當時歸鄉的一種複雜情緒，看似悲傷，實是狂喜，悲的是三年來久別家鄉睽違親人的征戰生活，喜的是終於能夠平安歸鄉的團圓聚首，雖然曹操在〈苦寒行〉一詩中說：「悲彼東山詩，悠悠令我哀。」〔註52〕但是〈東山〉一詩確是一首以悲寫喜的征夫還歸詩作。至於〈破斧〉一詩三章雖皆以「既破我斧」起興，又言「哀我人斯」，但每章終以「亦孔之將」、「亦孔之嘉」、「亦孔之休」作結，亦是用「以悲寫喜」的方式敘寫其喜歸之心情。

〈國風〉中另一首〈周南‧汝墳〉是以思婦的角度寫出喜其夫戍役而歸，而以父母應親近服侍為藉口，不欲夫再離己遠去之詩：

遵彼汝墳，伐其條枚。未見君子，惄如調飢。

遵彼汝墳，伐其條肄。既見君子，不我遐棄。

魴魚赬尾，王室如燬，雖則如燬，父母恐邇。

〈詩序〉以「文王之化」解此詩甚為牽強：

汝墳，道化行也。文王之化，行乎汝墳之國，婦人能閔其君子，猶

勉之以正也。〔註53〕

該詩是汝水近旁之婦人喜其征夫歸家，因而不欲其夫再行遠役之詩，宋輔廣之《詩童子問》解此詩最為得其深髓：

未見君子，惄如調飢。思望之情也；既見君子，不我遐棄，喜幸之

意也；雖則如燬，父母孔邇，慰勉之辭也。未見而思，既見而喜，

〔註50〕同註2，頁296。

〔註51〕清姚際恆《詩經通論》，臺灣：廣文書局，民國77年10月三版，頁168。

〔註52〕《古詩源箋注》，臺灣：華正書局，民國72年8月初版，頁131。

〔註53〕同註2，該詩及〈詩序〉見頁43～44。

發乎情也；終勉之以正，止乎禮義也。此可見其情性之正矣。〔註54〕
另外〈召南‧草蟲〉一詩則言丈夫行役於草蟲阜螽鳴躍之深秋，直至暮春采蕨采薇之際而尚未還歸，生死未卜，道里悠遠，令獨守空閨之思婦，憂傷日深，即見其歸家之時，才由平靜轉為喜悅。〈詩序〉言此詩是「大夫妻能以禮自防」〔註55〕實為無理之解，〈朱傳〉言「南國被文王之化，諸侯大夫行役在外，其妻獨居，感時物之變，而思其君子如此。」〔註56〕若去其所言「文王之化」及「諸侯大夫」之語，則近詩義。〈召南‧草蟲〉詩之內容如下：

> 喓喓草蟲，趯趯阜螽。未見君子，憂心忡忡。亦既見止，亦既覯止，
> 我心則降。
>
> 陟彼南山，言采其蕨。未見君子，憂心忡忡。亦既見止，亦既覯止，
> 我心則說。
>
> 陟彼南山，言采其薇。未見君子，我心傷悲。亦既見止，亦既覯止，
> 我心則夷。〔註57〕

姚際恆《詩經通論》從歐陽修之說：「召南之大夫出而行役，其妻所詠。」〔註58〕屈萬里言：「此婦人懷念征夫之詩。」〔註59〕根據詩文之內容來看，固然詩中未提及有關行役之事，但在《詩經》另一篇〈小雅‧出車〉詩亦有：「喓喓草蟲，趯趯阜螽。未見君子，憂心忡忡。亦既見止，亦既覯止，我心則降。」〔註60〕完全相同之詩句，而〈小雅‧出車〉一詩正是描寫戰爭之後還歸的作品，因此應該可以將此詩認定為婦人懷念征夫之詩作。

至於〈小雅‧出車〉一詩，內容頭緒較為繁多，詩中有征夫懷歸之思又有閨婦思君子之情，兼又描述其征戰之事，遠較〈召南‧草蟲〉一詩之詩旨明確。詩之前三章均敘其隨西周大將南仲抗禦玁狁之情形，第四章詩境一轉，即寫征夫懷鄉思歸之情緒：

> 昔我往矣，黍稷方華，今我來思，雨雪載途。王室多難，不遑啟居。

〔註54〕見宋輔廣《詩童子問》卷七，頁4，台灣商務印書館（景印文淵閣四庫全書第七十四冊，經部六八，頁74之313）。

〔註55〕同註2，頁51。

〔註56〕同註4，〈召南‧草蟲〉詩「我心則降」下註，頁9。

〔註57〕同註2，頁51。

〔註58〕姚際恆《詩經通論》：「歐陽氏以為：『召南之大夫出而行役，其妻所詠』，庶幾近之。」同註51，頁35。

〔註59〕屈萬里，《詩經釋義》，臺灣：中國文化學院，民國69年9月新一版頁39。

〔註60〕同註2，〈小雅‧出車〉一詩見，頁338。

　　豈不懷歸？畏此簡書！

接著以征夫妻室之角度，續寫因戰爭睽違久別後重逢之心情，此章即與前文
所提及之國風〈召南·草蟲〉一詩首章的內容幾乎一般相同，思婦歡喜征夫
平安歸來的喜悅在此章展露無遺。詩之末章更是著墨在描寫勝利凱旋時歡欣
鼓舞的情狀：

　　春日遲遲，卉木萋萋。倉庚喈喈，采蘩祁祁。執訊獲醜，薄言還歸！

　　赫赫南仲，玁狁于夷。

如此大獲全勝地平安歸來，一掃戰爭所帶來的悲苦與閨思，更以春天一片欣
欣向榮，形容戰爭勝利的一片平和快樂的氣象。此詩固然借閨婦口吻，感時
序之變遷，而怨其征夫因戰爭而未能得歸，但經由未見之憂思進而既見之喜
樂，私情與公義兼顧，亦是《詩經》中有關戰爭戌役詩篇的一大情感特徵。

　　倪樂雄在〈東西方戰爭文化的蠡測——荷馬史詩與《詩經》比較研究〉
一文中指出：「《詩經》相當一部分是在戰爭中表現思鄉、憂父母、戀情和婚
姻不幸，將戰爭推向遠處，淡化為模糊背景的輪廓……《詩經》的相當部分
卻在戰爭中尋找憂傷、淒涼、儒弱、絕望、眼淚、沮喪，它同樣給人以強烈
的暗示：戰爭是這一切不幸之源。」〔註61〕這樣的不幸之源，卻是周代詩人
的文學創作之源，雖然戰爭帶來的生離死別，最是令人擔憂與害怕的，但是
早在兩千五百年前《詩經》的無名作者，用愛國與非戰、征怨與歸思、懷鄉
與喜歸種種對於戰爭所引發的錯綜複雜情緒，藉由一篇又一篇的偉大詩作，
將有周一代人民的對於戰爭的情感特徵，表露無遺。其中描繪當時戰地的苦
寒與艱苦作戰的情景、征夫的懷鄉思歸與閨婦的憂怨，在在都成為中國戰爭
詩、邊塞詩創作的源頭，尤其在唐詩中最是處處多見《詩經》諸作嫡承的影
子。

〔註61〕〈東西方戰爭文化的蠡測——荷馬史詩與《詩經》比較研究〉一文，見《中
　　　國文化研究》期刊，1994年冬，頁114～119（複印報刊資料《中國古代、近
　　　代文學研究》，1995年2月，頁2之91～2之95）。

第七章 結 論

〈詩序〉所謂:「詩者,志之所之也,在心爲志,發言爲詩。情動於中而形於言,言之不足故嗟嘆之,嗟嘆之不足故永歌之。」詩歌本是緣情而發,《詩經》三百零五篇中,將近有六分之一的詩篇,直接或間接地與戰爭、戍役有關,在這樣豐富的內容下,所涵蓋的不僅是透顯出有周一代戰爭頻仍的社會現象而已,這些有關於當時戰爭與戍役詩歌原創的動力,以及詩人在詩中情感的湧現,最是一個值得文學研究者深切關注和思考的主題所在。

《詩經》中的作品年代,大致是西周初期到春秋中葉,此一歷史階段歷經了周人建國創業的征伐,也歷經了分封諸侯的內亂,以及與外族勢力消長的長期戰爭,更經歷了王朝衰弱後諸侯爭霸及外患的侵凌,這樣戰亂迭起的情況下,隨之而來的即是煩重的徭役與兵役,在此歷史背景之下,《詩經》這樣的文學作品中,到底透露出多少的相關訊息,而這訊息背後,又透露出多少當時人民的感情與思想,也是本文急欲尋找的一個重要標的所在。

本文以「戰爭」與「戍役」的主題著手切入研究《詩經》,從當時作品的表層記錄中,探究那些周代無名詩人詩歌創作的原始觸發點,在討論的過程中發現:有周一代隨著國力的消長而歷經了「征伐」、「平亂」、「禦侮」、「勤王」四種性質的戰爭,每一種性質的戰爭引發,在《詩經》中皆有其相關詩歌的創作。而其間所發生的若干重大戰爭事件,如周人翦商的牧野之戰、周公平亂的東征、以及宣王對抗外族的禦侮戰爭,也在《詩經》篇章裡被直接或間接地記載在詩歌作品中,若干歷史事件的真象,其實就直接保存在《詩經》這些詩篇之中,因此所謂「以詩證史」,即可在此相關的詩作中得到許多的答案。特別是宣王時期爲重振王朝威權,展開一系列對外的禦侮戰爭。先

後派遣尹吉甫伐玁狁、秦仲伐西戎、方叔征荊蠻，召虎平淮夷、皇父伐徐方等等一連串密集與激烈的軍事武裝攻擊，《詩經》對此有相當篇幅且完整詳盡的描述，是研究有周一代對外關係的一組相當重要且珍貴的參考史料。

此外在《詩經》中敘及與戰爭、戍役相關的事項相當多樣化，本文也以當時諸多詩作中，敘及戰場上所使用的「兵器與車馬」，周王朝的「兵制與編伍」、戰爭前後的「祭祀、慶賞與獻俘」；以及軍事活動的「田獵操習」，加以分類討論。發現詩人除了表達戰爭時人的情感反映外，透過大量詩句描述有關戰爭的事與物，間接地留下相當豐富的周代社會及文化史料，再配合相同時期的古籍資料與出土文物比對嵌合，一方面對於有周一代軍事活動的器械、制度、儀式、典禮、演練有更詳細的認識之外，對於詩作本身的瞭解與賞析有極大的助益。

《詩經》中因戰爭而引發的戍役詩作，大部份是以「征戰」、「戍守」、「勞役」三方面為寫作的背景，而以傷離、怨苦與閨思的感情為主要敘寫的主軸，這樣「哀怨動古今」的戍役內容，形成了《詩經》中相當特殊的詩歌題材，本文就《詩經》中有關戍役詩篇的作品，加以分類解讀，並以戰爭與戍役所引發的詩歌情感內容，分析歸納出六種不同的情感表現特徵：「愛國」、「非戰」、「閨思」、「征怨」、「懷鄉」、「喜歸」，在戰爭死亡、流離、傷別、困頓、無奈、懷歸的種種折磨下，這樣愛恨交雜、悲喜交極的衝擊，反映出有周一代人民對戰爭那種錯綜複雜的情緒，以及詩人們創作詩歌的情感湧現的動力來源。

《詩經》是「溫柔敦厚」的，從《詩經》中相關戰爭與戍役詩篇裡，我們的確看到了這樣的詩教。在《詩經》中看不到楚辭〈國殤〉中那般「左驂殪兮右刃傷」、「嚴殺盡兮棄原壄」激烈殘忍的戰場廝殺描寫，也看不到漢詩〈戰城南〉中「野死不葬烏可食」那種令人悚骨驚心的烏啄獸食淒涼景況。有周一代的詩人，生活在那樣戰爭頻仍、戍役煩重的時代裡，卻創作出如〈小雅‧采薇〉裡「昔我往矣，楊柳依依，今我來思，雨雪霏霏」撫今追昔的詩句，是一種「怨悱不亂」的文學氣息掩翳著當時戰爭殘酷的本質。即使是描寫戰爭也最多寫到如〈大雅‧常武〉詩般的勇武勝強，或如〈豳風‧東山〉詩般的悲涼無緒，至多如〈北風‧擊鼓〉詩般的怨慨絕望，特別是〈國風〉詩中如〈卷耳〉、〈汝墳〉、〈草蟲〉〈殷其靁〉、〈伯兮〉……等等詩作，描寫征夫與思婦間因戰爭之故，遠戍邊地、閨人懷思的溫厚情感表達方式，感人最

爲至深。做爲中國詩歌源頭的《詩經》，這一類以戰爭、戍役爲題材創作內容的詩篇，的確引起許後代詩人啓發與追摹。

　　對於《詩經》有關戰爭與戍役詩篇之中蘊涵著如此豐富的歷史景象，文學題材以及周代先民的種種情感特徵，確實是中國文學中一個值得深切關注的研究主題所在。

參考書目

一、

1. 《尚書》《十三經注疏本》（一），臺灣藝文印書館。
2. 《詩經》《十三經注疏本》（二），臺灣藝文印書館。
3. 《周禮》《十三經注疏本》（三），臺灣藝文印書館。
4. 《禮記》《十三經注疏本》（五），臺灣藝文印書館。
5. 《左傳》《十三經注疏本》（六），臺灣藝文印書館。
6. 《論語》《十三經注疏本》（八），臺灣藝文印書館。
7. 《尚書大傳》（《叢書集成初篇》），臺灣商務印書館，民國 26 年 12 月初版。
8. 《國語》，周左丘明，臺灣漢京文化事業公司，民國 72 年 12 月初版。
9. 《逸周書・竹書紀年・越絕書》，臺灣中華書局，民國 55 年 3 月臺一版。
10. 《司馬法・商君書・新書》（《四部備要・子部》），臺灣中華書局據平津館本校刊。
11. 《新譯司馬法》，王雲路，臺灣三民書局，民國 85 年 2 月初版。
12. 《史記》，臺灣鼎文書局二十五史本。
13. 《漢書》，臺灣鼎文書局二十五史本。
14. 《墨子校釋》，王渙鑣，浙江古籍出版社，1987 年 11 月新 1 版。
15. 《日知錄》，明顧炎武，臺灣臺灣商務印書館，民國 67 年 6 月臺一版。。
16. 《詩集傳》，宋朱熹，臺灣中華書局，民國 71 年 5 月臺十一版。
17. 《詩本義》，宋歐陽修，（《四庫善本叢書・經部》），臺灣藝文印書館影印本。
18. 《詩緝》，宋嚴粲，臺灣廣文書局（影印黃梅胡今予先生所藏明嘉靖間趙

府味經堂刻本），民國 49 年 11 月初版。

19. 《詩說解頤》，明季本，（《景印文淵閣四庫全書》，經部七三，詩類，第七十九冊），臺灣商務印書館。

20. 《詩經世本古義》，明何楷，（《景印文淵閣四庫全書》，經部七五，詩類，第八十一冊），臺灣商務印書館。

21. 《毛詩後箋》，明胡成拱（《重編本皇清經解續編》五），臺灣漢京文化事業公司。

22. 《欽定詩經傳說彙纂》，清王鴻緒，（《景印文淵閣四庫全書》，經部七七，詩類・第八十三冊），臺灣商務印書館。

23. 《毛詩稽古篇》，清陳啓源，（《景印文淵閣四庫全書》，經部七九，詩類，第八十五冊），臺灣商務印書館。

24. 《詩經原始》（上）（下），清方玉潤，臺灣藝文印書館，民國 70 年 2 月三版。

25. 《詩經通論》，清・姚際恆，臺灣廣文書局，民國 77 年 10 月三版。

26. 《詩三家義集疏》，清王先謙，北京中華書局，1987 年 2 月第 1 版。

27. 《毛詩傳箋通識》，清馬瑞辰，北京中華書局，1989 年 3 月第 1 版。

28. 《毛詩補正》，清龍起濤，臺灣力行書局，（光緒二十五年刻，鵙軒刊本）。

29. 《詩經釋義》，屈萬里，臺灣中國文化學院，民國 69 年 9 月新一版。

30. 《詩經欣賞與研究》（共四冊），糜文開，裴普賢合著，臺灣三民書局，民國 71 年六版。

31. 《詩經今注・詩三百篇探故》，高亨，朱東潤，臺灣漢京文化事業，民國 73 年二月版。

32. 《詩經語言藝術》，夏傳才，臺灣雲龍出版社，民國 79 年版。

33. 《詩經研究反思》，趙沛霖，天津教育出版社，1989 年 6 月第 1 版。

34. 《詩經研究史概要》，夏傳才，臺灣萬卷樓圖書公司，民國 82 年 7 月出版。

35. 《詩經鑑賞集成》（上下二冊），周嘯夫編，臺灣五南圖書出版公司，民國 83 年 1 月初版。

36. 《第一屆經學學術討論會論文稿初稿》，臺灣師範大學國文研究所出版，民國 83 年 4 月 30 日。。

37. 《詩經國際學術研討會論文集》，河北大學出版社，1994 年 6 月第一版。

38. 《詩經簡釋》，黃忠慎，臺灣駱駝出版社，民國 84 年元月一版。

39. 《詩經譯註》，袁梅，齊魯書社，1985 年 1 月第 1 版。

40. 《詩經直解》（上下二冊），陳子展，上海復旦大學出版社 1983 年 10 月第 1 版。

41. 《詩經評釋》，朱守亮，臺灣學生書局，民國 73 年 10 月初版。

42. 《詩經注析》（上下二冊），程俊英，蔣見元合著，北京中華書局，1991 年 10 月第 1 版。

43. 《詩經通釋》，王靜芝，臺灣輔仁大學文學院，民國 70 年 10 月八版。

44. 《詩經勝境及其文化品格》許志剛，臺灣文津出版社，民國 82 年 12 月初版。

45. 《詩經與周代社會研究》孫作雲，北京中華書局，1966 年 4 月第 1 版。

46. 《中國青銅器時代》，張光直，臺灣聯經出版事業公司，民國 72 年 4 月初版。

47. 《中國青銅器時代》（第二集），張光直，臺灣聯經出版事業公司，民國 79 年 11 月初版。

48. 《中青銅國器》，馬承源主編，上海古籍出版社，1988 年 7 月第 1 版。

49. 《中國青銅器的奧秘》，李學勤，臺灣商務印書館，民國 77 年 9 月臺灣初版。

50. 《故宮青銅兵器圖錄》，國立故宮博物院編輯委員會編輯，民國 84 年版。

51. 《古青銅器銘文研究》（冊一，殷器），趙英山，臺灣商務印書館，民國 72 年初版。

52. 《兩周金文辭大系考釋》，郭沫若，日本東京文求堂書店，日昭和十年八月十五日印刷。

53. 《金文的世界——殷周社會史》，白川靜著，溫天河，蔡哲茂譯，臺灣聯經出版事業公司，民國 78 年 8 月初版。

54. 《夏商史稿》，孫淼，北京文物出版社，1987 年 12 月第 1 版。

55. 《西周史》（增訂本），許倬雲，北京三聯書店，1994 年 12 月第 1 版。

56. 《求古篇》，許倬雲，臺灣聯經出版社，民國 78 年 10 月三版。

57. 《中國古代社會發展史論》，田昌五，齊魯書社，1992 年 3 月 1 版。

58. 《編戶齊民——傳統政治社會之形成》，杜正勝，臺灣聯經出版事業公司，民國 81 年 5 月。

59. 《古代社會與國家》，杜正勝，臺灣允晨文化，民國 81 年 10 月。

60. 《周代國家形態研究》，趙伯雄，湖南教育出版社，1990 年 3 月第 1 版。

61. 《中國古代文化史》，陰法魯，許樹安主編，北京大學出版社，1989 年 11 月第 1 版。

62. 《中國民族史》（上中下三冊），江應樑編，北京民族出版社，1990 年 10 月 1 版。

63. 《中國遠古及三代政治史》（百卷本《中國全史叢書》），李健民，柴曉民合著，北京人民出版社，1994 年第 1 版。

64. 《中國遠古及三代軍事史》，（百卷本《中國全史叢書》），楊勝勇，北京人民出版社，1994 年第一版。

65. 《中國歷代戰爭史》，三軍大學編著，臺灣黎明文化出版，民國 65 年 10 月修訂一版。

66. 《中國歷代戰爭史簡編》，何敏求，臺灣黎明文化公司，民國 82 年 3 月版。

67. 《中國上古軍事史》，高銳，北京軍事科學出版社，1995 年 8 月第 1 版。

68. 《中國古代戰爭》，袁庭棟，劉澤模合著，四川省社會科學院出版社，1988 年 4 月第一版。

69. 《先秦軍事制度研究》，陳恩林，吉林史出版社，1991 年 10 月第 1 版。

70. 《春秋時期的步兵》，藍永蔚，臺灣木鐸出版社，民國 76 年 4 月初版。

71. 《中國古代兵制》，黃水華，臺灣商務印書館，民國 83 年 7 月初版。

72. 《歷代兵制淺說》，王曉衛，劉昭祥合著，北京新華書店，1986 年 2 月第 1 版。

73. 《中國兵器史稿》，周緯，臺灣明文書局，民國 70 年 5 月版。

74. 《中國古禮研究》，鄒昌林，臺灣文津出版社，民國 81 年 9 月版。

75. 《杜詩鏡銓》（二冊），楊倫編輯，臺灣華正書局，民國 68 年 5 月版。

76. 《宋本樂府詩集》，宋郭茂倩，臺灣里仁書局，民國 73 台北版。

77. 《古詩源箋注》，王純父，臺灣華正書局，民國 72 年 8 月初版。

78. 《唐代戰爭詩研究》，洪讚，臺灣文史哲出版社，民國 76 年 10 月初版。

79. 《美的歷程》，李澤厚，臺灣元山書局，民國 73 年 11 月版。

80. 《經學研究論著目錄》（二冊，1912～1987），林慶彰主編，漢學研究中心編印，民國 78 年 12 月。

81. 《經學研究論著目錄》（二冊，1988～1992），林慶彰主編，漢學研究中心編印，民國 84 年 6 月。

二、期刊論文

1. 〈西周文武成康時代的文字武功〉，葉達雄，《國立臺灣大學歷史學系學報》第三期，民國 65 年 5 月。

2. 〈西周昭穆恭懿孝夷時代的內政措施與對外關係〉，葉達雄，《國立臺灣大學歷史學系學報》第五期，民國 67 年 6 月。

3. 〈西周兵制的探討〉，葉達雄，《國立臺灣大學歷史學系學報》第六期，民國 68 年 12 月。

4. 〈西周史事概述〉，許倬雲，《中國上古史專論叢刊·中國上古史待定稿（三）西周編之一史實與演變》，民國 74 年 4 月。

5. 〈周東遷始末〉，許倬雲，《中國上古史專論叢刊・中國上古史待定稿（三）西周編之一・史實與演變》，民國 74 年 4 月。

6. 〈西周史事概述〉，屈萬里，《中國上古史專論叢刊，中國上古史待定稿（三）西周編之一史實與演變》，民國 74 年 4 月。

7. 〈論詩經中的愛國思想〉，陳鐵鑌，《錦州師範學院學報》（哲學社會科學版）1980 年第三期。。

8. 〈戰爭與詩歌〉，黃景進，《人與社會》（革新號）第一卷第六期，民國 72 年 6 月。

9. 〈詩經中的愛國精神〉，林祥徵，《山東師範學報》（哲學社會科學版）19。

10. 85 年第二期；《泰安師專學報》（社會科學版），1984 年第一期；複印報刊資料《中國古代、近代研究》1985 年第九期。

11. 〈古者出師──詩經裡的戰爭〉，楊牧，《聯合文學》1985 年 7 月一卷 9 期。

12. 〈談詩經民歌中的愛國主義〉，王潛生，《新疆大學學報》（哲學社會科學版），1985 年第一期。

13. 〈亂世苦行役、哀怨動古今──試論詩經行役詩的情感特徵〉，李清文，《綏化師專學院學報》（社會科學版），1986 年第二期。

14. 〈詩經戰爭詩思想特徵淺說〉，趙沛霖，《學術研究》1988 年第三期。

15. 〈論詩經中的戰爭詩〉，吳培德，《雲南師範大學學報》（哲學社會科學版），1989 年第四期（總第 99 期）。

16. 〈築起心的長城──讀詩經戰爭詩札記〉，林祥徵，《泰安師專學報》（社科版），1991 年一期。

17. 〈試論詩經的兵役詩、徭役詩〉，李秀雲，《松遼學刊》（社會科學版），1992 年第二期（總第 57），《中國古代、近代文學研究》，1992 年第九期。

18. 〈詩經行役詩的情感及其悲劇美〉，李清文，《齊齊哈爾師範學報》（哲學社會科學版），1992 年第五期（總第 81）。

19. 〈繼往開來，把現代詩經學提高到新水平〉，夏傳才，《河北師院學報》（社會科學版），1993 年第二期。

20. 〈近四十年中國大陸詩經研究概說〉，趙沛霖，《河北師院學報》（社會科學版），1993 年第二期。

21. 〈詩經用車馬研究（馬之部）〉，林奉仙，《第一屆經學學術討論會論文稿初稿》民國 83 年 4 月 30 日。

22. 〈從《詩經》戰爭詩看周人的厭戰及其歷史根源〉，李山，《詩經國際學術研討會論文集》1994 年 6 月。

23. 〈魯迅論《詩經》──兼從對比的角度談魯迅與胡適對《詩經》的研究〉，

潘德延《詩經國際學術研討會論文集》1994 年 6 月。

24. 〈詩經與漁獵文化〉，黃廷洽，《中國史研究季刊》1995 年第 1 期（總第 65 期）。

25. 〈東西方戰爭的文化蠡測——荷馬史詩與《詩經》比較研究〉，倪樂雄，《中國古代、近代文學研究》，1995 年第 2 期（原載《中國文化研究》1994 年）。

26. 〈《尚書・金縢》的制作時代及史料價值〉，李民，《中國史研究季刊》1995 年第 3 期（總第 67 期）。

27. 〈《詩經》：中國古代詩歌題材類型的濫觴〉，卞良君，《延邊大學學報》（哲社版），1995 年 4 月（《中國古代、近代文學研究》1996 年 3 月）。

28. 〈詩經戰爭詩的審美價值〉，林祥徵，《中國古代、近代文學研究》1995 年第 4 期。

29. 〈80 年代以來的中國古代軍事歷史研究〉，童操，《中國史研究動態》1995 年第 6 期（總第 198 期）。

30. 〈海外與台灣的《詩經》研究〉，張啓成，《中國古代、近代文學研究》，1995 年第 7 期。

31. 〈獻俘禮研究（上）〉，高智群，《文史期刊》，第三十五輯。

32. 〈《詩經》中有關男女情感問題之探討分析〉，鐘洪武，政治大學碩士論文民國 67 年 5 月。

33. 〈從《詩經》看周代社會之組織〉，許雪詠，輔仁大學碩士論文民國 72 年 5 月。